平顶山

平顶山市卫东区

平顶山市诸葛亮文化遗迹图片

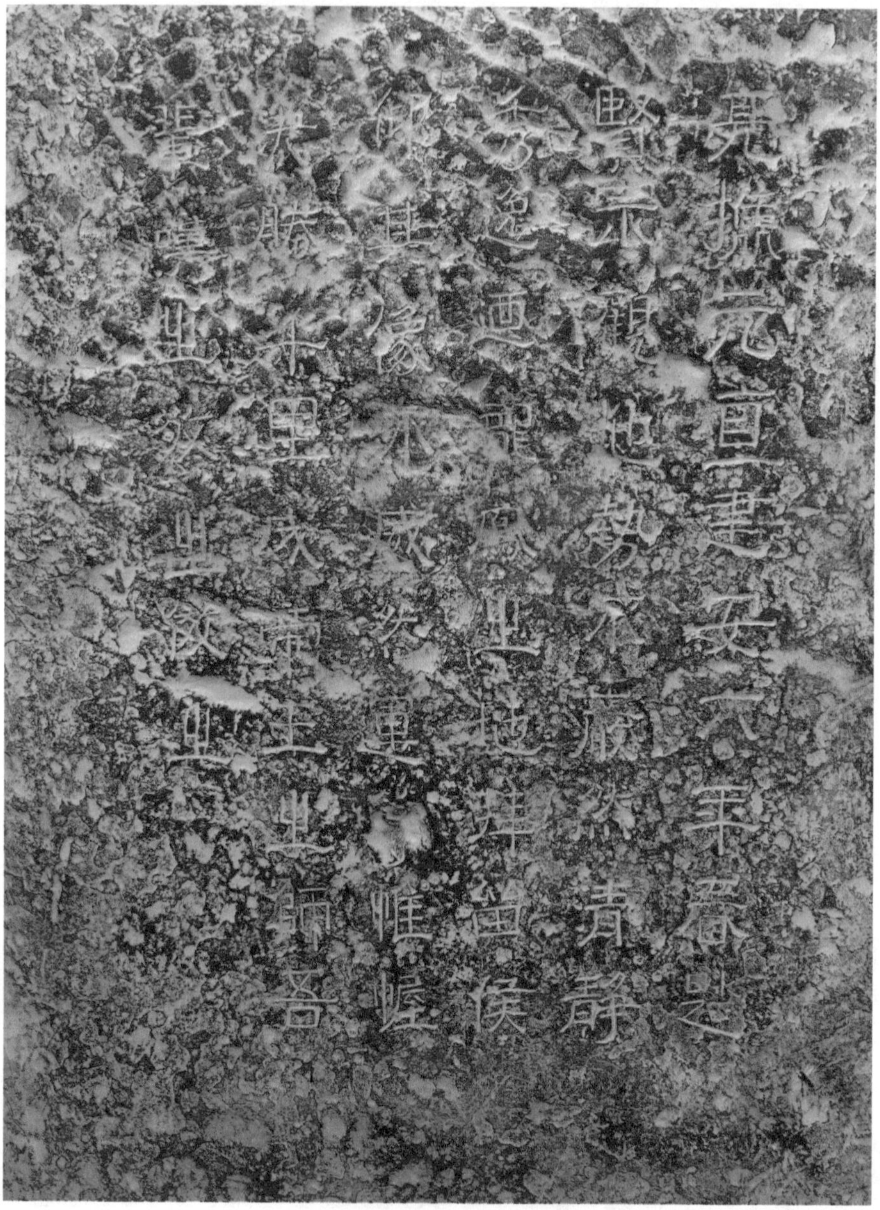

汉代诸葛亮拜谒张良庙石刻

诸葛亮与平顶山

陈建裕　段　纳　王　冰　卢华东　主编

郑州大学出版社

图书在版编目(CIP)数据

诸葛亮与平顶山 / 陈建裕等主编. — 郑州 : 郑州大学出版社, 2022. 5
(2024.6 重印)
ISBN 978-7-5645-8639-3

Ⅰ. ①诸… Ⅱ. ①陈… Ⅲ. ①诸葛亮(181-234) - 生平事迹
Ⅳ. ①K827=362

中国版本图书馆 CIP 数据核字(2022)第 065330 号

诸葛亮与平顶山
ZHUGELIANG YU PINGDINGSHAN

策划编辑	孙理达	封面设计	苏永生
责任编辑	樊建伟	版式设计	苏永生
责任校对	孙理达	责任监制	李瑞卿
出版发行	郑州大学出版社	地　　址	郑州市大学路 40 号(450052)
出 版 人	孙保营	网　　址	http://www.zzup.cn
经　　销	全国新华书店	发行电话	0371-66966070
印　　刷	廊坊市印艺阁数字科技有限公司		
开　　本	787 mm×1 092 mm　1 / 16	彩　　页	8
印　　张	14.75	字　　数	251 千字
版　　次	2022 年 5 月第 1 版	印　　次	2024 年 6 月第 2 次印刷
书　　号	ISBN 978-7-5645-8639-3	定　　价	136.00 元

编委会名单

明代牛凤《改正诸葛武侯祠记》碑

平顶山诸葛遗墟(武侯祠旧址)

平顶山市卫东区诸葛庙社区

平顶山市卫东区诸葛亮文化研究会活动图片

平顶山市卫东区诸葛亮文化研究会(筹)赴山东省沂南县砖埠镇诸葛亮故居交流诸葛亮文化(2018.5)

平顶山市卫东区诸葛亮文化研究会（筹）赴南阳交流诸葛亮文化（2018.5）

平顶山市卫东区诸葛亮文化研究会(筹)赴襄阳交流诸葛亮文化(2019.11)

平顶山市卫东区诸葛亮文化研究会成立大会(2020.12)

平顶山市卫东区诸葛亮文化研究会成立一周年座谈会合影(2022.1)

平顶山市卫东区诸葛亮文化研究会聘请专家仪式(2021.1)

平顶山市卫东区诸葛亮文化研究会组织专家考察诸葛武侯祠旧址(2021.3)

平顶山市卫东区诸葛亮文化研究会举办纪念诸葛亮诞辰 1840 周年学术研讨会(2021.5)

学术研讨会与会人员

平顶山学院与平顶山市卫东区政协校地合作签约仪式、卫东区文化发展研究院揭牌仪式、平顶山学院大学生校外研学基地揭牌仪式(2021.9)

序

在平顶山市卫东区政协的积极推动下,《诸葛亮与平顶山》得以付梓,这是平顶山市历史文化研究的重要成果,可喜可贺!

诸葛亮是中国历史上伟大的政治家、军事家,是中华民族智慧的化身、道德的楷模,千百年来广受人们的敬仰和崇拜,形成了独特的诸葛亮文化现象,成为中华优秀传统文化的重要组成部分。但是,史籍中关于诸葛亮生平事迹的记载,详后而略前,以致诸葛亮青少年时期的行迹被掩蔽于历史的烟云之中,成为史家研究的缺憾。

20 世纪 80 年代以来,随着平顶山市诸葛遗墟、明代牛凤《改正诸葛亮武侯祠记》碑和"诸葛亮拜谒张良庙石刻"等遗迹、文物的相继发现,人们透过历史云烟,才得以探索、窥见诸葛亮青少年时期的行踪。诸葛亮与平顶山有着不解之缘,平顶山市因此成为诸葛亮文化的又一纪念地,受到国内众多专家学者的高度关注。

诸葛亮文化是平顶山市的重要文化资源,发掘、研究、传播和弘扬诸葛亮文化是平顶山市相关政府部门、学术团体和高校应该担当的责任和义务。2021 年 11 月 11 日,中国共产党第十九届中央委员会第六次全体会议通过的《中共中央关于党的百年奋斗重大成就和历史经验的决议》强调:"中华优秀传统文化是中华民族的突出优势,是我们在世界文化激荡中站稳脚跟的根基,必须结合新的时代条件传承和弘扬好。我们实施中华优秀传统文化传承发展工程,推动中华优秀传统文化创造性转化、创新性发展……"《诸葛亮与平顶山》的面世,得益于平顶山市卫东区政协的具体组织,得益于平顶山市卫东区诸葛亮文化研究会、平顶山学院和河南城建学院的积极参与。该书是平顶山市诸葛亮文化研究的最新成果，更是平顶山市文史工作者践行党中央决议的最好证明。

《诸葛亮与平顶山》一书，使我们对平顶山诸葛武侯祠、诸葛亮青少年时期的生活与学习、诸葛亮思想的形成、诸葛亮文化的传播与影响等有了更深入、全面的了解，对推动平顶山市诸葛亮文化资源的创造性转化、创新性发展等方面必将产生积极作用。希望《诸葛亮与平顶山》的编著者再接再厉，推出更多、更新、更高水平的成果！

是为序。

陈永斌

2022 年 2 月 18 日

目录

1

绪　论

诸葛亮在我国民间被奉为智慧的化身、忠诚的楷模、勤勉的榜样。诸葛亮文化也以其智慧、忠诚、廉洁等核心内容在诸多领域得到深入发掘、研究与应用。对于诸葛亮早年行迹以及其思想成因的研究，由于史料文献的匮乏而显得相对薄弱。1980 年以来，平顶山市由于诸葛遗墟、明代牛凤《改正诸葛武侯祠记》碑、"诸葛亮拜谒张良庙石刻"等文物、遗迹的发现，引起了国内对诸葛亮早年迁徙生活轨迹的新讨论，平顶山市诸葛亮文化研究成果得到了国内越来越多专家学者的关注和重视。党的十八大以来，习近平总书记提倡大力传承中华优秀传统文化，赋予中华优秀传统文化时代内涵，运用中华优秀传统文化治国理政，阐发中华优秀传统文化应对国内外重大挑战，将中华优秀传统文化提升到崭新阶段。因而，梳理平顶山地区诸葛亮文化的古今发展脉络及其研究进程，深入挖掘、研究平顶山市诸葛亮文化资源和时代价值，将诸葛亮思想精华融入社会主义核心价值观建设，推动平顶山本地民众对诸葛亮精神精髓的认同，是平顶山文化工作者面临的一个重要课题。

一、源远流长——对历史长河中前人遗踪之梳理

建安六年（201），诸葛亮与徐庶结伴去父城张店（今平顶山市郏县李口镇张店村），拜谒留侯张良祠，留下石刻。离开平顶山后，到南阳卧龙岗、襄阳隆中隐居，得刘备三顾而出山，成就天下三分大业。后白帝托孤，六出祁山，星陨武功五丈原（在今陕西岐山县南）。诸葛亮作为中国历史上一位伟大的智者，受到历代人民群众的赞颂。

平顶山人也没有忘记这位伟大的谋略家，至少在隋代，甚至西晋，平顶山就有了纪念、祭奠诸葛亮的祠庙，并立有石幢。这是有文字记载的全国诸葛武侯祠庙中较早的碑刻，也是记载与研究诸葛亮青少年时代随父祖流徙中原的最早文献。

明代之前，平顶山诸葛武侯祠因香火旺盛，已经在周围形成人家，聚落成村，且因祠庙而名"诸葛庙村"。

明初，因历史久远，诸葛武侯祠祠宇破败，需要重修，在洪武十八年（1385），本乡人萧四捐资并带领村民进行了修葺，此善举曾载入旧志书，详见牛凤碑记之中。

嘉靖丁亥（1527）秋天，南京太常寺卿牛凤赴任途中，顺便回到家乡（今平

顶山市湛河区轻工路办事处牛楼村）小住，见邻村诸葛庙村的诸葛武侯祠破旧不堪，祠中所塑神像，将刘备、关羽、张飞与诸葛亮并置，觉得失却君臣礼仪，便捐献重金，委托村中有名望的老者徐行负责，历时一月多，把诸葛武侯祠修葺一新，专做供奉武侯的庙堂。牛凤验看新祠之后，乘兴上山，游观胜境，漫步平顶山寺沟古寺之前，看到断为半截的石幢埋在乱石之中，上边还有字迹，擦净辨认，原来上面写着"此地有诸葛之旧坟墟高阳华里"，不禁心中大喜，也解开了为什么山下有诸葛武侯祠的谜团，便回到家里，查阅相关资料，辨别历史年代，留下文字记录。并在15年后，也就是嘉靖二十一年（1542），《改正诸葛武侯祠记》一文定稿，其次子牛沈裕请石匠勒石成碑，这就是我们今天所能看到的文物佐证（碑文参看"平顶山诸葛亮遗迹"之"牛凤《改正诸葛武侯祠记》"）。

牛凤是当时的大学问家，其所撰碑文一经传世，便引起了地方修志者的重视，不久，《嘉靖南阳府志》补修，地处南阳府管辖的叶县诸葛庙村的诸葛武侯祠及其牛凤的《改正诸葛武侯祠记》，就被收入该志之中。明嘉靖补修《南阳府志》系海内孤本，是嘉靖间南阳知府朱尚文命人以前知府杨应奎所修府志增补而成。增补前的府志是南阳知府杨应奎于嘉靖戊子岁（1528）据旧志修而刊之，十卷本。嘉靖庚戌岁（1550），南阳知府朱尚文命南阳县知县侯鼎集其缺而补之，将完工时，侯鼎因丁忧离任。后任知县谢宠继而完成之，增秩为十二卷，木刻版。该志书由邑庠生张霈笔录，叶珠作补修南阳府志序，我们今天看到的《嘉靖南阳府志校注》《嘉靖裕州志》《民国方城志》都是续修前志而存之；牛凤所撰《改正诸葛武侯祠记》应是在此期间收入府志及其他志书的。而平顶山下诸葛遗墟的存在，《古今图书集成》《中州文献录》《中州杂俎》均有载。由此也可知道，当时牛凤这篇记文的影响。其后，历代续志对此都作保留，直到近年由南阳方志办郭文学先生校点的府志出版。

嘉靖二十一年（1542），牛凤致仕归里，创修《叶县志》，在卷二《陵墓》列"诸葛坟墟"："在县北平山下，有一断石幢云：此地有诸葛之旧坟墟高阳华里，今山下少西有诸葛庙，东有金鸡冢，疑此冢即孔明父祖葬处。盖孔明本琅邪人，避地而西，自其父祖已然，居南阳则自孔明始也。此断幢岁月，实隋开皇二年物，此时去三国末远，言必得其真，故据而书之。"卷三《诗类》有其创制的"八景"诗，有《诸葛遗墟》七律诗："峰头高望两南阳，遵养当年寓此邦。山麓断幢题姓字，道周荒草没行藏。卧龙一去风云散，梁父重吟感慨长。墟畔至今存古庙，衣冠尤侍汉中王。"诸葛遗墟也因此成为叶县八景之一，得到了更远的传播。清代《叶县志》是由大学问家、清同治年间叶县知县欧阳霖主持修撰的，在辛未年(1871)完成，志中对本地相关的诸葛亮在叶遗踪及诸葛武侯祠等的存在情况，都做了多处记载。并收入牛凤碑记和《诸葛遗墟》七律诗。

二、砥砺前行——平顶山建市后诸葛亮文化研究发展历程

新中国建立之后，在平顶山地区发现特大煤田，列入国家“一五”国民经济发展计划之中，开始了勘探和建设步伐。平顶山煤田开采的第一对矿井，就命名为诸葛庙矿(即平煤二矿)，勘探队的驻扎地，就相继在寺沟诸葛武侯祠。诸葛庙村作为第一批划入矿区管理的村庄，被命名为平顶山市前身平顶山矿区的第一个行政镇——诸葛庙镇，辖周围8个村子。

平顶山学院谢照明教授，曾任平顶山市政协副主席、平顶山市社科联兼职副主席。谢教授利用自己在政界和史学界的广泛影响，对平顶山市诸葛亮文化的研究和诸葛武侯祠的保护多次奔走呼吁，特别是在任期间，与潘民中、杨晓宇等政协委员对诸葛武侯祠的保护现状进行详细调查，形成政协大会提案，使武侯祠唯一幸存的明代牛凤《改正诸葛武侯祠记》石碑得到有关方面重视，设置玻璃罩进行保护。

平顶山市煤矿技工学校高级讲师张西庆先生，很早就关注诸葛亮与平顶山的关系，意识到诸葛遗墟在诸葛亮生平研究中的分量，但除了史志记载，没有其他资料，难以立说。于是，他多年奔走于村庄田野之间，访老寻迹，坚持不辍，写出了《平顶山诸葛遗墟及其价值》《就平顶山诸葛遗墟问题与王汝涛先生商榷》等文章，保留下来诸葛庙村、诸葛武侯祠、金鸡冢、黄楝树、饮马坑、诸葛井、汉柏等一些珍贵资料。

平顶山市炎黄文化研究会名誉会长潘民中教授钟情于魏晋南北朝史研究，特别是三国史研究，与诸葛亮文化研究结下了不解之缘。20世纪90年代初，他应邀参加南阳诸葛亮躬耕地研讨，获知《古今图书集成》载牛凤《改正诸葛武侯祠记》碑文，敏感意识到此碑对研究诸葛亮前半生的价值。潘民中遂深入平顶山武侯祠原址考察原碑，陆续发表了《诸葛亮前半生钩沉》《平顶山地区诸葛遗迹之研究》《牛凤与平顶山武侯祠》《以南阳卧龙岗诸葛武侯祠为龙头开发平顶山等中原三国旅游线》等系列文章。在他任平顶山市政协副主席期间，多次为保护诸葛武侯祠寻求各方面支持。

平顶山市委宣传部杨晓宇研究员1988年着手创办平顶山市第一份社科理论刊物《求索》杂志，并策划设立《地方文化》栏目，连续刊发了诸葛亮文化的系列文章，对平顶山市文化建设影响颇大。杨晓宇作为平顶山市社科联副主席兼《求索》杂志责任副主编，在编审文稿之余，经常到诸葛庙村和诸葛武侯祠旧址调研，撰写和发表了《诸葛亮少年成才的社会文化环境》《从平顶山地区诸葛遗迹看诸葛亮青少年时期的迁移路线》《诸葛亮·诸葛庙·诸葛庙街》《诸葛亮"卧龙"之号出龙山》《从高凤石门山确切位置看诸葛武侯祠的真实性》等文章，不断为诸葛亮文化发展鼓与呼。

20世纪90年代初，《平顶山日报》开辟了地方文化专版，潘民中、杨晓宇等作为文化版的主要作者，发表了部分与诸葛亮文化相关的文章。他们的研究很快得到了史学界的关注。其间，他们多次受邀参加全国相关学术会议，在《许昌学院学报》《平顶山学院学报》《南都学坛》等刊物上也都发表过诸葛亮文化研究的相关文章，其研究成果逐渐得到社会肯定。南阳卧龙岗诸葛武侯祠曾把诸葛亮在平顶山成长情况写入解说词之中，作为南阳说的佐证之一。河南省社科院的研究员任崇岳、程有为、萧鲁阳、王大良，南阳诸葛亮研究专家张晓刚、白万献等，都曾撰写文章予以积极回应。

1993年春，在时任平顶山市市委副书记张振河，市委常委、宣传部长裴建中的支持下，由平顶山市社科联牵头，成立了"平顶山市历史文化研究丛书"编委会，由杨晓宇、潘民中担纲丛书主编。丛书策划为一套6本，《少年诸葛亮与平山武侯祠》即为其中一本，于1996年10月出版。该书出版后影响颇大，并有影视、文旅等公司多次联系，拓宽了平顶山武侯祠的宣传视野。网络刊文兴起后，其中部分文章也转发于博文之中。

随着平顶山市的扩展，诸葛庙村也变成了城市社区。在平顶山市繁荣街拓宽工程实施中，工程队在街道东侧发现了古墓，市考古队到现场认定为汉代墓葬，因距诸葛武侯祠很近，又和传说中的金鸡冢位置一致，都推测为诸葛玄之墓。因被楼房压了半边，不能彻底挖掘。后在考古部门建议下，进行填埋保护。同时，连同诸葛武侯祠的遗址保护情况，上报有关部门。1994年7月，河南省文物保护管理委员会《关于保护诸葛遗墟和碑刻文物的函》（豫文物字〔1994〕第4号）下发平顶山市人民政府："据调查，平顶山市老市场街（原名诸葛庙村）发现的诸葛遗墟及明代石碑一通。对研究诸葛亮少年时代的生活、学习，及其以后的思想形成和发展脉络、三国旅游线的建设，具有重要价值。为保护好这处遗址，请你们责成有关部门做好以下工作：一、立即对遗址及碑刻文物加以保护，任何单位和个人不得随意在遗址上搞建筑，不得随意挪动、破坏文物。对现有建筑要暂时维持现状，待组织人员对遗址做出保护规划方案后，再做调整。二、在周围修路或搞其他建设时，如发现文物遗迹要立即告知市文物主管部门妥善保护。三、尽快组织有关专家学者进行考察和学术研究，并拟定保护方案报告我会。四、要正确引导当地群众不得在此搞封建迷信活动。”为保留诸葛亮文化的根脉，潘民中、杨晓宇等专家多次呼吁在城市建设中，保存诸葛武侯祠遗址；后又在遗址被开发为商业街的情况下，提议平顶山市卫东区建设路街道办事处，保留了诸葛庙社区居民委员会的名称。

诸葛庙村的村民们亦对诸葛亮与诸葛武侯祠情有独钟，《改正诸葛武侯祠记》石碑玻璃罩破碎，所处原址平顶山市卫东区妇幼保健院拆迁，以王如意、武福志等为首的村民们自发成立了诸葛武侯祠石碑保护协会，并专门腾出房屋，把石碑安放今址，专人轮流保护。

2003 年，郏县张良故里张店村出土了诸葛亮携徐庶（元直）建安六年（201）春天拜谒留侯祠的石刻，其碑文为：“亮携元直，建安六年春，踏贤宗，观地势不严，然清静秀逸，乃龙凤之地。拜留侯，仰其像不威，然运筹帷幄，决胜千里，成帝王之师。吾辈叹之、敬之、效之。”2006 年，郏县张向阳等撰写并发表了相关介绍文章，潘民中、杨晓宇也都在论文中给予了深入研究论证，认为这个石刻的出土意义重大，不但出土石刻为实物铁证，而且达到“一碑两证”的效果。既证明了张良故里在父城张店，又证明了诸葛亮建安六年尚在平顶山生活的历史事实，从而确证了平顶山地区为诸葛亮青少年时代学习、成才之地。其后，石刻拓片又经《书法》杂志主编周俊杰从汉代书法艺术角度进行鉴定，并确认为诸葛亮手迹，堪称国宝。且附言收入《中原艺术大典 · 文学艺术典 · 书法》之中。近年，相关诸葛亮文化研究介绍文章，还收入《平顶山市志》《平顶山文史资料》《平顶山市卫东区志》《名人笔下的平顶山》（潘民中、杨晓宇）《平顶山名胜古迹》（潘民中、杨晓宇）《平顶山历史文化论丛》（潘民中）《平顶山历史文化谈片》（潘民中）《谈古论今话鹰城》（杨晓宇）《诸葛亮躬耕地新考》等书籍之中。

三、承前启后——研究会成立与纪念诸葛亮诞辰 1840 周年学术研讨会召开

近年来，随着文化旅游业的发展，平顶山诸葛亮文化的研究与宣传也时有涉及。平顶山诸葛武侯祠的异地重建工作，也曾在平顶山人大代表、政协委员提案中多次出现。特别是 2018 年以后，平顶山市卫东区政协把挖掘研究利用诸葛亮文化、推动本区经济发展作为一项重要工作来抓，使诸葛亮文化研究上升到了一个新的高度。

2018 年 5 月，由平顶山市卫东区政协组织，宋战功带队，潘民中、杨晓宇、王宝郑、孙新举等参加的调研团队，对平顶山市及山东沂南、南阳市卧龙岗、襄樊市古隆中、荆州纪南城旧址等地的诸葛亮文化进行了深入细致的调查研究，形成了万余字的调研报告，提出了具体建议。此后，召开了十数次大小不等的讨论会、座谈会、协商会，为诸葛亮文化的新一轮发展做出了积极努力，诸葛亮文化园、诸葛庙街规划和诸葛武侯祠选址重建等相关工作，也重新提上议事日程并不断推进，为平顶山市卫东区的文化建设和诸葛亮文化研究打下了坚实基础。

2019 年 11 月，平顶山市卫东区政协又委派宋战功、潘民中、孙新举为代表，参加了在湖北襄阳市举办的全国第 25 届诸葛亮文化研讨会，此举标志着平顶山诸葛亮文化研究由内研开始走向外联。

2020 年 8 月，平顶山市卫东区政协主席陈永斌到任后，非常重视诸葛亮文化研究工作，立即请示区委同意，成立了平顶山市卫东区诸葛亮文化研究会领导小组（自己亲任组长，区政协班子成员均为副组长），宋战功副组长兼办公室主任，具体负责筹划成立诸葛亮文化研究会工作。在平顶山市卫东区政协的领导下，在平顶山市政协冯晓仙副主席、侯红光副主席的精心指导下，在平顶山学院、河南城建学院大力支持下，在平顶山市政协原副主席史学专家潘民中、平顶山市文明委原调研员文史专家杨晓宇等学者的积极参与下，2020 年 12 月 25 日，平顶山市卫东区诸葛亮文化研究会正式成立。会上，选举热心诸葛亮文化事业的河南省万平建筑工程有限公司董事长王骞为会长，聘请平顶山学院党委副书记袁桂娥教授、河南城建学院纪委书记刘守勇教授、卫东区政协主席陈永斌等领导为顾问，潘民中为荣誉会长，杨晓宇为名誉会长，并决定

平顶山寺沟云潮寺作为诸葛亮文化研究基地。

为了积极高效推进诸葛亮文化研究工作，2021 年 1 月 7 日，在平顶山学院召开了研究会聘任专家团队暨诸葛亮文化研究工作座谈会，潘民中教授作了平顶山诸葛亮文化研究的主旨报告，与会专家进行了热烈讨论。专家团队由平顶山市卫东区诸葛亮文化研究会、平顶山学院和河南城建学院三个方面专家组成，一些热心地方文化研究的大学教授、博士等高层次人才，被吸收到专家团队中来，为平顶山市诸葛亮文化研究的长期可持续发展奠定了基础。

平顶山市诸葛亮文化研究获得了社会各界的热烈响应，平顶山汇恒城市发展投资有限公司、河南省万平建筑工程有限公司、宝丰酒业有限公司、平顶山市衬衫大世界等单位，踊跃参与诸葛亮文化活动，以各种方式对诸葛亮文化研究给予有力支持。

2021 年 5 月 25 日（农历辛丑年四月十四日），由平顶山市卫东区政协主办，平顶山学院、河南城建学院、平顶山市卫东区诸葛亮文化研究会承办，河南省高校人文社科重点研究基地平顶山学院伏牛山文化圈研究中心、平顶山汇恒城市发展投资有限公司、河南省万平建筑工程有限公司、宝丰酒业有限公司、平顶山市衬衫大世界等单位协办的“纪念诸葛亮诞辰 1840 周年学术研讨会”，隆重召开，诸葛亮文化研究形成了政府牵头，学会、高校、企业三方联动的格局。平顶山市诸葛亮文化研究正式进入由政府部门领导、学术团体和院校参与的有组织活动阶段。

纪念诸葛亮诞辰 1840 周年学术研讨会，是平顶山市首次举办的诸葛亮文化学术研讨专题活动。研讨会收到学术论文 20 余篇，对平顶山诸葛武侯祠、诸葛亮青少年时代生活与学习、诸葛亮思想形成、诸葛亮文化传播与影响等方面，进行了广泛深入的探讨，达到了较高水平。网络平台播报了会议消息，转发了部分研究文章。

在此期间，研究团队成员还参加了“中日北京三国纪念地国际研讨会”（后因受新冠肺炎疫情影响转为线上研讨）。

为了更有利于诸葛亮文化的研究工作，2021 年 9 月，平顶山市卫东区政协与平顶山学院签订了战略合作协议，平顶山市卫东区诸葛亮文化研究会与平顶山学院伏牛山文化圈研究中心签订了深度合作协议。诸葛亮文化研究工作正朝着预定的目标前进——向社会推出诸葛亮文化研究公众号，积极宣传推介诸葛亮文化。

我们相信，随着平顶山诸葛亮文化研究的不断深入、诸葛亮文化建设的不断加强，平顶山诸葛亮文化研究和发展事业会越来越好，了解平顶山诸葛武侯祠和诸葛遗墟的人会越来越多，平顶山市诸葛亮文化在海内外的影响也会越来越大！

（平顶山市历史文化研究中心　杨晓宇）

2

平顶山诸葛亮文化的挖掘与整理研究

自1980年始，河南省平顶山市的文史专家致力于诸葛亮文化研究，陆续发掘出诸葛遗墟、明代牛凤《改正诸葛亮武侯祠记》碑、诸葛亮拜谒张良庙石刻等重要的诸葛亮文化资源，引起了学界对诸葛亮早年生活轨迹的新讨论。平顶山市挖掘、整理、研究诸葛亮文化的成果得到了专家学者的关注和重视。

平顶山诸葛亮遗迹

关于河南平顶山诸葛亮遗迹问题，尽管地方史志屡有记载，民间口碑广为流传，但因遗迹原貌不存，实物圮毁，现存文献资料太简太散且缺乏研究，故至今人们信疑参半。笔者在探讨诸葛亮躬耕地过程中，触及此问题，认真做了些调查研究，述出以与关心此问题的同仁切磋。

一、平顶山诸葛庙

在平顶山市中心老市场一带，原有一座古老村落名诸葛庙。该村原属叶县，1956 年划归平顶山矿区。平顶山建市后，该村先后属西高皇公社、大营公社、东高皇公社管辖，称诸葛庙大队。1979 年因建平顶山锦纶帘子布厂，该村土地全部被征用，村民转为市民，诸葛庙村遂成为城市居民区。

诸葛庙村，以有诸葛庙而得名。清同治《叶县志》载："诸葛武侯庙在平顶山下稍西。"①经访问诸葛庙村老居民七十多岁的朱姓老人得知，原村落中心街道为东西走向，在村西道北，坐北朝南有一座诸葛庙。庙门前一条南北走向的道路与东西大道交汇成"丁"字。诸葛庙的具体位置在今平顶山市卫东区老市场街（今繁荣街）南段西侧原卫东区妇幼保健站院内。

据老人讲，原诸葛庙占地数亩，自成一院落，前有山门，后有正殿三间。正殿殿基高于院内地面，房顶为青瓦覆盖，有五脊六兽，东西山墙为封檐实山墙。殿内靠后墙正中有一尊诸葛武侯塑像。东西两山墙内壁上绘有描述诸葛亮生平事迹的彩色壁画。院内西厢三间奶奶庙，祀送子娘娘。院内有一眼井，数通石碑。庙后及左右有一片合抱粗细的大叶杨树林。

这座诸葛庙因诸葛遗墟而建。据老人讲，世代相传，庙后百余步处，有诸葛亮父祖的坟墓。清同治《叶县志》载："诸葛坟墟在县北平顶山下，有隋开皇

① （清）欧阳霖重修，河南省叶县地方史志编纂委员会整理：《叶县志》，中州古籍出版社，1988 年，第 138 页。

二年断石幢云:'此地有诸葛之旧坟墟。'隋去三国未远,言必有据。今山下稍西有诸葛庙,后有金鸡冢,疑即武侯父祖葬处。"①

平顶山诸葛武侯庙始建年代不详,但从隋开皇二年(582)断石幢所云可知,此一纪念性祠宇,最迟在隋代已有了。历代屡有修葺,至20世纪60年代初还完整地存在着。有记载的最后一次大规模重修是在明嘉靖六年(1527),由南京太常寺卿叶县人牛凤出资兴办的。

二、牛凤《改正诸葛武侯祠记》

平顶山诸葛庙遗址内现存明牛凤《改正诸葛武侯祠记》石碑一通。此碑原随诸葛庙房屋建筑的拆毁而被推倒,幸保存尚完整,20世纪80年代由朱姓老人和在卫东区妇幼保健站守门的李姓老人倡议并亲自动手重新竖起,恢复了原貌。

牛凤,明代中州名人,进士出身,官至南京太常寺卿。清同治《叶县志》卷八《人物志》有传,曰:"牛凤,字西唐,正德辛未进士,授吏部验封司主事。与王晋溪议事,持正不挠。晋溪初未以为然,逾月乃曰:'初谓君太执,今始知大有干局也。'遂倚重焉。时黔国公卒,子当袭爵,大赂冢宰,求免入朝。凤执法不从,几被中伤。正德十四年,上将南幸。是时,宁王宸濠久蓄异谋,制下人情汹汹。凤与同官上疏乞留,忤上意,廷杖三十。嘉靖初,录用言官,加四品服俸,累官南京太常寺卿。致仕,筑室城南昆水之澳,作《交远堂记》以见志。二十四年终于家。上遣官赐祭。"②此传同存于《南阳府志》和《河南通志》。

牛凤《改正诸葛武侯祠记》碑文:

改正诸葛武侯祠记

嘉靖丁亥秋,余自太仆转南京太常卿,使道还家,行视田墅,始谒武侯祠下,见其屋老而坏,且怪其与昭烈俱南面,无复君臣分。询土人,云,如是有年矣。及考旧志,洪武十八年民萧四重修,记不知其所始,慨

① (清)欧阳霖重修,河南省叶县地方史志编纂委员会整理:《叶县志》,中州古籍出版社,1988年,第94页。

② (清)欧阳霖重修,河南省叶县地方史志编纂委员会整理:《叶县志》,中州古籍出版社,1988年,第405页。

然久之。遂捐金币，属乡耆徐行合众力作新之。不期月，庙貌完矣。撤去昭烈、关、张之像，独象侯祠中，专其祠以符其名，人心允惬，观者胥悦。

既而游观山寺，有断石幢在焉，刻文仅数十字，中云："此地有诸葛之旧坟墟高阳华里。"然后知侯之父若祖自琅琊避地，曾寓于此而葬焉。躬耕南阳，尚在厥后。祠而祀之，信有由然。再考石幢岁月，盖隋文帝开皇壬寅物，去先主见武侯于隆中之岁三百一十六，其居此地而葬，必先十余年，是以坟墟犹存。今距开皇壬寅年余九百六十一，世远坟没，不知其处，固不足怪。所幸祠宇不废，断石幢仅存，岂偶然哉！

盖侯之为人，论者举侪于伊吕，古今贤达，悉以为然，无异议焉。是人品之高，勋烈之盛，光昭汗青，脍炙人口者，奚俟吾言。所以吾邑有高阳华里之迹，实为侯父祖之故墟，湮灭无闻，以至今日，良可悼惜。吾生千百年之后，得有所据，故托之坚珉，以图不朽，又以资论世君子云。

皇明嘉靖二十一年岁次壬寅秋七月既望，西唐牛凤记，男沈裕书，钧州杨嘉刻。

这篇碑文被收入《叶县志》《南阳府志》《中州文献录》《古今图书集成》等书。从这篇碑文中，我们可以看出以下几点：

其一，牛凤始谒平顶山诸葛武侯祠时，原祠虽以"诸葛武侯祠"名，但祠内兼祀有刘备、关羽、张飞。这与南阳、成都等处武侯祠同。只是因祠宇规模相对较小，诸葛亮与刘备的塑像同堂并列，不分君臣主次，有违儒家礼制。牛凤重修时，撤去了刘备、关羽、张飞的塑像，使诸葛武侯祠只祀诸葛武侯一人，以求名实相符。

其二，牛凤游观山寺时，亲眼看到了刻有"此地有诸葛之旧坟墟"的隋开皇二年(582)的断石幢。隋代上距诸葛亮生活的年代只有三百余年，所以诸葛亮父祖的坟冢还存在，且此地被称为"高阳华里"。"高阳"者，高阳县之谓也。此地北魏时属高阳县。"华里"者，"里"乃县下之行政单位。诸葛武侯祠所在这一里，名华里。

其三，牛凤拜谒平顶山诸葛武侯祠时，距隋开皇年间已有近千年，中经无数次社会动荡、自然灾害、地貌变迁，诸葛亮父祖的坟冢已难以准确断定。但因人们对诸葛亮的敬仰，武侯祠这座建筑经历代不断修葺，不仅保存了下来，且有断石幢刻文为证。牛凤肯定诸葛亮曾随父祖在这里居住过。

牛凤所游观山寺，即他见到隋断石幢的地方在哪里？笔者同南阳诸葛亮研究会的两位同志在平顶山下进行了察访。在平煤一矿后之侯家村，从一位七十三岁的侯姓老人口中得知，平顶山附近的古寺只有一座，它位于寺沟西岸山梁南端，即今侯家村南一矿奶牛场东边。老人讲，此寺名“云遮寺”，规模颇大，唐宋明清各代香火很盛，有僧众上百人，殿舍数十间。后来败落了，成了一片废墟，留下一株千年古槐，有数围粗。这棵古树前几年还活着，后因麦秸垛失火烧毁了。我们从田埂上堆积的瓦砾里，捡到隋唐宋元明清各代的砖瓦残片。寺沟即因有此寺而得名。经查清《叶县志》知，此寺名应为“云潮寺”。隋开皇二年的断石幢原应在此寺中，但随着寺院的败落，建筑被毁，碑碣不存，难以寻找了。

三、诸葛亮寓居平顶山的来由

记载平顶山下有诸葛亮父祖坟墟的隋开皇二年(582)，断石幢已圮毁难觅，其详细情况不得而知，但亲眼见过断石幢刻文的牛凤，据之而言的“知侯之父若祖自琅琊[①]避地，曾寓于此而葬焉。躬耕南阳，尚在厥后”，是可信的。需要弄清的问题是：诸葛亮与其父祖是出于什么原因、在什么时间从琅邪(首府开阳在今山东临沂北)移居此地的？又怎样从这里到了南阳(今河南省南阳市)？

要解决以上问题，直接的史料是没有的。我们只能从《三国志》的有关记载中寻出一些端倪。《三国志·蜀书·诸葛亮传》载：“诸葛亮字孔明，琅邪阳都(在今山东沂南南)人也。汉司隶校尉诸葛丰后也。父珪，字君贡，汉末为泰山郡丞。亮早孤，从父玄为袁术所署豫章太守，玄将亮及亮弟均之官。会汉朝更选朱皓代玄。玄素与荆州牧刘表有旧，往依之。玄卒，亮躬耕陇亩，好为《梁父吟》。”注引《献帝春秋》曰：“初，豫章太守周术病卒，刘表上诸葛玄为豫章太守，治南昌。汉朝闻周术死，遣朱皓代玄。皓从扬州太守刘繇求兵击玄，玄退屯西城，皓入南昌。建安二年正月，西城民反，杀玄，送首诣繇。”[②]裴松之称“此

---

① 琅琊，亦作琅邪。

② (晋)陈寿撰，(南朝宋)裴松之注：《三国志》，中华书局，1982年，第911页。

书所云,与本传不同”。这是我们研究诸葛亮家世及其少年时代情况唯一可凭借的资料。虽然这些历史记载不尽一致,但我们还是可以从中得出几点明晰的结论:一是诸葛亮的父亲诸葛珪汉末曾任太山郡(郡治在今山东泰安县东)丞,死时诸葛亮年龄尚小。二是诸葛亮的叔父诸葛玄与荆州牧(治所在今湖北襄阳)刘表有旧交情,在诸葛珪去世后,诸葛玄带着诸葛亮兄弟投靠了刘表。三是诸葛玄一度出任豫章(郡治在今江西南昌)太守,诸葛亮兄弟随叔父到过豫章,后重返南阳。我们若把这几点放到当时的历史背景下看,就可以理出一些头绪。

诸葛亮出生于汉灵帝光和四年(181),此后正是汉王朝政治黑暗,阶级矛盾激化,农民起义风起云涌的时代。中平元年(184)黄巾大起义。黄巾主力被镇压下去后,青(治所临淄在今山东淄博东北)、徐(治所下邳在今江苏邳县西南)两州的黄巾余部于中平五年(188)冬复起,青、徐士庶四出避难。诸葛亮父亲诸葛珪任郡丞的泰山郡虽属兖州(治所廪丘在今山东郓城东北),但却与青、徐二州毗邻,受到青徐黄巾军的冲击是不言而喻的。应该说就在此时,诸葛亮一家像其他士庶一样谋求外逃避难。避往何处?北上幽州(治所蓟县在今北京市)者有之,南下扬州(治所寿春在今安徽寿县)者有之,西南入荆州者有之。荆州与幽州、扬州一样是相对安定的地方,且比较富庶。但比幽州、扬州路途要远一些。诸葛亮一家包括祖父、父亲、叔父、诸葛亮兄弟,就走上了避难荆州之路。他们从家乡琅邪出发,由兖州入豫州(治所安城在今河南汝南东南),沿着陈(在今河南淮阳)宛(在今河南南阳)古道西南行,来到平顶山下。这里属豫州颍川郡(郡治颍阴在今河南许昌)昆阳县(今河南叶县)管辖,是青、徐、兖诸州通往荆州所必经之地。此时,正值关东州郡起兵讨董卓,南阳郡(郡治宛在今河南南阳)为袁术、孙坚所据。诸葛亮一家往襄阳走需穿越袁、孙占领区,道路不通,加上因长途跋涉诸葛亮父祖染病,被迫在平顶山下暂时居住下来。继而,诸葛亮父祖病逝,遂葬于此。这一年,诸葛亮八岁。之后,诸葛亮随其叔父诸葛玄按礼制规定的时间为父祖庐墓三年。汉献帝初平元年(190),汉献帝诏命刘表为荆州刺史,刘表得到南郡(郡治在今湖北襄阳)名士们的支持,移治襄阳稳住了局势。刘表是兖州山阳(郡治昌邑在今山东金乡西北)高平(在今山东微山湖北)人。因诸葛玄与刘表关系颇好,使诸葛玄避难荆州有了更明确的依傍。《三国志·魏书·袁术传》:“南阳户口数百万,而术奢淫肆欲,征敛无度,百姓苦之。既与绍有隙,又与刘表不平,而北连公孙瓒;

绍与瓒不和而南连刘表。”[①]在袁绍、刘表的夹击下，初平四年（193），袁术被迫丢掉南阳郡，引军东奔淮南（郡治合肥在今安徽合肥市西北）。刘表暂时控制了南阳郡。次年即兴平元年（194），诸葛玄抓住机会带着诸葛亮兄弟急奔南阳，在刘表的地盘上住下来。这一年诸葛亮十四岁。此后，诸葛玄经刘表推荐，出任豫章太守，诸葛亮兄弟随叔父到南昌。诸葛玄在豫章太守任上发生变故。诸葛亮兄弟重返南阳，躬耕陇亩。

在诸葛玄出任豫章太守的推荐人问题上，陈寿《三国志》与《献帝春秋》记载不同。《三国志》说是袁术，《献帝春秋》说是刘表。我们从“玄素与荆州牧刘表有旧”的记载看，由刘表推荐，更合乎事理些。

如果不否认以上论断符合历史事实的话，那么就是说诸葛亮一家是在汉灵帝中平元年（188）为躲避青徐黄巾起义军的冲击，南下投奔荆州途中寓居于平顶山下的。诸葛亮的父祖卒于此，葬于此，诸葛亮在这里居住了七八年。换句话说，诸葛亮少年时代的八到十四岁是在昆阳平顶山下度过的，汉献帝兴平元年（194）以后随其叔父诸葛玄迁居荆州南阳。

三国时代著名的政治家、思想家、军事家诸葛亮是深受古今百姓崇敬的历史人物。诸葛亮研究是一个长盛不衰的史学课题。有关诸葛亮少年时代寓居平顶山的情况，会引起更多学者的关注，期待更深入更细致的研究文章问世。

（平顶山市炎黄文化研究会　潘民中）

---

① （晋）陈寿撰，（南朝宋）裴松之注：《三国志》，中华书局，1982 年，第 207 页。

平顶山是诸葛亮青少年时期的寓居地

在中华民族的圣贤群体中,诸葛亮以"谋圣"彪炳史册,他对中华人文精神的影响是非常深刻的。诸葛亮一生整体上以出仕为界限,可以划分为出仕前的平凡人生和出仕后的轰轰烈烈两个阶段。在东汉末期诸侯争霸和魏蜀吴三国鼎立时期,诸葛亮的活动足迹遍布大半个中国,其中山东、河南、湖北、湖南、四川、陕西是其主要活动地。而河南作为当时的政治经济文化中心,诸葛亮自然与其有着密不可分、千丝万缕的联系。诸葛亮去世后的数百年间,基于崇拜圣贤的政治和社会心理需要,人们在诸葛亮活动的主要地区纷纷营建武侯祠庙,祀拜纪念。最有名的当属山东临沂诸葛亮故里、河南南阳卧龙岗、湖北襄阳隆中、陕西宝鸡五丈原等地的武侯祠。平顶山武侯祠是较早建成的武侯祠,只不过也较早地淹没于历史长河中,少为人知。笔者认为,诸葛亮青少年时期和其父祖辗转迁徙,长时间生活于平顶山的说法是可信的。

一、确凿的历史文献记载

诸葛亮在平顶山生活过的说法是有一系列的历史文献强力支撑的。最核心的文献就是《改正诸葛武侯祠记》,以及由此延伸而来的诸多经典图书和史志文献中的转录记载。《改正诸葛武侯祠记》是现在仍保存在平顶山市卫东区诸葛庙街上诸葛遗墟中一通明代碑刻的全文记载(碑文参看"平顶山诸葛亮遗迹"之"牛凤《改正诸葛武侯祠记》")[①]。

这篇碑文由于是牛凤撰写被今人称为牛凤碑。这篇碑文如此重要,涉及诸葛亮父祖坟墟、诸葛亮重要生活地,这些在其前应该说是谜一样的存在,不为人知。天下皆知河南有诸葛亮生活地南阳卧龙岗,却不知道北边距离南阳约250公里的昆阳平山下是诸葛亮青少年时期的成长地。

① 杨晓宇,潘民中,杨尚德:《少年诸葛亮与平山武侯祠》,香港天马图书有限公司,1996年,第4页。

但《改正诸葛武侯祠记》碑文一举改变了不为人知的局面，可以说引起了轰动效应。该碑文相继被收录在《古今图书集成》《南阳府志》《叶县志》《中州杂俎》等史志图书中。

《古今图书集成》是清康熙时期官修的、现存的中国古代规模最大的一部类书，全书共10 000卷，与《四库全书》同为清代编修的中国历史上最大的宝典巨著。《改正诸葛武侯祠记》能被收录其中，说明了碑文的重要价值和朝廷对该篇文献的高度重视，也是全国范围内对平山武侯祠的重视。

《南阳府志》是清嘉庆十二年（1807）官修的府志，现收藏于中国国家图书馆。在明代，昆阳属于南阳府辖，平山武侯祠属于南阳府的北鄙之地。《改正诸葛武侯祠记》碑文能收入其中，既是对本地历史文献的重视，也是对明代、清康熙以来文化成果一脉相承的认同。

《叶县志》版本很多。最早的版本是明嘉靖二十一年（1542）由牛凤主纂的《叶县志》。之后有多种续修本。其中有清光绪二十二年（1896）由欧阳霖、杜鹤慈编修的《叶县志》。其中可以看到对诸葛亮人文遗迹的记载。清光绪《叶县志》有多处相关记载。《叶县志·人物志·乡贤》中有《牛凤传》[①]。《叶县志·艺文志》中有《改正诸葛武侯祠记》[②]和牛凤所作的《诸葛遗墟》诗[③]，有《昆阳八景歌》[④]题诗中包括诸葛遗墟。《叶县志·冢墓》中有词条“诸葛坟墟”[⑤]。《叶县志·流寓》中有词条“诸葛亮”[⑥]。《叶县志·祠宇》中有词条“诸

---

① （清）欧阳霖重修，河南省叶县地方史志编纂委员会整理：《叶县志》，中州古籍出版社，1988年，第405—406页。

② （清）欧阳霖重修，河南省叶县地方史志编纂委员会整理：《叶县志》，中州古籍出版社，1988年，第622—623页。

③ （清）欧阳霖重修，河南省叶县地方史志编纂委员会整理：《叶县志》，中州古籍出版社，1988年，第577—578页。

④ （清）欧阳霖重修，河南省叶县地方史志编纂委员会整理：《叶县志》，中州古籍出版社，1988年，第583—584页。

⑤ （清）欧阳霖重修，河南省叶县地方史志编纂委员会整理：《叶县志》，中州古籍出版社，1988年，第94页。

⑥ （清）欧阳霖重修，河南省叶县地方史志编纂委员会整理：《叶县志》，中州古籍出版社，1988年，第478页。

葛武侯庙”①。

以上这些历史文献客观存在，说明了自明嘉靖尤其是清康熙以来，平顶山诸葛遗墟及其碑文得到了世人瞩目，诸葛亮在平顶山寓居生活过的历史得到了世人的重视。

二、无可辩驳的文物证据

文物与考古发现在历史研究中居于不可替代的位置，诸葛亮在平顶山寓居的历史同样有强力的文物证据。核心文物就是《改正诸葛武侯祠记》碑，还有诸葛遗墟、隋代断石幢、云潮寺等文化遗迹。

牛凤碑刻于嘉靖二十年即公元 1541 年，距今 480 余年，将近五百年的风雨洗礼，该碑仍然存在，实乃幸事。《古今图书集成》《南阳府志》《叶县志》的收录让该碑永载史册。

诸葛遗墟是历史上确凿存在的文物遗迹。与《改正诸葛武侯祠记》碑一起的就是以“诸葛遗墟”命名的历史文化遗迹。诸葛遗墟称谓来源于牛凤，从《改正诸葛武侯祠记》碑文看，“诸葛遗墟”指的不是武侯祠。碑文云：“既而游观山寺，有断石幢在焉。刻文仅数十字，中云：‘此地有诸葛之旧坟墟，在高阳华里。后知之父若祖自琅琊避地，曾寓此地而葬焉。’”②据此，诸葛遗墟指的应是“诸葛之旧坟墟”。

根据牛凤的考证，记载有“诸葛之旧坟墟”的石幢为隋文帝开皇二年刻立，即公元 582 年，距今 1439 年。因此诸葛遗墟年代久远，至少在隋代确证存在，很可能在汉之后随着诸葛亮社会崇拜的盛行就已经存在。

清嘉庆《南阳府志》记载有《诸葛遗墟》：“诸葛墟在县北平山下，有一断石幢云此地有诸葛之坟墟高阳华里。今山下稍西有葛庙，东有金鸡冢，疑此即孔明父祖葬处。盖孔明本琅琊人，避地而西，盖自其父祖已然，其居南阳必自孔

---

① （清）欧阳霖重修，河南省叶县地方史志编纂委员会整理：《叶县志》，中州古籍出版社，1988 年，第 138 页。

② 杨晓宇，潘民中，杨尚德：《少年诸葛亮与平山武侯祠》，香港天马图书有限公司，1996 年，第 4 页。

明始也。此断幢岁月实隋开皇二年物。此时去三国时未远,言必得其真,故据而书之。"[①]该文的记载是引述了牛凤的记述,且认为"此时去三国时未远,言必得其真,故据而书之"。

在清《叶县志》之《卷首·图考》有八景图文,其中第四幅就是《诸葛遗墟图》。图中显示的就是山麓中一座坟茔及墓碑。这也印证了诸葛遗墟的本来含义。图配有一首诗歌:"峰头高望两南阳,尊养当年寓此邦。山麓断幢题姓字,道周荒草没行藏。卧龙一去风云散,梁父重吟感慨长。墟畔至今存古庙,衣冠犹侍汉中王。"[②]

在清《叶县志·舆地志·冢墓》中有明确的词条"诸葛坟墟"。载言:"在县北平顶山下,有隋开皇二年断石幢,云:'此地有诸葛之旧坟墟'。隋去三国未远,言必有据。今山下稍西,有诸葛庙,东有金鸡冢,疑即武侯父祖葬处。盖武侯本琅琊人,避地而西,或自其前世已寓于叶,居南阳则自武侯始,未可知也。"[③]显然,在明代的"诸葛之旧坟墟"至清同治欧阳霖主修县志时,已经荒颓,只有金鸡冢,可以认定是诸葛坟墟。

明代的"诸葛遗墟"、清代的"金鸡冢"如今已经不存。根据张西庆先生20世纪90年代在诸葛庙村访查,有优越路的一位市民张怪说她家的地南头原来有个大土堆叫金鸡冢。随着城市化进程,诸葛庙村田地他用。不过附近有居民、商户反映,1992年优越路埋地下水管时发现一座汉墓,据此推定为金鸡冢的位置。笔者认为,根据现在已知的诸葛武侯祠的确凿位置,基本上可以推断:张怪家地南头原来的大土堆就是金鸡冢。

平山诸葛武侯祠是专门祀拜诸葛亮的文物胜迹。平顶山武侯祠是确实存在的。明代牛凤碑的正文名称就是《改正诸葛武侯祠记》。正文中言"行视国野,谒武侯祠下",也名言"武侯祠"。说明当时的祠宇名字就叫"武侯祠"或者"诸葛武侯祠"。到清末,"武侯祠"称谓已经演变为"诸葛庙"。清同治《叶县

---

① 杨晓宇,潘民中,杨尚德:《少年诸葛亮与平山武侯祠》,香港天马图书有限公司,1996年,第70页。

② (清)欧阳霖重修,河南省叶县地方史志编纂委员会整理:《叶县志》,中州古籍出版社,1988年,第56—57页。

③ (清)欧阳霖重修,河南省叶县地方史志编纂委员会整理:《叶县志》,中州古籍出版社,1988年,第94页。

志·卷首·县境山川图》中明确表示有“诸葛庙”,其北侧标注就是“平顶山”①。

另外,清同治《叶县志卷之二·建置志·祠宇》载有词条“诸葛武侯庙”,云:“在平顶山下稍西。据断石幢云:旧有诸葛遗墟。今止有庙。明洪武中里人萧四重修。”②其言“诸葛武侯庙”。两下对比,说明“诸葛庙”是“诸葛武侯庙”的简称。

由明代牛凤碑可知,明时,诸葛遗墟和武侯祠是并行存在的。遗墟在东,武侯祠在西。清代武侯祠称诸葛武侯庙,而遗墟荒退为金鸡冢,逐渐不为人知。据专家调查,20 世纪 40 年代,还有叫郭天才的因被认为有“共党嫌疑”③而躲避隐居于武侯祠中,教学研史。其学生说,当年金鸡冢前有形似卧鸡,又似枕形,扣之声如木鱼的石头,所以又称为金鸡石、金鸡枕、鸡更石。有老人田世怀说,金鸡石一侧刻有“诸葛武侯定更枕”④几个字。笔者认为,金鸡石大概率是后人纪念武侯而刻制的镇墓神兽。也许石刻神兽不止金鸡石一种。那时的祠前有山门,上题“诸葛遗墟”。武侯祠正殿为青砖青瓦三间殿宇,中有诸葛武侯彩塑坐像。祠殿前有俗称的“诸葛井”一口。院内石碑林立。对照清光绪《叶县志·艺文志》中《昆阳八景歌》之诗句“诸葛遗墟委杉松,石坛晻霭寒云封”⑤,可知“诸葛遗墟”在清代已经是作为叶县八景的标准术语存在,当是涵盖了诸葛亮父祖遗墟和诸葛武侯庙。

现在武侯祠的位置应当没有大的变化,就在今诸葛庙街南头西侧。据调查二十世纪五六十年代被用作卫东区妇幼保健院。今在商业店铺区设有一间,作为存放牛凤碑的地方。诸葛庙村的村民在门头题字《诸葛遗墟》。随着城市发展和诸葛庙街商业建设,诸葛遗墟早已经消失不见,只剩下牛凤碑尚

---

① (清)欧阳霖重修,河南省叶县地方史志编纂委员会整理:《叶县志》,中州古籍出版社,1988 年,第 29 页。

② (清)欧阳霖重修,河南省叶县地方史志编纂委员会整理:《叶县志》,中州古籍出版社,1988 年,第 138 页。

③ 杨晓宇,潘民中,杨尚德:《少年诸葛亮与平山武侯祠》,香港天马图书有限公司,1996 年,第 40—41 页。

④ 杨杨晓宇,潘民中,杨尚德:《少年诸葛亮与平山武侯祠》,香港天马图书有限公司,1996 年,第 40—41 页。

⑤ (清)欧阳霖重修,河南省叶县地方史志编纂委员会整理:《叶县志》,中州古籍出版社,1988 年,第 583—584 页。

存。现存石碑二通,一为牛凤碑,明嘉靖年间立。二为马永禄碑残碑,清同治十四年立。

历史文物断石幢。牛凤碑中言:“既而游观山寺,有断石幢在焉。刻文仅数十字,中云:‘此地有诸葛之旧坟墟,在高阳华里。’后知之父若祖自琅琊避地,曾寓此地而葬焉,躬耕南阳尚在厥后,祠而祀之,信有由然。再考石幢岁月,盖隋文开皇壬寅物,去先主见武侯于隆中之岁三百一十六。”[①]可见,断石幢是牛凤推断诸葛坟墟的重要依据。它是隋代刻制流传至明季的历史文物,虽然现在断石幢灭世,但至今仍是考证诸葛武侯祠的重要依据。现在看来,牛凤推断诸葛坟墟的主要依据有三:一是“屋老而坏”的武侯祠,二是诸葛之旧坟墟,三是隋代断石幢。

三、极为重要的云潮寺证据

牛凤发现的山寺在哪里?这一直是困扰着当代研究者的一个问题。现在考证,云潮寺就是牛凤“游观山寺”发现断石幢的山寺,这是根据史志文献和当代考古发现得出的结论。2006年开始,文史研究者潘民中、王宝郑、张相华,考古工作者王宏伟与当地村民丁汉忠多次深入调研,得出一致结论。[②]

云潮寺有确凿记载。清同治《叶县志卷之二·建置志·寺观》载记有《云潮寺》,其云:“在县北黄楝树村,明高僧月天所建。”[③]黄楝树村即今平顶山市卫东区的黄楝树社区。《建置志·村庄》则有“云潮寺沟”[④]的记载,属于河召北村的五十个庄的一个,同在其中的还有吴寨、跑马场、岳庄等,都在平顶山峰南麓。可见云潮寺是客观存在的,那么,它在哪里?

2007年春,平煤集团棚户区改造工程启动,在一矿棚户区改建工地,挖掘出一对巨型赑屃底座和双龙戏珠碑额等文物,引起当地轰动,经过现场调

---

① 杨晓宇,潘民中,杨尚德:《少年诸葛亮与平山武侯祠》,香港天马图书有限公司,1996年,第4页。

② 尤黎明:《云潮寺的前世今生》,《平顶山晚报》,2008年12月5日。

③ (清)欧阳霖重修,河南省叶县地方史志编纂委员会整理:《叶县志》,中州古籍出版社,1988年,第145页。

④ (清)欧阳霖重修,河南省叶县地方史志编纂委员会整理:《叶县志》,中州古籍出版社,1988年,第173页。

研，确证了寺沟村历史上确实有寺院存在。

笔者最早发现的另一个确证，就是寺沟东侧山麓上陈家岗村的丁姓祖坟中的祖碑。刻立于清同治八年(1869)的丁顺碑载："公先父讳秉忠自裴庄迁居云潮寺沟，至公已五世矣……"[①]由此可见，在清同治年间就有云潮寺。据丁汉忠讲，丁姓是原寺沟村唯一姓氏，大概于乾隆年间迁徙此地，筑窑而居，繁衍成村。后来寺沟窑洞多塌陷，就搬迁至陈家岗村。

2008年，《平顶山晚报》刊发文章《云潮寺的前世今生》，引用了潘民中、王宝郑的研究观点：寺沟就是云潮寺沟，结合文物发现推断：寺沟就是云潮寺所在，发现的文物就是原来云潮寺的遗存。[②] 2008年12月3日，当地老百姓自发重修云潮寺，举行开光典礼，寺内香火旺盛。

云潮寺就是牛凤游观的山寺，也是其发现断石幢的地方。如何认定它与传说中的金鸡冢的关系？笔者认为：诸葛亮曾寓居于山下是不争的事实，而云潮寺就是寺沟，这里与诸葛武侯祠相距不远。有两个可能。一个是：如果云潮寺是古寺，此寺就是明代高僧月天重建的寺，保留了寺中的断石幢。另一个可能是：如果云潮寺是明代新建，那么断石幢极有可能是从山下移动过来的，因为寺院里一般不会容许有坟墟存在。

四、当代武侯祠保护传承

诸葛武侯祠是平顶山的重要历史文化遗产，是这座伴随新中国发展起来的新兴城市的文化瑰宝。

诸葛庙作为历史文化遗产，由于年代久远，逐渐荒废，以至于"文革"前殿宇彻底不存在，庙址被用作卫东区妇幼保健院。1994年平顶山市对诸葛庙街进行商业改造时，存在于妇幼保健院的牛凤碑被重新发现，但面临被毁掉的严重危机，这激发起了当地诸葛庙村老百姓的保护热情，强烈呼吁予以保护。庙宇已经无法保留，但牛凤碑需要保护。1994年7月，河南省文物保护管理委员会下文称，据调查，平顶山市老市场街发现诸葛遗墟及明代石碑一通，对研究

---

① 尤黎明：《云潮寺的前世今生》，《平顶山晚报》，2008年12月5日。

② 尤黎明：《云潮寺的前世今生》，《平顶山晚报》，2008年12月5日。

诸葛亮少年时代的生活学习及以后的思想形成和发展脉络，具有重要价值。[①] 这样在诸葛庙所在的商业街上，就开辟出一间店铺，专门用于存放牛凤碑。2001 年《改正诸葛武侯祠记》碑被公布为市级文物保护单位，设有专门管理员。

2006 年开始，武侯祠的恢复开始进入市级讨论层面。2006 年 12 月，时任平顶山市市长的赵顷霖欲了解诸葛庙情况，笔者受市政协原副主席潘民中委托撰写《关于诸葛亮少年时代居住平顶山和平顶山诸葛武侯祠的基本情况》一文并转交，文中介绍了基本情况并提出了几条建议："一要高度重视，加强宣传。二要加强保护，予以易地重建。三要合理开发，综合开发。"2007 年 3 月 7 日，赵顷霖市长在原件上做出批示："请潘主席同文化局同志把三条建议具体化，具体到能够操作，这是件有意义的事，望能落实，省文物局有关文件，不知落实情况如何？"8 月 29 日，笔者受市文物局委托又撰写了答复赵顷霖市长的文章《关于诸葛亮少年时代居住平顶山和平顶山武侯祠基本情况的汇报》。该文经潘主席两次修改，最终完成。内容基本上按三条建议进行展开。文中笔者提出了三个选址方案：一为山顶公园，一为平顶山主峰下东南侧，一为西南侧寺沟旁。此前，笔者详细地进行了实地勘察。

2012 年，卫东区开始重视武侯祠的保护开发利用，社会呼吁声越来越高，卫东区政协发挥了不少作用。后来卫东区政府在山顶公园规划了一个相关项目，由个人投资在山顶公园拟重建武侯祠。但是，由于诸多原因项目没有成功。2018 年，卫东区又重新启动诸葛武侯祠的保护利用工作，由卫东区政协牵头开展了一系列活动。4 月 9 日，开展诸葛庙文化调研活动并举行专题座谈会。当年 5 月组织了赴山东临沂、河南南阳、湖北襄樊的考察活动。2020 年年底成立平顶山市卫东区诸葛亮文化研究会。目前，诸葛亮文化正与卫东区经济社会发展深度结合，相信不久会有一个很好的进展。

五、自古相承的史实认定

考察平顶山诸葛武侯祠的历史，可以发现，平顶山武侯祠在中国历史上不是很有名，与南阳卧龙岗武侯祠、湖北襄阳武侯祠、四川成都武侯祠相比，可以

---

① 杨晓宇，潘民中，杨尚德：《少年诸葛亮与平山武侯祠》，香港天马图书有限公司，1996 年，第 23—24 页。

说是几乎被淹没于历史长河中,历史文献难以找到,但这并不否定其客观存在,历史上对诸葛亮寓居史实和诸葛遗墟的真实性有着充分肯定,而且明清以来一脉相承。

从历史阶段看,可以将平山诸葛武侯祠的历史划分为三个阶段:明代以前存在时期;明清民国张扬时期;当代弘扬时期。明代以前,武侯祠是很早就有的,这可以从牛凤发现的隋代开皇二年山寺断石幢可以证明。但武侯祠最早始建于何时,没有记载,正如牛凤所说"讫不知所始"[①]。笔者结合诸葛亮先贤崇拜现象和全国武侯祠的兴起,可以推断平山武侯祠在两晋南北朝时期极有可能就已建立。明代至民国时期,武侯祠被发现并开始载入史册。重要的大事有几件。

其一,洪武十八年(1385)萧四重修。可能是武侯祠毁于元末明初的战火,明初社会稳定后又得到民间重视并复修。

其二,牛凤发现"诸葛之旧坟墟"并重修武侯祠。诸葛之旧坟墟是诸葛亮父祖之坟墟,在诸葛亮寓居平顶山下时就有,至牛凤时"坟没不知其处"。牛凤对其予以深刻揭示。关于史实,牛凤认为诸葛坟墟是可信的。其言:"顾以吾邑有高阳华里之迹,实为侯父祖故墟,湮没无闻,以至今日。"[②]他就诸葛坟墟之所以存在的原因做了简单而又准确的探讨。"其居地而葬,必先有十余年,是以坟墟犹存。"[③]也就是说没有一定的居住时间,是不可能将其父祖都葬在平山之下的,这符合社会丧葬规律。牛凤认为,诸葛亮曾随其父祖在平顶山下生活,"躬耕南阳尚在厥后"[④]。他作了《诸葛故址》诗,也是清同治《叶县志》中

① 杨晓宇,潘民中,杨尚德:《少年诸葛亮与平山武侯祠》,香港天马图书有限公司,1996年,第4页。

② 杨晓宇,潘民中,杨尚德:《少年诸葛亮与平山武侯祠》,香港天马图书有限公司,1996年,第4页。

③ 杨晓宇,潘民中,杨尚德:《少年诸葛亮与平山武侯祠》,香港天马图书有限公司,1996年,第4页。

④ 杨晓宇,潘民中,杨尚德:《少年诸葛亮与平山武侯祠》,香港天马图书有限公司,1996年,第4页。

“诸葛遗墟图考”[①]的配诗。其中言“遵养当年寓此邦”“卧龙一去风云散”[②],也表达了这个认定。诸葛遗墟的存在和诸葛亮寓居的史实,为平山武侯祠的存在奠定了先有墟而后有祠的历史和逻辑基础。牛凤,字西唐,正德辛未进士,累官南京太常卿,其地位和学识受人尊敬,他关于诸葛亮寓居平顶山下和诸葛武侯祠的认定对后世有深远影响。

其三,牛凤撰写的《改正诸葛武侯祠记》碑文载入以《嘉靖叶县志》《古今图书集成》为标志的诸多文献。《古今图书集成》为朝廷官修大型类书,在中国古代文化史上具有十分重要的位置,能够载入不仅是对其历史价值的重视,也是对平山诸葛坟墟和武侯祠的本质性质和社会地位的认可。其后《南阳府志》等一脉相承。以至于清同治年间“诸葛坟墟”入列叶县八景。[③] 牛凤的发现和张扬可以说居功至伟。民国时期不见有武侯祠重修等信息,应该是在社会动荡中逐渐失修颓废。

其四,欧阳霖主持载记《叶县志》。欧阳霖,江西彭泽人,博学多识,于同治六年(1867)任叶县知县。他非常注重文化传承,广施教化,且以清廉著称。任上有两件大事永载史册,一件是修葺卧羊山黄庭坚祠,一件就是主修《叶县志》。欧阳霖显然对诸葛亮和诸葛坟墟现象高度认可,在《叶县志》中“图考”“祠宇”“墓冢”“流寓”“艺文志”等多处载记相关信息。特别是在“流寓”中载记词条“诸葛亮”,意义重要。其云:“诸葛亮,字孔明,琅玡人。汉末避乱寓居南阳。昭烈帝三顾于草庐,乃出,佐昭烈成帝业。后封武乡侯。其祖父曾流寓叶县平顶山下,有隋开皇二年断石幢可考。详见《冢墓》。”欧阳霖也明确认为诸葛亮曾在平顶山寓居。

牛凤与欧阳霖等人的发现和一致认定,对诸葛亮与平顶山渊源关系认知上有重大飞跃,他们揭示了诸葛亮与其父祖曾经生活于平顶山的历史事实,也就是说诸葛亮也是平顶山的半个主人,平顶山堪称诸葛亮的第二故乡。

---

① (清)欧阳霖重修,河南省叶县地方史志编纂委员会整理:《叶县志》,中州古籍出版社,1988 年,第 56—57 页。

② (清)欧阳霖重修,河南省叶县地方史志编纂委员会整理:《叶县志》,中州古籍出版社,1988 年,第 56—57 页。

③ (清)欧阳霖重修,河南省叶县地方史志编纂委员会整理:《叶县志》,中州古籍出版社,1988 年,第 583—584 页。

六、当代研究的学术共识

如前说述，自欧阳霖主政叶县时，通过载记《叶县志》对诸葛遗墟进行宣扬。之后，诸葛遗墟再次湮没无闻，沉寂于民间社会长达120多年，直到20世纪90年代重新受到重视。引起重视的原因是1994年平顶山启动诸葛庙街商业化改造项目，从而发现了犹存于原诸葛庙的一通古碑牛凤碑。围绕此碑，一批文史研究者经过深入研究，普遍认为：牛凤碑是诸葛亮寓居平顶山的最重要证据。

当时的诸葛庙已经用作卫东区妇幼保健院。开发商为搞商业开发意图挪走牛凤碑，而当地诸葛庙村民反响强烈，极力要求将牛凤碑在原地保护。以张西庆为代表的有识之士奔走呼吁，为之努力。如前述，1994年7月，河南省文物保护管理委员会以豫文物字〔1994〕第4号文件《关于保护诸葛遗墟和碑刻文物的函》，告平顶山市人民政府，要求进行保护。[①] 1995年平顶山市卫东区委、区政府、建设路办事处、诸葛庙居委会邀请市社科联、市历史学会、市政协文史资料委员会领导专家，召开了联席会议，进行了讨论，提出对牛凤碑的就地保护意见，并组织研究论证。1996年10月出版了由杨晓宇、潘民中、杨尚德主编的《少年诸葛亮与平山武侯祠》一书，这是当时对平山武侯祠研究成果集大成之作。该书收录了十几位作者的文章，涉及平顶山武侯祠的方方面面，本文的许多观点至今仍具有代表性。

笔者看来，当代研究成果大致有七个方面：一是平顶山地域文史研究者一致认定诸葛亮曾寓居生活于平顶山下；二是诸葛亮是随其叔父诸葛玄在平山寓居的；三是诸葛亮寓居平山时间大约持续七八年；四是诸葛亮寓居平山是在寓居南阳之前；五是诸葛亮在河南的迁徙寓居生活不止一处，而平山是其中最重要一环；六是平山是诸葛亮青少年时期成长地；七是支持诸葛亮寓居平山的不仅有本地古今研究者，也有了解情况的全国知名学者。这些成果影响越来越大，成为今后持续研究诸葛武侯祠文化的重要基础。

---

① 杨晓宇，潘民中，杨尚德：《少年诸葛亮与平山武侯祠》，香港天马图书有限公司，1996年，第23—24页。

七、新证诸葛亮拜谒张良庙石刻

时间进入21世纪，又一能够证明诸葛亮寓居平顶山的重要文物被发现，这就是“诸葛亮拜谒张良庙石刻”。

2006年2月13日，村民在郏县李口镇张店村发现一通无碑额碑座、碑面粗糙不平的红石碑。该碑高106厘米，宽60厘米，厚19厘米，碑文内容只有56个字，繁体隶书，没有常见的额文落款。

碑文称：“亮携元直，建安六年，踏贤宗，观地势不严，然清净秀逸，乃龙凤之地。拜留侯，仰其像不威，然运筹帷幄，决胜千里，成帝王之师。吾辈叹之，敬之，效之。”[①]

该碑字虽不多但信息惊人。其基本内容是说诸葛亮与汉末另外一位名士徐庶一起“踏贤踪”“拜留侯”，心生敬意、立志向留侯学习的事情。留侯就是辅佐刘邦成天下、被誉为“帝王之师”的张良张子房。该碑一经发现即引起社会轰动，都认为该碑具有巨大的历史价值和研究价值。专家认为：该碑就是诸葛亮手书刻立的纪事碑，从而为论证张店是张良故里提供了有力文物证据。全国文物权威罗哲文鉴定，碑刻真实，由此为张店题字“张良故里”。今天举世公认，张店是张良故里，后来张店被评为中国历史文化名村、中国传统村落。

人们在探求：为什们偏僻的张店会有诸葛亮访贤踪迹？他不大可能千里迢迢跑来访贤。原因只有一个，那就是诸葛亮住的地方离张店留侯祠距离不远。笔者撰写了《诸葛亮与留侯祠铭碑》[②]一文，并在2012年3月21日《平顶山日报》发表，对此做了系统阐述。

笔者认为，诸葛亮留侯祠铭碑一碑双证，不仅证明了张店极有可能就是张良故里，同时证明了诸葛亮曾寓居平顶山的史实，寓居地就是从古到今认定的“高阳华里”[③]平顶山脚下的诸葛庙村。诸葛亮寓居地与张良故里一山之隔，诸葛亮访贤踏踪十分方便。这也间接证明了另一个问题：诸葛亮为什们能够在平顶山成长为一代人杰？因为平顶山一带历史悠久、文化灿烂、人杰地

---

① 王宝郑：《诸葛亮与留侯祠铭碑》，《平顶山日报》，2012年3月21日。

② 王宝郑：《诸葛亮与留侯祠铭碑》，《平顶山日报》，2012年3月21日。

③ 杨晓宇，潘民中，杨尚德：《少年诸葛亮与平山武侯祠》，香港天马图书有限公司，1996年，第4页。

灵,从远古到汉代,帝王圣贤名人遗迹众多,正是文化沃土滋养了诸葛亮的聪明才智。甚至有专家认为,诸葛亮之所以号卧龙,就是受到本地龙文化的深刻影响[①]。这里有御龙氏刘累、刘累养龙地豢龙故城、大龙山、小龙山,也是典型的中华龙文化之乡。诸葛亮以龙为号,就是把自己誉为龙之化身,如龙一般无所不能。又以"卧龙"为称,就是把自己誉为"潜龙",对应的是中华经典文化中"潜龙在渊"的理念。

八、源远流长的诸葛亮崇拜现象

平顶山有广泛的圣贤崇拜传统,诸葛亮崇拜就是其中重要的社会崇拜文化现象的体现,这彰显出诸葛亮与平顶山的深刻渊源。

由于两汉三国时期,大中原是华夏政治经济文化中心,诸葛亮前半生都与这里有密切的渊源,山东是出生地,河南是迁徙地。现代研究认为,诸葛亮在河南的迁徙地不止一处,在平山、叶县、方城、南阳等地都留下了生活足迹。尤其是平山脚下是诸葛亮同期父祖重要寓居地,在这里过了约七八年的隐居生活,诸葛亮由一个垂髫少年成长为青年才俊。足迹不可磨灭,后人据此在适当时期修建了诸葛武侯祠,作为先贤永世祀拜。

笔者以为,各地武侯祠不会是凭空建造的,一般都有诸葛亮活动的客观依据。今天平顶山两处武侯祠,应当都是如此。平山武侯祠是平顶山下的人们崇拜诸葛亮兴建的,历史传承比较清晰。清同治《叶县志》记载的"胡村武侯祠"[②]是当地民众纪念诸葛亮建造的,历史传承不是太清楚。但当代研究肯定这里都曾经是诸葛亮的寓居地。

追溯历史,平山武侯祠一开始就属于民间自发兴建,因民间崇拜而兴,如果是官方修建,应该在隋代以后的史志文献中有所反映。那么,其香火传承也是长期依靠民间力量进行的,这符合中国民间神祇文化的一般规律,来自民间,传承于民间,弘扬于民间,这形成了中华文化的深厚土壤。

至明代武侯祠至少有两次重修。第一次是1368年。牛凤碑载:"及考旧

---

① 杨晓宇,潘民中,杨尚德:《少年诸葛亮与平山武侯祠》,香港天马图书有限公司,1996年,第66—68页。

② (清)欧阳霖重修,河南省叶县地方史志编纂委员会整理:《叶县志》,中州古籍出版社,1988年,第138页。

志，洪武十八年民萧四重修。”[1]这次重修是由叫萧四的群众主持的，这就是民间崇拜的反映。另一次是1541年，这是牛凤主持的。由于牛凤的官宦身份，号召力大，民众参与积极性高，肯定离不开当地民众的参与。根据武侯祠有山门、前院、后院的当代调查结果，民众的参与在明代以后的传承起着决定性的作用。

1994年以后牛凤碑的保护可以说直接源于当地老百姓的呼吁、参与，在店铺排房中开辟出的“诸葛遗墟”殿，仍然依赖于当地老百姓的坚持，祀拜香火得以延续。

综上所述，笔者认为，诸葛亮寓居于平顶山下是可信的，牛凤发现的诸葛之旧坟墟是可信的，平山诸葛武侯祠是本地民众为纪念诸葛亮在此生活过而兴建的祠庙，诸葛庙是诸葛武侯庙、诸葛武侯祠的演变，诸葛庙则是诸葛武侯庙的简称，当代村落以庙为名，为诸葛庙村。关于其历史，还有许多问题需要持续研究。在当代，做好文物保护、文化传承、文旅融合，对于打造鹰城靓丽文化名片、推进文化强市、增强文化自信具有巨大的意义。

（平顶山市图书馆　王宝郑）

---

① 杨晓宇，潘民中，杨尚德：《少年诸葛亮与平山武侯祠》，香港天马图书有限公司，1996年，第4页。

平顶山诸葛武侯祠及其文化价值

与南阳卧龙岗、湖北襄阳、四川成都的武侯祠相比，平顶山武侯祠几乎被淹没于历史的长河之中，但这并不能否定其客观存在。平顶山诸葛武侯祠的发现，在一定程度上弥补了诸葛亮前半生文献记载的空白，为认识研究诸葛亮完整的一生提供了凭借。

一、诸葛亮的生平业绩

诸葛亮二十七岁接受刘备三顾。其胸怀天下的识见、超乎常人的敏锐洞察力和卓越战略构思，深得刘备的敬重。从而出山辅佐刘备联孙抗曹，得荆州，取益州，称帝定三分。自己也由一介书生登上天下三分的政治舞台，开启永载史册的政治生涯：军师中郎将——军师将军署左将军府事——丞相录尚书事。刘备驾崩，刘禅继位。诸葛亮开府治事，领益州牧，“政事无巨细，咸决于亮”①。在联吴抗魏的大格局中，诸葛亮文韬武略，文能安邦，武能拓疆。南平南中，军事推进顺利，军锋直达东南亚半岛腹地萨尔温江中游；善后安抚得力，扎扎实实地使华夏文化在南中广大地区生根、开花、结果。北出祁山，以攻为守，威震西北，声动中原，为蜀汉政权赢得鼎立一方的名分和生存的时间空间。诸葛亮在相位执掌蜀汉朝政十二年，“外连东吴，内平南越，立法施度，整理戎旅，工械技巧，物究其极，科教严明，赏罚必信，无恶不惩，无善不显，至於吏不容奸，人怀自厉，道不拾遗，强不侵弱，风化肃然”②，不仅是蜀汉四十二年国祚中最好的时期，而且在三国中也是无可比拟的善政良治。

三国鼎立，人才济济，半君半臣身份的诸葛亮无人能比，形象最为高大。诸葛亮是中国知识分子理想品格的典范，是中华传统美德最完美的践行者，是中华民族自强不息精神的典型代表，是中华民族智慧的化身。乾隆皇帝评价

---

① (晋)陈寿撰，(南朝宋)裴松之注：《三国志》，中华书局，1982 年，第 918 页。

② (晋)陈寿撰，(南朝宋)裴松之注：《三国志》，中华书局，1982 年，第 930 页。

诸葛亮是“全人”[1]。这个“全”,不仅是“忠君”“爱民”兼具的全,不仅是德才兼备的全,更是中国传统士人品格完美的全。

三国历史风云诡谲,三国文化绚烂多姿,诸葛亮文化无疑是三国文化的轴心,是中华优秀传统文化的重要组成部分。诸葛亮荟萃前世历代贤相优秀品质于一身,为后世历朝贤相所效法。被史家论为“历稽载籍,贤相林立,而名高万古者,莫如诸葛亮”(金圣叹《三国志序》)。诸葛亮勤政爱民,廉洁奉公。发誓“鞠躬尽瘁,死而后已”,并自表刘禅:“成都有桑八百株,薄田十五顷,子弟衣食,自有余饶。至于臣在外任,无别调度,随身衣食,悉仰于官,不别治生,以长尺寸。若臣死之日,不使内有余帛,外有赢财,以负陛下。”[2]卒后如其所言。

诸葛亮文化是最具亲和力的雅俗共赏文化。改革开放后,影响最大的历史名人之争是诸葛亮躬耕地的襄阳南阳之争。这一学术公案受到世人的广泛关注,证明的正是诸葛亮文化与世人精神生活的密切关系。而两地的“争”也使两地的文化旅游产业获得了无穷的效益。在学术研究层面上,从1983年起全国魏晋南北朝史学会诸葛亮研究联会已在各遗迹纪念地和后人聚居地召开过22次诸葛亮学术讨论会,成果丰硕,在三国人物研究中首屈一指。一部《三国演义》一百二十回,从第三十六回“元直走马荐诸葛”起,到第一百〇五回“武侯预伏锦囊计”,七十回中一半回目的主语都是诸葛亮。与其他人物形象出现的频率相较,诸葛亮无疑是《三国演义》主角中的主角。这部古典名著伟人读,普通百姓也读。民间表现诸葛亮的曲艺、戏剧作品更是多不胜数。

二、平顶山诸葛武侯祠的来由

诸葛亮出生于汉灵帝光和四年(181),此后东汉王朝日薄西山,气息奄奄,政治黑暗,社会动荡。中平元年(184)黄巾大起义。黄巾主力被镇压下去后,青、徐两州的黄巾余部于中平五年(188)冬复起。这一年诸葛亮七周岁。战乱逼得青、徐士庶四出避难。诸葛亮父亲诸葛珪任郡丞的泰山郡虽属兖州,却与青、徐二州毗邻,受到青徐黄巾冲击是不言而喻的。应该说就在此时,诸葛亮一家像其他士庶一样谋求外逃。逃往何处?北上幽州者有之,南下扬州者有之,以尽快逃出动荡地为目的。诸葛亮一家包括祖父、父亲、叔父、诸

---

① (清)爱新觉罗·弘历:《琅琊五贤祠》诗碑“所遇由来殊出处,端推诸葛是全人”。

② (晋)陈寿撰,(南朝宋)裴松之注:《三国志》,中华书局,1982年,第927页。

葛亮兄弟，则走上了出徐州、入豫州、望荆州的道路。荆州是一处相对安定的地方，且比较富庶。诸葛亮一家来到平顶山下，这里属豫州颍川郡昆阳县境，是青、徐、兖诸州通往荆州的大道所必经。因长途跋涉诸葛亮父祖染病在身，被迫在平顶山下暂时居住下来。继而，诸葛亮父祖病逝，遂葬于此。之后，诸葛亮随其叔父诸葛玄按礼制规定的时间为父祖庐墓三年。牛凤《改正诸葛武侯祠记》碑判断："游观山寺，有断石幢在焉，刻文仅数十字。中云：此地有诸葛之旧坟墟高阳华里。然后知侯之父若祖自琅琊避地，曾寓于此而葬焉。躬耕南阳，尚在厥后。"[①]初平元年(190)，汉献帝诏命刘表为荆州刺史，刘表得到南郡名士们支持，移治襄阳稳住了局势。刘表是兖州山阳高平人。因诸葛玄与刘表关系颇好，使诸葛玄带领诸葛亮兄弟的避难有了更为明确的依傍。《诸葛亮传》说："玄素与荆州牧刘表有旧，往依之。"[②]无奈此时正值关东州郡起兵讨董卓，荆州北部的南阳郡为袁术、孙坚所据，袁、孙与刘表势不两立。诸葛玄欲带诸葛亮兄弟往刘表的治所襄阳走需穿越袁、孙占领区，道路不通，只得延宕下来。《三国志·魏书·袁术传》："南阳户口数百万，而术奢淫肆欲，征敛无度，百姓苦之。既与绍有隙，又与刘表不平而北连公孙瓒；绍与瓒不和而南连刘表。"[③]在袁绍、刘表的夹击下，初平四年(193)，袁术被迫丢掉南阳郡，引军东奔封丘、陈留、淮南。南阳郡归刘表控制后，兴平元年(194)诸葛玄遂带着诸葛亮兄弟来到刘表的地盘上居住。这时诸葛亮十四周岁。陈寿《上〈诸葛亮集〉表》所言："亮少遭汉末扰乱，随叔父玄避难荆州。"[④]就是说诸葛亮一家在汉灵帝中平六年(189)为躲避青徐黄巾冲击，逃难途中寓居于平顶山下。诸葛亮的父祖卒于此，葬于此，诸葛亮在这里居住了七年。也就是说，诸葛亮少年时代的8—14岁是在昆阳平顶山下度过的，汉献帝兴平元年随其叔父诸葛玄迁居荆州。这就是平顶山下有"诸葛遗墟"的由来。

魏元帝曹奂景元四年(263)司马氏灭蜀，咸熙二年(165)司马氏代魏建立晋朝。晋武帝司马炎在位的26年间(166—290)，先是出于对统一江南吴国的策略考虑，统一吴国之后的太康年间则从张扬太平盛世出发，是很照顾民间惦

---

① (清)欧阳霖重修，河南省叶县地方史志编纂委员会整理：《叶县志》，中州古籍出版社，1988年，第623页。

② (晋)陈寿撰，(南朝宋)裴松之注：《三国志》，中华书局，1982年，第911页。

③ (晋)陈寿撰，(南朝宋)裴松之注：《三国志》，中华书局，1982年，第207页。

④ (晋)陈寿撰，(南朝宋)裴松之注：《三国志》，中华书局，1982年，第930页。

念诸葛亮情绪的。一方面，朝廷下诏录用诸葛亮存世子孙。晋《泰始起居注》载诏曰："诸葛亮在蜀，尽其心力，其子瞻临难而死义，天下之善一也。其孙京，可随才署吏。"[①]后为郿令。尚书仆射山涛《启事》曰："郿令诸葛京，祖父亮，遇汉乱分隔，父子在蜀，虽不达天命，要为尽心所事。京治郿自复有称，臣以为宜以补东宫舍人，以明事人之理，副梁、益之论。"[②]诸葛京位至江州刺史。一方面，准许有诸葛亮遗迹的地方，民间建祠设祭。于是就有了其家乡琅琊阳都、寓居地颍川昆阳平顶山下、南阳、襄阳躬耕地的诸葛武侯祠，俗称"诸葛庙"。这正是隋代文献中阳都和平顶山下有诸葛庙记载的原因。牛凤碑称："祠而祀之，信有由然。再考石幢岁月，盖隋文帝开皇壬寅物，去先主见武侯于隆中之岁三百一十六，其居此地而葬，必先十余年，是以坟墟犹存。"[③]信而有征。

三、平顶山诸葛武侯祠的价值

诸葛亮一生，活了 54 岁，27 岁出山辅佐刘备。陈寿《三国志・诸葛亮传》对诸葛亮后半生履历行事记载，可称系统翔实，但写其前半生文字则甚为简略，甚至是一笔带过。可以说，平顶山诸葛武侯祠的存在，一定程度上弥补了诸葛亮前半生文献缺如的空白，为认识研究诸葛亮完整的一生提供了凭借。恐怕正是因为这一点，清康熙年间皇三子胤祉奉命与侍读陈梦雷编纂《古今图书集成》时慧眼识珠，对牛凤《改正诸葛武侯祠记》碑文特别重视，果断予以收录。

诸葛亮前半生 27 年，可以分成在家乡度过的幼年时代，在平顶山下度过的少年时代，躬耕于南阳、襄阳的青年时代。平顶山诸葛武侯祠所赖以建立的"诸葛遗墟"，证明诸葛亮在这里度过了他的少年时代，从而迈向青年时代。少年时代是一个人成长成才的关键时段，若忽视了这个时段诸葛亮的生活环境、生活状况，诸葛亮"少有逸群之才，英霸之器"的才和器就成了无源之水、无本之木。名家曾言，诸葛亮将姜尚表现出来的士人之品与张良表现出来的士人

---

① （晋）陈寿撰，（南朝宋）裴松之注：《三国志》，中华书局，1982 年，第 932 页。

② （晋）陈寿撰，（南朝宋）裴松之注：《三国志》，中华书局，1982 年，第 933 页。

③ （清）欧阳霖重修，河南省叶县地方史志编纂委员会整理：《叶县志》，中州古籍出版社，1988 年，第 623 页。

之格融合为一,铸成中国传统士人“自尊与尊君相辅相成”的典型品格。平顶山北有张良故里张良祠,东有姜尚墓姜太公祠。我们从近年张良故里出土的建安六年石刻残文(碑文参看“平顶山是诸葛亮青少年时期的寓居地”之“新证诸葛亮拜谒张良庙石刻”)可以看出平顶山周边的文化氛围对诸葛亮少年时代思想的滋润。建安六年(201)诸葛亮21岁,正躬耕于南阳,游学于荆州。他偕相知好友徐庶重游故地,应是乘其省祭父祖墓冢之机,让徐庶也感受一下此地的文化氛围。诸葛亮的才器,是其幼年家乡齐鲁文化启蒙、少年平顶山寓居地先贤文化滋养、青年时代南阳帝乡汉文化熏陶,共同作用的结果。从而成就了“人品之高、勋烈之盛、光昭汗青、脍炙人口”的诸葛亮。

平顶山诸葛武侯祠的存在和保护开发,可以使诸葛亮人生历程的地理路标更加完善:幼年居家(山东沂南)—少年寓居(河南平顶山)—青年躬耕及出山(河南南阳、湖北襄樊)—镇守荆州(湖北荆州)—托孤受命(重庆奉节)—开府治事(四川成都)—南征南中(云南昆明)—指挥北伐(陕西汉中)—巨星陨落(陕西五丈原)—安葬长眠(陕西勉县)。

名人胜迹是一个地方重要的文化资源。“名人一顾,万世荣光”。何况1800年前智圣诸葛亮在卫东区地面上居然生活过七八年,受此地文化滋养而成大器！我们自当重之。

(平顶山市炎黄文化研究会　潘民中)

平顶山诸葛亮文化与三国旅游文化

多少年来，人们一直把诸葛亮看作智慧的化身，史称“智星”，但对诸葛亮青少年时代的情况却一无所知。20世纪末平顶山诸葛武侯祠的突出价值被史学界认识之后，就把诸葛亮这一伟人和鹰城平顶山紧紧维系一起，也让世人对诸葛亮青少年时代的情况有了进一步的了解，初步确定了平顶山地区是诸葛亮青少年时代主要学习、生活、成才的地方，从而使平顶山的诸葛亮文化日益显现出灿烂之光。

一、诸葛亮与平顶山市的关系

诸葛亮，字孔明，山东省琅琊阳都（今山东省临沂市沂南县）人，公元181年5月25日（农历四月十四日）生，54岁病逝于陕西五丈原，《二十五史·三国志·蜀志·诸葛亮传》载：

> 亮躬耕陇亩，好为《梁父吟》。身长八尺，每自比于管仲、乐毅，时人莫之许也。惟博陵崔州平、颍川徐庶元直与亮友善，谓为信然。时先主屯新野。徐庶见先主，先主器之，谓先主曰：“诸葛孔明者，卧龙也，将军岂愿见之乎?”先主曰：“君与俱来。”庶曰：“此人可就见，不可屈致也。将军宜枉驾顾之。”由是先主遂诣亮，凡三往，乃见。[①]

刘备三顾茅庐请诸葛亮出山，这才有了汉魏时期三分天下的历史局面。在《三国演义》小说中，更把诸葛亮“未出茅庐，便知天下三分”以及此后的风云壮观，进行了神话般的描写。成为大多数中国人耳熟能详的历史佳话。但是，三顾茅庐时的诸葛亮，已经是27岁了，他满腹经纶，号称“卧龙”，胸怀天

---

① （晋）陈寿：《二十五史·三国志·蜀志·诸葛亮传》，上海古籍出版社，1986年，第110—113页。

下，待时而飞。这样一位青年才俊又是如何成才的？无论是正史或者野史，都没有留下片言只语。自然也引起人们一千多年来的诸多猜测，甚至有南阳襄阳的诸葛躬耕地之争的历史公案，直到平顶山武侯祠重显于世。

平顶山市诸葛遗迹的发现，并非是空穴来风。除了明代《南阳府志》、明清《叶县志》《古今图书集成》等书记载外，还有遗迹、村落、出土文物和历代研究成果。种种论据证明：诸葛亮生于汉灵帝光和四年(181)，从小就饱受离乱之苦。其父诸葛珪，字君贡，为泰山郡丞。中平六年(189)二次黄巾起义之后，青徐之间的郡县官员多被斩杀，诸葛亮的父亲诸葛珪为躲避灾难，扶老携幼，踏上了西去中原的征途。本想投奔世交好友刘表，但到了平顶山下时，因南阳一带战乱而垦荒结庐，以求温饱。诸葛亮此时年方八岁，而后祖父、父亲相继病故，只有跟着叔父诸葛玄生活和读书。兴平二年(195)，南阳局势稍定，诸葛玄与刘表有了联系，受邀携侄子侄女到襄阳，并于建安二年(197)出任豫章(今南昌)太守，不料汉帝另任朱皓赴任，在刘繇的支持下，诸葛玄被赶走，或病或伤抑郁而亡，诸葛亮葬叔于平顶山下的父、祖坟旁，躬耕垄亩。同时四方拜师学艺，广结朋友，终成奇才。建安六年(201)，他与徐庶拜谒谋圣张良并留字刻石后，方离开平顶山南下。正如牛凤《改正诸葛武侯祠记》碑文中所写："躬耕南阳，尚在厥后。"此时的诸葛亮，已经是二十岁出头的有志青年了。综上所述，诸葛亮在平顶山地区生活两个阶段，共约十年左右。因而平顶山诸葛武侯祠在 20 世纪 80 年代受到史学界关注之后，立即引起各方面的重视。

二、平顶山诸葛亮文化遗迹择要

经过调查研究，平顶山诸葛亮文化遗迹大约有十余处，下面择要述之。

(一)平顶山市卫东区诸葛庙村

诸葛庙村是一个古老的村庄，村以祠名，沿袭下来。这又是平顶山诸葛武侯祠存在和诸葛亮少年居留地的证明。因为村名是古代历史的活化石，代代相传，成为口碑。新中国成立后，国家在此地发现大煤田，就在村里安营扎寨，后建成平顶山市。诸葛庙村也由村子变成了城市居委会和社区，留下了诸葛庙街名。除那通《改正诸葛武侯祠记》石碑外，已无往日的庙宇和村庄踪影可寻。但是，诸葛武侯祠的存在是有籍可考的，因此，史学界已把诸葛庙村作为诸葛亮青少年时代生活成长地进行研究，得到了越来越多研究者的关注和热心三国旅游者的向往。

（二）平山诸葛武侯祠

平山（今平顶山）诸葛武侯祠，较早的文字记载见于明代南京太常寺卿、叶县人牛凤的《改正诸葛武侯祠记》碑文中。该祠遗址在平顶山市建设路办事处诸葛庙社区（原诸葛庙村）繁荣街中段，据古稀老人们讲，原诸葛武侯祠规模相当大，香火很盛，直到新中国成立前夕，兵荒马乱，才香灭僧去，逐渐败落。平顶山煤炭基地发现后，地质勘探队就驻扎在祠宇之内，由于当时的困难条件和生态环境，勘探队员冬天生火做饭都拆用本来破败不堪的建筑木料，部分房屋被毁坏；“大跃进”与“文革”时期，祠内碑刻又遭浩劫，只有牛凤碑和几间旧房被保护下来。改革开放之后，卫东区妇幼保健院和卫东区第二门诊部先后入驻，客观上保护了诸葛武侯祠的遗存。20 世纪 90 年代初，大众路周围进行改造，诸葛武侯祠周围被逐渐蚕食。在中原商场兴建时，占压了武侯祠的大部分遗址，使平顶山武侯祠消失在高楼大厦之中。

（三）牛凤《改正诸葛武侯祠记》石碑

牛凤，明代南京太常寺卿，其《改正诸葛武侯祠记》石碑，是平顶山武侯祠现存的唯一石刻物证。该碑现存于原卫东区妇幼保健院（即卫东区人民医院第二门诊部）原址，1995 年夏，在平顶山市政协部分委员的强烈呼吁下，引起市委市政府领导和相关部门的重视。平顶山市卫东区委、区政府和该区建设路办事处及诸葛庙街居委会根据市政府指示，邀请市社科联、市历史学会、市政协文史资料委员会的同志开了一个保护该文物的联席会议，就诸葛武侯祠的保护重修和旅游开发等问题讨论并交换了意见，并决定把牛凤撰文，原诸葛武侯祠现存的唯一文物——明代《改正诸葛武侯祠记》石碑用玻璃罩保护起来，并加强对诸葛武侯祠和诸葛亮青少年时代的研究论证。该碑明确记载了明代重修武侯祠的情况，并记载了隋代开皇年间旧石幢，上书“此地有诸葛之旧坟墟高阳华里”的情况，把平顶山诸葛武侯祠的兴建确切年代上推到隋开皇二年以前。并经考证：“侯之父若祖自琅琊避地，曾寓于此而葬焉。躬耕南阳，尚在厥后。”牛凤还充满感情说出立碑刻石之目的，为“吾生千百年后得有所据”。从碑文看，诸葛亮青少年时代在平顶山一带度过是确切无疑的。[①]

---

① （清）欧阳霖重修，河南省叶县地方史志编纂委员会整理：《叶县志》，中州古籍出版社，1988 年，第 577 页。

(四)《南阳府志》和《叶县志》的记载

嘉靖《南阳府志》卷六《陵墓》中也有一段话,明确记载了平顶山诸葛武侯祠的存在,并证实其碑文所写不虚:“诸葛遗墟在县北平山下,有一断石幢云此地有诸葛之坟墟高阳华里。今山下稍西有诸葛庙,东有金鸡冢,疑此即孔明父祖葬处。盖孔明本琅琊人,避地而西,盖自其父祖已然,其居南阳必自孔明始也。此断幢岁月实隋开皇二年物。此时去三国时未远,言必得其真,故据而书之。”①

清代《叶县志》中卷一《舆地记·墓冢》亦记载:“诸葛遗墟,在县北平顶山下,有隋开皇二年断石幢云:此地有诸葛之旧坟墟。隋去三国未远,言必有据。今山下稍西,有诸葛庙,东有金鸡冢,疑即武侯父祖葬处。盖武侯本琅琊人,避地而西,或自其前世已寓于叶,居南阳则自武侯始,未可知也。”②

上文出自明嘉靖年间所编修的《南阳府志》,与清同治欧阳霖主持编纂的《叶县志》,两下相照,足可为据。

(五)河南省文物保护管理委员会保护函

在对诸葛武侯祠的保护中,河南省文物保护管理委员会也给予极大支持。20 世纪 90 年代中期,随着诸葛武侯祠与牛凤碑的发现,在平顶山市文史工作者和诸葛庙村村民的呼吁下,经平顶山市有关部门上报,河南省文物保护管理委员会于 1994 年 7 月 27 日以豫文物字〔1994〕第 4 号文件《关于保护诸葛遗墟和碑刻文物的函》告平顶山市人民政府,要求进行保护。

(六)金鸡冢与诸葛玄之墓

《叶县志·舆地志·诸葛遗墟》载:“在县北平顶山下,有隋开皇二年断石幢云:此地有诸葛之旧坟墟。隋去三国未远,言必有据。今山下稍西,有诸葛庙,东有金鸡冢,疑即武侯父祖葬处,盖武侯本琅琊人,避地而西,或自其前世已寓于叶,居南阳则自武侯始,也未可知也。”③

---

① 杨晓宇,潘民中,杨尚德:《少年诸葛亮与平山武侯祠》,香港天马图书出版公司,1996 年,第 148 页。

② (清)欧阳霖重修,河南省叶县地方史志编纂委员会整理:《叶县志》,中州古籍出版社,1988 年,第 94 页。

③ (清)欧阳霖重修,河南省叶县地方史志编纂委员会整理:《叶县志》,中州古籍出版社,1988 年,第 94 页。

关于金鸡冢的来历及金鸡冢、金鸡石、鸡更石、金鸡枕和“诸葛武侯定更枕”的石刻情况，原平顶山市技工学校高级讲师张西庆先生在《平顶山诸葛遗墟及其价值》（见附录二）一文中，进行了详细考证说明。张西庆是平顶山市诸葛庙村和平顶山诸葛武侯祠研究的发起者之一，自20世纪60年代起，就为平顶山市诸葛亮文化的研究走访当地宿老，踏勘荒山野岭，追寻诸葛遗迹，保护祠宇遗存做出了很大贡献。他认为金鸡冢就在诸葛武侯祠东北方向不远的地方，当年在繁荣街拓宽的施工中，在该处发现了汉代墓葬，由于墓葬一半在路东房屋之下，也无重要文物出土，当时并没有引起文物部门的重视，就地封存了事。

（七）西湖村诸葛庙

西湖村位于平顶山市区东、叶县城东北三十余里处，近沙河，东与舞阳县北舞渡相近，与古代从北舞渡南向经舞阳县城到裕、宛大道不远，东可由孔子周游列国到叶地的陈宛古道直达齐鲁，西湖村诸葛庙现记载于清同治年间《叶县志》，该志《祠宇》篇“诸葛武侯庙”词条中记：“在平顶山下少西。据断石碣云：旧有诸葛遗墟，今止有庙。明洪武中里人萧四重修。县东北三十里西湖村，亦有诸葛庙，咸丰八年重修。”[①]

该志《建置志·村庄》中载：“西湖村在县东北三十三里，附庄七。”证明是个大村子。村里自古传言诸葛亮青年时代曾移居此地，躬耕学艺。从西湖村诸葛庙及传闻看，这里当是继平山高阳华里之后的又一处遗迹，时间当在诸葛亮为其叔父守孝三年之后。

（八）寺沟断石幢与诸葛遗墟发现地

在牛凤的碑文中，有一段发现隋开皇二年断石幢的记载。该断石幢上铭记有“此地有诸葛旧坟墟曰高阳华里”。高阳，无疑是指平顶山市东北部历史上曾设高阳县，因而此地古称高阳。紧邻平煤八矿北部的山名，即高阳山。华里是对一些有文化的知名村镇的颂称。诸葛旧坟墟，当然指碑文中所述的诸葛亮父祖坟茔。那么，断石幢发现地是哪里呢？经过考察，现确定为市北部平顶山下的寺沟村，该村原有云潮寺。现在古寺无存，但留下了以寺为记的村名和古树。

---

① （清）欧阳霖重修，河南省叶县地方史志编纂委员会整理：《叶县志》，中州古籍出版社，1988年，第138页。

作为平顶山本地人，牛凤回归故里踏荒寻古之时，到了寺沟见到云潮寺遗址上记载诸葛遗墟的断石幢，又见到当时诸葛武侯祠因风雨侵蚀而破败的现状，就捐资重建了诸葛武侯祠，并把自己所见所想撰成碑文刻石以记，留存永远。他还有一首七律诗写道："峰头高望两南阳，遵养当年寓此邦。山麓断幢题姓字，道周荒草没行藏。卧龙一去风云散，梁父感吟感慨长。墟畔至今存古庙，衣冠尤侍汉中王。"其情之深，令人扼腕。[①]

(九)大关口——诸葛初用兵处

大关口，又名古缯关，在今方城与叶县交界处，两边有楚长城，这里曾是春秋战国时期楚国与中原诸国相抗衡的第一道雄关。关为两山夹峙，唯一数丈宽的大山口连通南北，可谓一夫当关，万夫莫开，非常险要。东汉开国皇帝刘秀就是屯守南阳，而在此关外数十里内，阻挡王莽军队，展开殊死决战的，即历史上著名的昆阳之战。这样一座雄关，当然会成为曹、刘两家必争之地。

诸葛亮在受到刘备三顾出山之后，要创造奇迹以镇服包括关、张在内的军中诸将，否则就难以立足。就必然要选择一个战必全胜的时机和地形。在《三国演义》中，火烧博望坡是诸葛亮出山后的第一个得意杰作。当时，刘表让刘备屯兵新野，刘备为拒曹兵，引兵到叶，即今天的平顶山市叶县南部旧县、常村一带。

根据刘表及刘备当时的势力，其本意只为防御，而不是为了进攻，那么，刘备在哪里布防才最有利呢？考山川地势，只有一个地方，就是大关口。

大关口却与书中所述地形相合，又有刘备引兵之叶拒曹的史实记载，要到叶县地界，大关口是必经之路。而博望周围并无险要地势，形似平川，不可能形成如书中所讲那样的阵势。那么，诸葛初用兵的第一战场，只能是大关口。知晓这一关口险要情况的，又与诸葛亮青少年时代在此经过，后又在这一带活动、熟悉周围山川地理位置有很大关系。按潘民中先生的分析，博望只是刘备与诸葛亮指挥战斗的行营，大火烧的应该是大关口而不是博望坡，这说明诸葛亮十分熟悉叶县周围情况，也与诸葛亮青少年时代在此地周围生活、活动有着紧密关系。

---

① (清)欧阳霖重修，河南省叶县地方史志编纂委员会整理：《叶县志》，中州古籍出版社，1988年，第622—623页。

(十)诸葛亮拜谒张良庙石刻

2003年春,在平顶山市郏县李口乡张店村的村边,该村村民李国盛挖房基时,挖出了一块刻字石碑,当时人们并没有留意,随便放在家里。2006年2月13日,村民张振洋认真擦去泥土查看时,却惊奇地发现有诸葛亮的名字(参看"平顶山是诸葛亮青少年时期的寓居地"之"新证诸葛亮拜谒张良庙石刻")。

诸葛亮拜谒张良庙石刻,2003年春季由郏县李口乡张店村村民出土,该石刻长106厘米,宽60厘米,厚19厘米,现存于全国历史文化名村、张良故里张店村展厅。石刻初拓经中国书法家协会理事、学术委员会副主任周俊杰鉴赏后认为:"此石隶书结体方正,清隽而舒朗。因非庙堂之用,故又具洒脱飘逸之气。文字线条瘦劲而爽健,尽管已到汉末,线的起收与转折处已出现圭角,这是汉以后所有隶书最明显的特征。但此石气息上仍然弥漫着只有汉人才有的淳厚、高古、苍茫之气。年青的诸葛亮并非以书名世,而此偶尔乘兴所书的数十字,却使我们感受到了其文之畅,其书之精、其情之诚。余曾云:'汉人书无一不佳者',此可证之。"周俊杰并在拓片上留字:"此为诸葛亮于东汉建安六年二十一岁时,与其好友徐庶踏勘河南郏县留侯宗祠,拜谒张良像时所书。此石隶书,结体方正、清隽、舒朗,弥漫着仅有汉人才有的醇厚、高古、苍茫之气。此石前年春在郏县发现,为最新面世之汉隶,亦亮世所存唯一书迹,又为初拓,故极珍贵也。"

三、平顶山诸葛亮文化是三国文化旅游线上的重要节点

从以上诸多方面看,平顶山诸葛庙村因庙而建,诸葛庙和诸葛武侯祠在过去一千多年的历史进程中,也形成了独特的诸葛亮文化现象。在如今的全域旅游开发中,是三国文化旅游线上的重要节点。

平顶山武侯祠逃不脱历史上的战火与风雨焚蚀,有多次修葺重建。现代矿区开采,又让本就破败的武侯祠雪上加霜,但诸葛庙矿的早期名字,也把平顶山武侯祠的存在公之于世。随着平顶山市这座新兴能源工业城市的兴建,诸葛庙已经不见以往的踪影,仅仅剩余一通可以证明其历史沧桑的明代石碑,孤零零地竖立原址,被诸葛庙村的老百姓自发保护着。

在长期的历史进程中,特别是自明初以来数百年间,平顶山诸葛庙村及其附近的村民,也有像牛凤那样的乡贤名宦,曾多次对诸葛武侯祠进行修建。尽

管诸葛庙遗址和金鸡冢已经被湮没于繁华街道和高楼大厦之下，但老百姓还是把珍贵的牛凤碑保护了下来，并且沿袭了诸葛庙社区的名字。他们还专门成立了诸葛庙保护协会，轮流值守保护碑刻，这些都是难能可贵的。诸葛庙作为一座千年传统文化村落，其诸葛武侯祠的文化符号，却在平顶山人的记忆中，留有难以磨灭的印记。诸葛亮这位智星永远闪亮在鹰城上空而不会黯然失色。

平顶山市的地理位置，正处在洛阳、许昌、南阳的三国文化旅游黄金线路的交汇点上，无论走向哪个方向，平顶山市诸葛亮文化旅游都是绕不开的重要人文景观，加上散落周围的楚汉犨之战、新汉昆阳之战、叶县、方城交界的大关口曹刘之战、袁术孙坚占据古鲁阳等两汉文化遗址，以及有关刘邦、薄太后、张良、萧何、韩信、纪信、刘秀、冯异、姚期、王霸等历史人物的传说，平顶山市整个就是一个汉文化的历史博物馆。

随着平顶山市卫东区诸葛亮文化建设领导小组和诸葛亮文化研究会的建立，对这一文化遗存正在加大挖掘、整理、研究、开发的力度。并邀请三所高校和省内外的魏晋史学教授和研究工作者，建立了专门的专家团队；与企业家联手，逐步恢复诸葛亮文化遗存的原貌，或者异地重建诸葛武侯祠和建立诸葛亮文化展馆。相信在不久的将来，平顶山市诸葛亮文化景观不但会成为该市的一张靓丽名片，也会成为全国三国文化旅游线上的璀璨明珠。

（平顶山市历史文化研究中心　杨晓宇）

诸葛亮文化是平顶山的根文化

每个城市,都有自身极富特色、极具魅力、充满传统底蕴的文化,这就是该座城市的“根文化”。那么,作为新兴工业城市的平顶山市,其根文化又是什么?

众所周知,平顶山市是一座年轻的城市,被称为“古地新城”。新城的概念自不必说,而古地之“古”,就需要略加阐释了。这里有8000年前至5000年前的裴李岗、仰韶、龙山文化遗址;有4000多年前的蒲城店古城遗址;有3000年前的应国贵族墓地和应国都城滍阳;有近2000年前的诸葛遗墟;有1000余年前的观音祖庭香山寺等。这儿还是专指城区,若加上5个上千年的古县,60多个省级以上重点文物保护单位,10余处被称为中国长城之父的楚长城遗址保护群,散若晨星的冶铁、陶瓷、酿酒遗址,和那数百处国家和省级历史文化名村名镇、传统村落、寺庙宗祠,以及76个二十五史上立传的历代先贤、彪炳中华民族史册的鹰城十大历史名人,不能不说平顶山市历史文化的丰厚。

按照一贯的说法,陶瓷文化、冶铁文化、酒文化、长城文化、应国文化、观音文化和诸葛亮文化等,都是平顶山市传统文化的代表,但是,哪个可以称得上是这个城市的根文化?我们认为诸葛亮文化称得上是鹰城的文化之根。

一、平顶山诸葛亮文化存在的历史依据

审视平顶山诸葛亮文化,可以说,平顶山市就是建立在诸葛武侯祠和诸葛庙村之上的,只是随着城市发展和政区、地貌改变,诸葛庙村现已变为诸葛庙社区居民委员会。《平顶山市地名志》“诸葛庙居民委员会”条载:“这儿原有诸葛庙村,据叶县旧志载,明嘉靖年间重修诸葛庙时,发现隋开皇二年断碑一块,仅数十字。内中说此处有诸葛旧坟墟高阳华里,是诸葛亮随父祖自琅琊内迁时,在未到南阳前,先住在此地,其父、祖病故后埋葬于此。诸葛庙建在坟旁,因城市建设,庙毁于二十世纪六十年代。1956年由叶县划归平顶山矿区,曾设为镇,1958年属于大营公社。1978年划归卫东区。1979年底分为诸

葛庙东、南、西3个居委会。2002年合并为诸葛庙社区居委会,划归建设路街道至今。东起康复街,西至劳动路,南起建设路,北至优越路。”[①]可以看出来,诸葛庙原是一个较大的古老村庄,这儿历史上原归叶县管辖,1944年至1946年,国民政府因其靠近山区,为抗战需要,曾置武侯镇,后废。新中国成立后,随着平顶山煤田开发,该村划归矿区管理,亦曾设镇或办事机构,是平顶山市建市的最早一批村镇,因诸葛武侯祠庙而名。而该祠庙是因纪念祭奠智圣诸葛亮而建,那么,为什么要在此建立诸葛武侯祠庙呢?是因为“此处有诸葛旧坟墟高阳华里”。“旧坟墟”即诸葛亮的父祖之墓,“高阳”乃地名,附近有高阳山,此处历史上曾置高阳县。“华里”,则是对一些在历史上被称为贤圣之人的乡里敬称。这里的“华里”,无疑是因有诸葛旧坟墟和智圣诸葛亮生活过的地方而特指。

如果说,《平顶山市地名志》书中对诸葛庙村的介绍,因词条篇幅所限,没有详细讲出它的来龙去脉。那么,我们就回到《叶县志·祠宇》条:“诸葛武侯庙,在平顶山下少西,据断石碣云:旧有诸葛遗墟,今止有庙。明洪武中里人萧四重修。”[②]在该志的艺文志中,则有明代南京太常寺卿,叶县人牛凤所撰《改正诸葛武侯祠记》,论述得更为清楚(碑文参看“平顶山诸葛亮遗迹”之“牛凤《改正诸葛武侯祠记》”)。此碑现藏平顶山市卫东区诸葛庙居委会原诸葛武侯祠遗址碑亭中,是平顶山市诸葛亮文化存在的坚实佐证之一。

牛凤是明代大学问家,明南阳府叶县牛楼村(今属平顶山市湛河区)人,官至朝中三品,负责礼仪宗庙事项,其言有据,应当深信。此碑所记,为公务之后“便道回家”,游览野外,谒拜武侯祠,而“见其屋老而坏,且怪其与昭烈俱南面,无复君臣分”故捐资重修。由于众人之力,不到一月时间,祠宇一新,见者纷赞。在牛凤游观山寺(又名云遮寺、云潮寺,遗址在今平顶山下寺沟)的时候,又发现隋朝开皇二年断石幢,上边刻有“此地有诸葛之旧坟墟高阳华里”字样,由是“知侯之父若祖自琅琊避地,曾寓于此而葬焉。躬耕南阳,尚在厥后”。而对于为什么会在此处建有武侯祠,也就疑惑大解了,“祠而祀之,信有由然”。而非前人贸然为之。并把这整个过程记录下来,且断定“吾邑有高阳华里之迹,实为侯父祖之故墟,湮灭无闻,以至今日,良可悼惜”。为了“吾生千百年之

---

① 平顶山市地名办:《平顶山市地名志》(待刊)。

② (清)欧阳霖重修,河南省叶县地方史志编纂委员会整理:《叶县志》,中州古籍出版社,1988年,第138页。

后，得有所据，故托之坚珉，以图不朽，又以资论世君子云”。其言其行，让人敬慕。

由是，牛凤《改正诸葛武侯祠记》，是经其亲自捐资建祠，设计布局，野外踏勘，发现隋代断幢，特别是经过对“旧志”和“石幢岁月”等反复研究求证，才得出自己的结论：“盖隋文帝开皇壬寅物，去先主见武侯于隆中之岁三百一十六，其居此地而葬，必先十余年，是以坟墟犹存。今距开皇壬寅年余九百六十一，世远坟没，不知其处，固不足怪。所幸祠宇不废，断石幢仅存，岂偶然哉！”所以说，诸葛亮自小生活在平顶山下，是有着坚实证据的。

牛凤生前一生景仰汉代名儒高凤，甚至选好身后寝地，在叶县漂麦河畔，与先贤高凤相伴而眠。后人在附近建有二贤祠，就在叶县常村镇飨堂村。20世纪90年代末，笔者与几位文友专门前往谒拜，哪知道墓毁祠无，遗址没于荒草麦田之中。唯在飨堂村民门前，见到几尊原神道两旁残破的石羊石猴。问及村内老人，说是墓前原有石雕柏林，祠内碑刻几十通，都毁于“大跃进”时代烧石灰和筑石门水库堤坝。而祠宇则没于“文革”，被人陆续拆毁。想当年牛凤见诸葛武侯祠破败，慷慨捐银重修，而如今二贤祠却毁之于天灾人祸，听后令人感叹不已。归程时，笔者见一脊头石刻龙首压在一红薯窖上，本是二贤祠遗物，便搬到车上，想若有一天圣祠重建，或可重置脊首，仰望长空。为此还作《龙首赋》一篇，以记时况。牛凤曾写过三首七律，表达对诸葛亮的敬慕。其中就有《诸葛遗墟》：“峰头高望两南阳，遵养当年寓此邦。山麓断幢题姓字，道周荒草没行藏。卧龙一去风云散，梁父重吟感慨长。墟畔至今存古庙，衣冠尤侍汉中王。”①“诸葛遗墟”曾为叶县旧时八景之一。诗文所记，可与其《改正诸葛武侯祠记》互相印证。

作为新中国成立后才建成的新兴工业城市，平顶山市因煤而建、因煤而兴。先有矿区，而后矿政合一，到建立城市政区时，已经是1957年春了。早在1953年，来到平顶山矿区执行煤田勘探任务的第一支勘探队，就驻扎在当时的诸葛庙村旁的诸葛武侯祠内；第一对生产矿井，也就取名叫“诸葛庙矿”，即现在平煤神马集团二矿的前身。这足以证明，诸葛亮文化在平顶山市建设和大文化格局中的分量，以及其作为根文化的积极意义。

---

① （清）欧阳霖重修，河南省叶县地方史志编纂委员会整理：《叶县志》，中州古籍出版社，1988年，第578页。

二、诸葛玄赴任的历史之谜

那么,智圣诸葛亮与平顶山又有多深的渊源?要了解这些,就必须知道其在平顶山地区的生活踪迹。

对于诸葛亮在平顶山下生活过程,除了上述牛凤在其《改正诸葛武侯祠记》中的论述论证外,又有哪些证据呢?在2019年1月24日的《平顶山日报》上,笔者曾发表文章《鹰城诸葛文化大观》,系统介绍了平顶山诸葛亮文化在鹰城大文化中的位置和重要性,并列举了十项重要遗存例证(内容可参见"平顶山诸葛亮文化与三国旅游文化"之"平顶山诸葛亮文化遗迹择要"部分)。现只就诸葛亮的拜谒张良碑刻,谈一下诸葛亮在平顶山市的时间下限。这也与其叔父诸葛玄的人生经历息息相关。

诸葛亮在东汉中平六年(189)之后,就在平山(今名平顶山)下度过,随父祖生活、学习,是详记在《南阳府志》《叶县志》等史书之中,并非空穴来风。

在20世纪八九十年代,平顶山市地方文化学者对诸葛亮祠、碑的保护和对诸葛亮文化的挖掘与研究,进入到省内外史学家的视野,受到许多三国和魏晋史专家的重视,发表了不少相关文章。20世纪90年代后期,杨晓宇和潘民中先生把这些文章遴选梳理,出版了《少年诸葛亮与平山武侯祠》,面世之后,进一步把平顶山市诸葛亮文化推向全国,引起较大反响。其中,也对诸葛玄之死及坟墓葬地颇多涉及。因篇幅关系,笔者在此仅就诸葛亮拜谒张良庙石刻的发现,谈一下诸葛亮叔父诸葛玄的人生经历,梳理出诸葛亮在平顶山地区生活的时间下限。

汉灵帝中平六年,黄巾二次起义,山东诸州震惊,诸葛亮父亲诸葛珪时任泰山郡丞,与其他官员一样逃离职守回到阳都老家,那年,诸葛亮尚不满8岁。刚好在袁术手下为幕僚的叔父诸葛玄也办事滞留家乡,一家人斟情酌势,觉得战乱不断,难以立身,不如投奔故交刘表,于是背井离乡向中原进发。后因战乱阻隔,诸葛亮就随父、祖、叔叔及姐弟流亡到了颍川、南阳交界的平山之下,结庐躬耕,以求生存。不久,父、祖去世埋葬于此,其姐弟被叔叔诸葛玄收养。印证了《二十五史·三国志·蜀志·诸葛亮传》"亮早孤"的记载;六年后,也就是兴平元年(194),诸葛亮14岁,随着战事的扭转,经南阳去襄阳路途的畅通,诸葛玄得以与故交刘表信息相通,知道诸葛玄困居颍川,便邀他到襄阳任用。于是诸葛玄携带诸葛亮及姐弟四人，踏上了南下之路，这就是《三国志》所述“玄素与荆州牧刘表有旧，往依之”“从父玄将亮及亮弟均之官”。[1]

其后的事情，因裴松之在《三国志》注中引文，而使诸葛玄之死变得扑朔迷离，这就是《献帝春秋》的记载：豫章太守周术病亡后，刘表荐封诸葛玄接替，治南昌（今江西南昌）。东汉朝廷听闻周术过世，任命朱皓代替诸葛玄为豫章太守，因诸葛玄上任在先，朱皓便请求扬州刺史刘繇出兵，共击诸葛玄。诸葛玄退守西城。建安二年（197）正月，西城居民叛乱，杀诸葛玄，斩其首级送与刘繇。此说法与《三国志·诸葛亮传》的记载不同。[2]

究竟是袁术荐举诸葛玄任豫章太守，还是刘表荐其为豫章太守？就出现了不同说法。而且，诸葛玄是怎么死的，死在哪里？是被杀还是病故？若死在豫章或襄阳，其坟墓又在哪里？即便当时草草埋葬，待诸葛亮出山之后，占领荆襄地区之时，以其叔侄深情，也会千方百计寻找，怎么能从来没人提及？更为可疑的是，有学者对此专门做过调查研究，无论豫章（今南昌）或附近城市，自古至今均无“西城”这一地名。因而史学界并没有几个人同意裴注中援引《献帝春秋》的说法。即便裴松之本人也不以为然。《献帝春秋》是东汉佚名氏笔记，有传为吴人袁晔撰。故从古至今许多学者认为里边记载“多传闻异词”，于史实很多出入，该书固然留下来许多三国时代历史资料、民间传闻，自有其存在价值，但却不能尽信其说。故裴注引后特加一句：此说法与《三国志·蜀志·诸葛亮传》的记载不同。因《献帝春秋》对三国其他人物也有不实之谈，以致裴松之评论说：“不知资、晔之徒竟为何人，未能识别然否，而轻弄翰墨，妄生异端，以行其书。如此之类，正足以诬罔视听，疑误后生矣。实史籍之罪人，达学之所不取者也。”[3]

裴松之是东晋、刘宋时代的史学大家，他受刘宋皇帝文帝之命，奉旨注解陈寿《三国志》。裴松之特别重视对三国时期各类人物的研究，把书中传记聚集在一起，找来资料互相佐证，增加了许多新奇的内容，完成后奉献宋文帝。并讲了自己注释《三国志》的感受：“臣松之以为，史之记言，既多润色，故前载所述有非实者矣；后之作者又生意改之，于失实也，不亦弥远乎！”由此可以看

---

① （晋）陈寿：《三国志》，上海古籍出版社，1986 年，第 110—113 页。

② （晋）陈寿：《三国志》，上海古籍出版社，1986 年，第 110—113 页。

③ （晋）陈寿：《二十五史·三国志·蜀志·诸葛亮传》，上海古籍出版社，1986 年，第 110—113 页。

出他是力避注释失实之弊的。文帝看后很高兴，称赞说是不朽之作。所以，裴注《三国志》是历代史学界认为比较翔实的一本史书，引文资料丰富。对于《献帝春秋》也是这样，虽然不同意此说，但考虑到各说并存的注释原则，也就引入其中，只不过把自己的观点加以说明，以免误己误人。这充分说明，裴松之作为一位史学大家的胸怀与卓识。还有一个方面可以说明诸葛玄的问题并非《献帝春秋》所说，元嘉十四年(437)，裴松之以琅琊太守一职致仕。作为史学大家的他，在仕途的最后一站琅琊郡太守任上时，诸葛亮已经是被晋帝设祠庙、行祭祀的往朝圣贤，况且去时不多，决不会不闻不问。对于出生在琅琊辖内的诸葛亮及其家族的结局，应该是甚为关注和研究的。他对《献帝春秋》及在诸葛玄死因方面持反对态度，也应该是言有所据的。

核查史料，建安二年(197)，诸葛亮叔父诸葛玄去世时，汉献帝已从长安李傕手中逃出，迁到了曹操掌控的许县(今许昌市)。诸葛亮此时已经十六七岁，离开平山已经三年有余。也就是说，诸葛亮姐弟去襄阳刘表那儿，已经三年多时间，其间发生了多少事情，谁也不能尽详。而诸葛亮自身的行踪，更给众多研究者以困惑。这自然涉及诸葛玄之死的问题，如果诸葛玄如《献帝春秋》所述死在“西城”，这个西城在哪里？况且，此说已经被引注者裴松之及其历代一些史学家所怀疑，该书也已经绝世，仅存残卷数百言，并不涉及诸葛玄，故难以更进一步深究；如果诸葛玄是卒葬襄阳，刘备依附刘表期间，诸葛亮出山后，作为视叔为父的亲密关系，理应修建坟茔祭祀。而事实是，襄阳自古至今并没有相关坟茔的记载甚至是传说；襄阳、南阳关于诸葛亮躬耕地之争，由来已久。诸葛玄卒葬地应是帮助两地提高论证可信度的重要依据，但时至今日，两地都没有在这个问题上提出佐证。以上三点，足以证明，诸葛玄之卒葬地，既不在所谓的“西城”，也不在宛襄辖内。那么，诸葛玄的卒葬地又在哪里？

让人高兴的是，近年诸葛亮拜谒张良庙石刻的出土，让这一谜团峰回路转，得以从中探寻其中端倪。

三、诸葛亮“拜谒张良庙石刻”的发现

2003 年春，郏县李口乡张店村村民李国盛挖房基时，挖出了一块埋在地下的石头，当时人们并没有留意，李国盛就搬回去随便放在家里铺地。三年之

后，村民张振洋到其家串门，看到这方石头上隐约有字，便认真擦去泥土查看，惊奇地发现是个“亮”字。待全部清洗之后，让这位农村的文化人兴奋不已（碑文参看“平顶山是诸葛亮青少年时期的寓居地”之“新证诸葛亮拜谒张良庙石刻”）。

该石刻长106厘米，宽60厘米，厚19厘米，现存于全国历史文化名村、张良故里张店村展厅。石刻初拓经中国书法家协会理事、学术委员会副主任周俊杰鉴赏后认为：“此石前年春在郏县发现，为最新面世之汉隶，亦亮世所存唯一书迹，又为初拓，故极珍贵也”（周俊杰鉴定全文参看“平顶山诸葛亮文化与三国旅游文化”之“平顶山诸葛亮文化遗迹择要”之“诸葛亮拜谒张良庙石刻”）。

张店诸葛亮拜谒留侯石刻，已经得到史学界多家研究论证，认定为诸葛亮真迹遗存。其出土的意义重大，无论是史学或者书法艺术，都可视为国宝级的重大发现，笔者在此不作过多引证和论述。其拓片现已刊入《中原文化大典·文艺书法典》中。作为出土文物，该碑具有“一碑两证”的作用和意义，既可以证明张店为留侯张良故里，又可以证明诸葛亮曾来此地。而诸葛旧坟墟与张店南北一山相隔，更证明了诸葛亮一家曾在这儿躬耕生活的史实。

但是，依前所言，即便诸葛亮一家在此结庐为家数年，在兴平元年（194）也已经离开平山前往襄阳，诸葛亮因何建安六年（201）还在这儿，并且是与徐庶相伴拜谒张良。他们是游历还是在平山居住，不得不让人产生疑问。

其实，若结合诸葛玄出仕豫章的这一段历史，和诸葛玄去世后灵寝之谜，对于诸葛亮20岁时尚在平山，且在建安六年春拜谒张良故里，也就不难理解了。我们是否可以这样推论：兴平元年，诸葛玄得到刘表书信，带着诸葛亮姐弟四人踏上征途，到襄阳之后，由于种种原因，却未能马上任职。只好就近安置一家人暂且住下，这个地方或许就是现在的隆中。诸葛玄毕竟也是一位才士，迫于生计，更为了结交荆襄名士，便把诸葛亮已到婚嫁之年的两位姐姐，分别嫁给了蒯氏家族的蒯祺和庞德公的儿子庞山民，又结交了和刘表连襟的黄承彦。这一段时间，也是诸葛亮开眼界、长见识，向荆襄名士拜师学习的好时光。特别是与黄承彦父女的相识，成就了和才女黄月英的姻缘。至少在两年之后的建安二年（197），豫章太守周术去世，为抢占地盘，刘表才匆忙让赋闲在家的故交诸葛玄到豫章上任。但是，虽然军阀混战多年，毕竟还是汉室天下，有献帝在曹操的胁迫下立朝许昌，曹操也不会丢掉专权的机会，名义上的汉朝廷就委任朱皓为豫章太守,形成了"一地二主"的局面,当然不能久存。于是,作为名义上正统的朱皓,便借助另一军阀扬州刺史刘繇的势力,把刘表委派的诸葛玄赶走。

在当时,诸葛玄肯定会向刘表求援,无奈刘表一是鞭长莫及,二来也不愿得罪汉朝廷,三是性情优柔寡断,就只好任诸葛玄自生自灭了。在当时的情况下,诸葛玄只有两条路,要么困兽犹斗,维护权益,这在当时几乎是不可能的。一来他是个文人,不谙弓马;二来乱世远任,有可能一个人先赴豫章,还牵挂两个侄子在襄阳。所以在既无名号也无救兵的窘境下,只有向西奔逃回到襄阳。经过这场风波,诸葛玄应该是再无当官的心情,更羞于见到亲友故人。他或伤或病,羞愧难当,自觉不久于人世,便让诸葛亮兄弟带其北归平山,意在相伴父兄寝地,不久便溘然离世,甚或病死归程当途也未可知。在建安二年(197)末,诸葛兄弟把叔父葬在平山父祖坟茔,并以制守孝,当然会在此结庐栖身了。经过风雨磨砺,此时的诸葛亮已非他日,加上叔父经历,知道无有本领就得寄人篱下,或淹没乱世。于是下定决心拜师学艺,广交天下英杰,树立远大志向,期盼卧龙出渊,腾飞云天。笔者在 1995 年 3 月 1 日《平顶山日报》著文认为诸葛亮"卧龙"之号出自龙山的结论,也是由此而得出的。

以上虽为推论,但于情于理,都是有可能的。事实是,诸葛亮在平山下生活的几年,成就天下奇才。因平顶山市区北边山峰名为大小龙山,平山下又有春秋著名晋楚湛坂之战古战场,诸葛亮躬耕生活就在平山之下、湛坂之上和水势浩渺的湛洼水滨。这个湛河洼,尽管千年淤积,沧海桑田,但到平顶山市建市之初,还有其缩影。20 世纪五六十年代,平顶山市对湛河洼进行第一次大规模治理,才从根本上疏通,形成我们今天看到的模样。所以,诸葛亮无论人称或是自称"卧龙",既与平顶山地区的历史、文化、地理、人脉相匹,也与易经中的"卧龙在田""卧龙在渊"卦象契合。而建安六年(201)谒圣留踪,刻石以记,正是证明了这一段不争的事实。至于更深细节,尚期待各位治史者作更深入的研究。

四、应发扬光大平顶山市的根文化

综上所述,诸葛亮应该在平山生活两个阶段,第一阶段在初到平山至兴平元年,约 8 到 14 岁;第二阶段在建安二年至建安六年春之后,时年 17 到 20 岁左右。总共在平山约十年左右。在这十年中,成就了诸葛亮的超人才华。论证至此,对于把诸葛亮文化作为平顶山市的根文化,应该是自然而然的事情。

那么,诸葛亮文化都包含哪些精华?他能不能在鹰城文化中起到根的作用?或者说,其文化根脉又是什么?

诸葛亮作为后世崇敬的先贤,世尊"智圣"。其思想与中国传统文化的儒、道、墨、法、兵及纵横家均有不解之缘,从儒家忠君爱国思想说,诸葛亮是汉王朝的忠实维护者,其追随刘备,除视刘备为知人善用的明君之外,还因为刘备为汉王室血脉,他终此一生都高举着锄奸护汉的旗帜。刘备托孤之后,他为继承先主遗志,七擒孟获、六出祁山,鞠躬尽瘁,死而后已,对于儒家忠君思想的践行,可以说是两千年来少有人及。对于道家思想,诸葛亮也是一生践行,其师从应该有很重要的道家成分,穷则独善其身,达则兼济天下;淡泊明志,宁静致远;袖里阴阳,五行八卦,都是典型的道家风范。墨家思想在其军械制作方面,表现得十分突出,如弩机、木牛流马等,诸葛亮还发明过水车、风车、孔明灯等,都与墨家机巧传承不无关系。而法度严明,依法治军,言信行果,则是法家的精髓。其挥泪斩马谡,是其有法必依的鲜明写照。作为乱世雄杰,军事领袖,兵家思想的继承,在诸葛亮身上表现得淋漓尽致,达到神奇地步。如八阵图、草船借箭、空城计、死诸葛吓退活仲达等。演绎了自比管仲、乐毅,人赞其可媲美兴周八百年的姜子牙,开汉四百年的张子房。而生逢乱世,纵横家的巧言善变,从舌战群儒、联吴抗曹可见一斑。而以上这些,无不证明诸葛亮的智慧过人,才睿无及。诸葛亮的一生,可以一个"智"字概括,所以有了智圣之称。他无疑是中国古代伟大的政治家、军事家、思想家、外交家。有人说,诸葛亮文化是三国文化的核心支柱,余信以为然。

那么,作为三国文化核心之一的诸葛亮文化,与鹰城文化之间的关系又是什么?其一,诸葛亮离开琅琊阳都(今山东沂南)老家前后,还是幼童,智力尚须开发。作为山东知名的世家子弟,其父、祖应是其开蒙之师。其二,在平山之下的前一阶段五六年时间,由幼年步入少年,走向青年,正是其学习知识打牢基础的时期。其老师应以饱学多才的叔叔诸葛玄详加教导。其三,诸葛玄逝后安葬平山,诸葛兄弟视叔为父,守孝足制,是极其自然的事。按照一些专家学者探讨,其间,诸葛亮广受诸家思想影响,有可能寻访或奇遇名师。笔者以为,这个人就是司马徽及其周围高才奇士。司马徽为颍川阳翟(今禹州)人,东汉末年有名隐士,也是为刘备举荐诸葛亮的伯乐。相传他摆军布阵、阴阳五行、奇门遁甲、六韬三略无所不能，却不入仕途，如闲云野鹤，只喜好广交天下名士，切磋学问，人称水镜先生。诸葛亮师从司马徽后，既可学习其超凡奇技，又能在司马徽引导下转受多师，从而成为一代奇才。而这一切，在名士辈出的颍川境域，尧乡禹甸的平山周围，谋圣张良的故里旁边，班墨之乡的滍汝之滨饱受中原文化浸润，都是完全有可能的。

总之，无论古今中外，若成就一位天下奇才，都是与他身处身历的社会环境、文化环境、生活环境、人脉源流分不开的，更不用说像诸葛亮这样的绝世圣贤了。包括诸葛亮曾在襄阳和后来躬耕南阳的那段时间在内，都是造成他成为一代叱咤风云历史伟人的重要因素。故而，我们有责任把诸葛亮文化发扬光大，增强平顶山市人民的文化自信，让这一平顶山市的根文化枝繁叶茂。

（平顶山市历史文化研究中心　杨晓宇）

3

诸葛亮文化研究

诸葛亮文化是指诸葛亮在军事斗争、物质生产、社会制度、国家管理、政策法令、科学技术、精神文化、思想观念、风俗习惯方面的综合性文化以及与诸葛亮有关的遗迹、遗存等，主要记述在诸葛亮的著作和记载诸葛亮的典籍文献中。诸葛亮文化可以概括为“儒家为体、法家为用、道家为辅”，集儒法道为一体，是中国传统文化的集大成者。千百年来，诸葛亮文化在中国代代相传，妇孺皆知、家喻户晓，其影响之大、流传之广，足以显示出其在中国传统文化中的地位。

习近平用典中的诸葛亮文化

习近平总书记多次强调继承和弘扬中华民族优秀传统文化的重要性，优秀的民族文化是中华民族的血脉，是中华民族的精神家园。习近平总书记经常运用传统文化的格言警句、典籍故事来阐述深刻的治国理政的道理，对诸葛亮文化也给予了应有的重视。在习近平总书记的重要讲话和著作中引用诸葛亮的言论和故事的地方很多。这些内容集中在以下方面，也基本体现出了诸葛亮文化的精神实质。

一、为国尽忠、为民奉献的精神

诸葛亮是忠臣的典型代表，无论先主、后主，他都对蜀汉忠心耿耿。诸葛亮"鞠躬尽瘁，死而后已"的精神和三代尽节、满门忠烈的高贞品德和家风，是我们弘扬以爱国主义为核心的民族优秀文化的典型素材。爱国主义精神是中华民族精神的灵魂，是社会主义核心价值观的核心内容，是共产党人的价值追求。共产党人在强调爱国主义精神时，总是引用诸葛亮"鞠躬尽瘁、死而后已"的名言来勉励自己。2013 年 3 月，习近平在中共中央党校建校 80 周年庆祝大会上发表重要讲话时强调："'鞠躬尽瘁，死而后已'的献身精神，体现了中华民族的优秀传统文化和民族精神，我们都应该继承和发扬。"[①]"鞠躬尽瘁，死而后已"一句出自诸葛亮的《后出师表》，诸葛亮向蜀汉后主刘禅表述："臣鞠躬尽瘁，死而后已。至于成败利钝，非臣之明所能逆睹也。"[②]我们党历来对诸葛亮"鞠躬尽瘁、死而后已"的精神推崇备至。毛泽东曾多次提倡人们要学诸葛亮"鞠躬尽瘁，死而后已"的精神。他自己曾经表示："我也要鞠躬尽瘁，死而后已呢！"1963 年邓小平到成都武侯祠参观，高度赞赏诸葛亮"鞠躬尽瘁、死

---

① 习近平：《在中共中央党校建校 80 周年庆祝大会上讲话》，《人民日报》，2013 年 3 月 4 日。

② 段熙仲，闻旭初编校：《诸葛亮集》，中华书局，1960 年，第 13 页。

而后已”的精神;在孔明殿中,诸葛亮祖孙三代都以泥塑贴金坐像的形像供后人瞻仰。对诸葛瞻父子血战绵竹的英雄气概,邓小平说“诸葛亮祖孙三代都好”①。1989年江泽民接替中央军委主席时表示:“我一定鞠躬尽瘁,死而后已。”②胡锦涛在《全党都来学习孔繁森》一文中强调:“孔繁森同志之所以能为党和人民的事业鞠躬尽瘁,死而后已,最集中的一点,就在于他牢固地树立并忠诚地实践了共产党人的世界观、人生观、价值观。”③习近平总书记曾引用诸葛亮《出师表》中的“受命以来,夙夜忧叹,恐托付不效”表达自己对国家民族前途的深沉忧思和如山责任,并表达出“我将无我,不负人民”的历史担当。

“鞠躬尽瘁,死而后已”的精神是中华民族伟大精神的高度浓缩。这种精神对共产党人的影响是深远的,和共产党人崇高理想信念是高度契合的。弘扬诸葛亮文化中的爱国主义精神,要求我们共产党人要胸怀天下,以祖国富强、民族复兴、人民幸福为己任,公而忘私,为国家民族做贡献。

二、艰苦朴素、清正廉洁的精神

诸葛亮一生勤于政事、廉洁奉公、严于律己。诸葛亮致学有所成,为政有所就,究其原因在于他致学淡泊宁静,为政清正廉洁。他的这种精神被共产党人所推崇和吸纳。党的十八大以来,习近平总书记高度重视党风廉政建设,把全面从严治党提升一个新高度。2013年12月,习近平在党的十八届二中全会第二次全体会议上的讲话中就引用诸葛亮在《自表后主》中的一句话:“不使内有余帛,外有赢财。”原文是:“臣初奉先帝,资仰于官,不自治生。成都有桑八百株,薄田十五顷,子孙衣食,自有余饶。至于臣在外任,别无调度,随岁时衣食,悉仰于官,不别治生,以长尺寸。若臣死之日,不使内有余帛,外有赢财,以负陛下也。”④这是诸葛亮在临终之时向后主递交的一份个人财产申报表,这份家庭财产清单充分地表明了诸葛亮身居高位,却清正廉洁的政治操守。习近平总书记借此来赞扬清正廉洁的精神,形成“干部清正、政府清廉、政治清明、海清河晏”的政治生态环境。中央纪委网站“中国传统中的家规”栏

① 《情牵武侯古祠　品评蜀汉英雄》,《广安日报》,2019年6月17日。
② 戚义明:《江泽民的历史责任感》,《党的文献》,2013年第3期。
③ 胡锦涛:《全党都要学习孔繁森》,《人民日报》,1995年5月12日。
④ 段熙仲,闻旭初编校:《诸葛亮集》,中华书局,1960年,第28页。

目中把诸葛亮的《诫子书》作为重要内容推出。把“夫君子之行,静以修身,俭以养德。非淡泊无以明志,非宁静无以致远”[①]作为党政干部作风建设和培养良好家风的主要内容。清正廉洁是共产党人的基本要求,也是共产党人的政治本色。

三、知人善任、任人唯贤的精神

诸葛亮在主持蜀国军政事务期间,十分注意任用贤才,切实推行了一条任人唯贤的正确路线,不存门阀、名望、个人恩怨等偏见;并强调“治实而不治名”,并且思贤若渴,“筑高台于成都之南,以延四方之士”。中国共产党十分赞赏诸葛亮知人善任、任人唯贤的精神,党在人才使用上历来主张五湖四海、任人唯贤,德才兼备、以德为先。习近平总书记在上海担任市委书记期间看到《解放日报》上有篇短文,写的是诸葛亮识人的“七道”,即“问之以是非,而观其志。穷之以词辩,而观其变。咨之以计谋,而观其识。告之以祸难,而观其勇。醉之以酒,而观其性。临之以利,而观其廉。期之以事,而观其信。”于是专门批给市委研究室,要求在起草党风廉政建设有关文稿时引用。2016年习近平总书记在建党95周年的讲话中指出:“功以才成,业由才广。党和人民事业要不断发展,就要把各方面人才更好使用起来,聚天下英才而用之。”[②]“功以才成,业以才广”出自《三国志·蜀志·董允传》裴松之注引《襄阳记》,此句是董恢陪同费祎出使吴国时,对孙权所说的一句话,诸葛亮得知后觉得董恢颇有才能,随即升迁巴陵太守。2019年1月,习近平总书记在《求是》杂志上发表署名文章《努力造就一支忠诚干净担当的高素质干部队伍》中说道:“我国历朝历代都重视官吏选拔和管理,中国历史上凡是有作为的政治家都懂得,‘为政之要,惟在得人’、‘育材造士,为国之本’的道理,……诸葛亮说“为人择官者乱,为官择人者治。”“为人择官者乱,为官择人者治”出自诸葛亮所著《便宜十六策》,意思是专为某个人而设官职,就会引起混乱;根据职位而选择合适人才,就能实现善治。习近平总书记在2019年10月《求是》杂志第19期发表

---

① 段熙仲,闻旭初编校:《诸葛亮集》,中华书局,1960年,第7页。

② 中共中央党史和文献研究院、中央“不忘初心、牢记使命”主题教育领导小组办公室:《习近平关于“不忘初心、牢记使命”重要论述选编》,党建读物出版社、中央文献出版社,2019年5月。

的《推进党的建设新的伟大工程要一以贯之》一文中说道:“诸葛亮在《出师表》中云:亲贤臣,远小人,此先汉所以兴隆也;亲小人,远贤臣,此后汉所以倾颓也。”勉励高级领导干部在人才使用时一定要坚持德才兼备、以德为先的原则,不能搞亲亲疏疏的裙带关系。

四、笃信好学、勤于钻研的精神

习近平总书记对诸葛亮的博学多才十分赞赏,他到南阳视察工作时,在南阳月季园和群众交谈时说“诸葛亮通晓天文地理”。诸葛亮谙习政治经济,通晓天文地理,长于兵法布阵,善于机关发明,是中国千百年来智慧的化身。这一切源于诸葛亮的勤奋好学,躬耕苦读,博览群书,学以致用。诸葛亮勤奋好学的故事在民间成为千古美谈。据史学考证,诸葛亮9—17岁随祖父、父亲和叔父因躲避战乱在平顶山黄楝树附近隐居,其间,诸葛亮潜心钻研学问,饱读史书子籍,兼通诸子百家,结交贤达名士,积累了丰富的知识,悟出许多智慧,为以后出山治国安邦奠定了坚实的基础。关于如何读书学习,诸葛亮也为后人留下了许多至理名言。这些治学之道给后人以很大的启发。2014年5月,习近平总书记在北京大学师生座谈会上的讲话,就引用了诸葛亮《诫子书》中“非学无以广才,非志无以成学”一句,以此勉励青年学子勤奋学习,志存高远。

党的十八大以来,习近平总书记高度重视党员干部理论学习。习近平总书记强调,党员干部学习不仅仅是自己的事情,更关乎党和国家事业发展。事业发展没有止境,学习就没有止境。学习是立身之本、成事之基。学习的力度、韧度和厚度,决定了一个人视野的宽度、思想的深度和事业的高度。静心研读、潜心思考、用心感悟,做到融会贯通、入脑入心。要坚持理论联系实际,把“读万卷书”和“挑千斤担”结合起来,把学习与自身思想实际和当地工作实际结合起来,知行合一、起而行之,真正做到学而信、学而用、学而行。学习本领是领导干部必须具备的第一位本领,同时要善于把学到的本领运用到实际工作中去,努力做到知行合一、以知促行、以行求知。习近平总书记强调,中国共产党人依靠学习走到今天,也必然要依靠学习走向未来,全党同志特别是各级领导干部要有本领不够的危机感,以时不我待的精神,一刻不停增强本领。

中华民族的优秀传统文化源远流长，是中华民族五千年来生生不息、薪火相传的文化基因，继承和弘扬中华民族优秀传统文化是坚持文化自信、弘扬和践行社会主义核心价值观的重要内涵。中国共产党高度重视中华优秀传统文化，把中国化的马克思主义植根于中华文化的沃土之中，形成具有中国风格和中国气魄的中国化的马克思主义，指导中国革命、建设和改革开放的伟大实践。诸葛亮文化是中国传统文化中具有特色的组成部分，我们要秉承“古为今用、推陈出新”的原则，发掘诸葛亮文化的时代价值，为建设社会主义现代化强国，实现中华民族伟大复兴注入更多更强的精神动力和文化自信。

（河南城建学院　卢华东）

诸葛亮寓居平顶山与其隐士心态

《三国演义》第三十八回写到，刘备三顾茅庐，力邀诸葛亮出山相助，诸葛亮为其真诚感动，遂嘱咐弟弟诸葛均曰："吾受刘皇叔三顾之恩，不容不出。汝可躬耕于此，勿得荒芜田亩。待我功成之日，即当归隐。"时年27岁的诸葛亮本一耕夫，尚未出仕，即言功成归隐，其隐士心态尽现。此虽为小说家言，但罗贯中把诸葛亮当作小说中的主要人物，着墨浓重，极尽刻画，想必小说家对诸葛亮自有一番深入研究，描绘出诸葛亮深怀隐士心态自然顺理成章。

一、诸葛亮的隐士心态

诸葛亮出仕之后，作为刘备的军师中郎将、军师将军、蜀国丞相，"鞠躬尽瘁，死而后已"，最后积劳成疾，病逝军中，虽没有功成归隐之实，但其隐士心态仍然隐隐若现。227年，诸葛亮决定北上伐魏，临行之前写下《出师表》上书后主刘禅，以质朴和恳切的言辞写道："臣本布衣，躬耕于南阳，苟全性命于乱世，不求闻达于诸侯。"这种"不求闻达"的思想正是其隐士心态的自然流露。这种心态在《三国志・蜀书・诸葛亮传》中也有佐证："（诸葛亮）遭汉末扰乱，随叔父玄避难荆州，躬耕于野，不求闻达。"躬耕田野间，种豆南山下，是隐士典型的生活方式；不慕名利、不求显达、安贫乐道是隐士的显著特征。东汉初年，刘秀招来故友严光，"除为谏议大夫，（严光）不屈，乃耕于富春山"[①]，陶渊明在《五柳先生传》中自况"闲静少言，不慕荣利"，历史上著名隐士的言行，恰合乎"不求闻达"的意蕴。

诸葛亮的隐士心态也体现在"三顾草庐"这一具体史实中。《三国志・诸葛亮传》载："时先主屯新野。徐庶见先主，先主器之，谓先主曰：'诸葛孔明者，卧龙也，将军岂愿见之乎？'先主曰：'君与俱来。'庶曰：'此人可就见，不可屈致也。将军宜枉驾顾之。'由是先主遂诣亮，凡三往，乃见。"从刘备与徐庶的

① （南朝宋）范晔：《后汉书》，中州古籍出版社，1996年，第798页。

这段对话中可以看出,作为诸葛亮至交的徐庶深知诸葛亮隐居之志,非真诚无以动其心,这才促成了刘备三顾茅庐。《出师表》中写道:“先帝不以臣卑鄙,猥自枉屈,三顾臣于草庐之中,咨臣以当世之事,由是感激,遂许先帝以驱驰。”可见,刘备作为一方枭雄,又年长诸葛亮20岁,正是其枉屈身价,真诚三顾,才打动了一介布衣的诸葛亮,感念知遇之恩,兴汉建功之心压倒隐居避世之志,“遂许先帝以驱驰”。此后,刘备得诸葛亮“犹鱼之有水也”,诸葛亮则夙夜忧叹,欲报刘备之殊遇,君臣相得,终成三国鼎足之业。

诸葛亮晚年,仍然可以在他留下的文字中窥见其隐士心态。诸葛亮临终之前,曾给他八岁的儿子诸葛瞻写过一封家书,他在这封后世称为《诫子书》的家书中写道:“夫君子之行,静以修身,俭以养德。非澹泊无以明志,非宁静无以致远。”

王猛先生认为,“淡泊”“宁静”是道家思想的体现,也是隐士心态的重要表征[①]。梁中效先生认为,淡泊与宁静既是道家的境界,也是儒家的追求,是儒家进退自如、内圣外王思想文化体系的重要组成部分[②]。《三国志·蜀书·诸葛亮传》载:“初,亮自表后主曰:‘成都有桑八百株,薄田十五顷,子弟衣食,自有余饶。至于臣在外任,无别调度,随身衣食,悉仰于官,不别治生,以长尺寸。若臣死之日,不使内有余帛,外有赢财,以负陛下。’及卒,如其所言。”[③]刘备去世时,托孤诸葛亮,自此,蜀汉“事无巨细,亮皆专之”[④],作为蜀汉丞相并领益州牧,诸葛亮死时家产如斯,堪堪践行了其追求的“淡泊”与“宁静”,体现了隐士特征中的高洁品质。

二、寓居平顶山是诸葛亮隐士心态凝结的文化环境

探究诸葛亮的隐士心态,中国传统的隐士文化及时代环境固然是其重要成因,笔者认为,诸葛亮在平顶山寓居的经历也许是他凝结隐士心态的关键。多年来,史学界对明代中州名士牛凤《改正诸葛武侯祠记》进行了深入研究,认

---

① 王猛:《从诸葛亮的隐士心态看三顾茅庐》,《求索》,2007年第10期。

② 梁中效:《淡泊与宁静——诸葛亮思想渊源探析》,《咸阳师范学院学报》,2016第1期。

③ (晋)陈寿撰,(南朝宋)裴松之注:《三国志》,中华书局,2011年,第772页。

④ (晋)陈寿撰,(南朝宋)裴松之注:《三国志》,中华书局,2011年,第775页。

定诸葛亮青少年时期曾寓居平顶山下，不少学者认为诸葛亮寓居平顶山当在汉末建安初期前后。

东汉末年，今平顶山地域处于颍川郡与南阳郡交界之地，南去南阳、西北去洛阳、东北去许昌均百多公里，讯息通达，历代不乏英才奇士，加之不少地方山幽水静，隐士文化尤为源远流长。平顶山汝州市洗耳河源于箕山，相传史上最早的隐士许由、巢父隐居于此，唐代《通典》载："许由避尧之让，隐于箕山，洗耳于此。"留下"洗耳恭听""饮渎上流"的典故。春秋之际，孔子周游列国到访叶邑（今叶县旧邑镇），一路先后受到楚狂接舆、荷蓧丈人、长沮、桀溺的奚落，这些春秋隐士随着《论语》的传世而为后人所知。

东汉中后期，外戚与宦官轮番擅政，忠直良臣或遭屠戮，或遭禁锢，遁迹山林成为不少士人的选择，平顶山地域的隐士轶事在当时颇有影响。樊英，鲁山县人，东汉安帝、顺帝时期易学名家。他对《易经》深有研究，著有《易章句》，世称樊氏学，乃名冠一时的大儒。安帝时期，朝廷征召，樊英拒绝。顺帝时期，为征召樊英出仕，当地郡县官吏受到诏书严责，樊英迫不得已，方到京师。顺帝曾对樊英说："我能使你显贵，也可使你低贱；能使你富足，也能使你贫困。"樊英回答说："臣虽然身为平民，住在陋室，却怡然自得！不合礼义的俸禄，即使非常优厚我也不接受；如果能实现我的志向，即使是粗陋的饮食也不厌弃。陛下怎么能使我富贵，怎么能使我贫穷呢！"[①]樊英就这样放弃做官，回到家乡，长期隐居在壶山（鲁山县南十公里）教书授徒。张楷，字公超，汝州人，精通《严氏春秋》《古文尚书》，隐居家乡，上门求学的人常有百人。张楷曾与樊英一同被征召，不就，后隐居华山峪，华山峪遂称"公超谷"。高凤，叶县人，专精诵读，昼夜不息。一天在庭院中晒麦，暴雨忽至，麦子随雨水漂流，高凤专注读书，犹自不知，遂为名儒。太守、大臣数次欲举高凤出仕，终不答应，后隐居西唐山（今叶县西南石门山）授业[②]。高凤的隐士风范影响甚远，至唐代，诗仙李白的好友元丹丘循迹而至，隐于石门山，李白也曾亲自前往石门山拜访，留下了《闻丹丘子于城北营石门幽居中有高凤遗迹仆离》《寻高凤石门山中元丹丘》等诗篇。延笃，犨县（今鲁山县张官营乡）人，通经传及百家之言，善著述，汉桓帝时期累官至京兆尹，会外戚梁冀擅权，以病告归。有好友认

① （南朝宋）范晔：《后汉书》，中州古籍出版社，1996 年，第 785 页。
② （南朝宋）范晔：《后汉书》，中州古籍出版社，1996 年，第 800 页。

为延笃有王佐之才,欲再引荐。延笃写信阻止说:“道将废弃,此乃天命!我经常天未亮就起床梳洗,坐客堂上,上午诵先圣之文,下午吟《诗经》佳篇,欣欣然独乐其乐。在这个时候,我不知天之为盖,地之为舆;不知世上还有人,自己还有躯体。虽高渐离击筑而歌,旁若无人,高凤读书,不知天下暴雨,都是不足与我相比拟。遂隐居故里,以教书维持生计。”[①]

三、诸葛亮对隐逸名士的仰慕和学习

浓郁的隐逸风气,也给平顶山地区带来了浓厚的私学氛围。樊英、张楷、高凤、延笃等这些《后汉书》中有传的名士,隐居山间乡里,以教书授徒为生,虽未必如“关西夫子”杨震那样有学生两千,但也不乏百里之外的学生前来拜师学习。如,汉末太丘长陈寔,颍川许县(今河南长葛市古桥镇陈故村)人,不远百公里跟从樊英学习,终成名士。延笃少时师从颍川经学名家唐溪典,学习《左传》。诸葛亮寓居平顶山时,正值拜师学习的年纪,乱世之际,很有可能就近择师学习,在积累学识的同时,也深受隐逸气氛的熏陶。

诸葛亮寓居平顶山之时,相距百里的颍川阳翟(今禹州市)隐居着一位当世名士司马徽。司马徽,字德操,精于经学,具识人之明,有“水镜先生”雅称。《世说新语》载:“南郡庞士元闻司马德操在颍川,故二千里候之。”《三国志·庞统传》云:“颍川司马徽,清雅有知人鉴,统弱冠往见徽。徽采桑于树上,坐统在树下,共语自昼至夜。徽甚异之,称统当为南州士之冠冕。”庞统,字士元,雅号“凤雏”,与人称“卧龙”的诸葛亮齐名。这些史料表明,庞统曾在弱冠之年千里之外到阳翟拜访司马徽。《礼记·曲礼上》载:“二十曰弱,冠。”孔颖达疏:“二十成人,初加冠,体犹未壮,故曰弱也。”《三国志·庞统传》载,214年,庞统随刘备“进围雒县,统率众攻城,为流矢所中,卒,时年三十六”。则,庞统到阳翟拜访司马徽之年当在建安三年(198)。诸葛亮比庞统小两岁,这一年诸葛亮 18 岁。这一时期或此前,诸葛亮很有可能已经结识甚或师学司马徽,司马徽后来避乱于襄阳,隐居授业,盛赞诸葛亮、庞统为“识时务者,在乎俊杰。此间自有卧龙、凤雏”[②],为刘备推荐了诸葛亮、庞统。

---

① (南朝宋)范晔:《后汉书》,中州古籍出版社,1996 年,第 616 页。

② (晋)陈寿撰:(南朝宋)裴松之注:《三国志》,中华书局,2011 年,第 761 页。

诸葛亮寓居平顶山之时，对离此不远的西汉开国功臣张良故里应有所闻。张良，刘邦杰出谋臣，颍川城父（今平顶山市郏县张店村）人。《汉书》记载：（张良）“家世相韩，及韩灭，不爱万金之资，为韩报仇强秦，天下震动。今以三寸舌为帝者师，封万户，位列侯，此布衣之极，于良足矣。愿弃人间事，欲从赤松子游耳。”[①]西汉建立之后，张良功成身退，欲效仿古之仙人赤松子隐逸人间，其伟绩及处事思想历来为后人推崇。2006 年，《诸葛亮留侯祠铭碑》在张店村发现，汉隶书碑文（碑文参看“平顶山是诸葛亮青少年时期的寓居地”之“新证诸葛亮拜谒张良庙石刻”）。此碑所记乃诸葛亮与好友徐庶于建安六年（201 年）拜访张良故里之事。建安六年，诸葛亮或已离开平顶山下的寓居之所而流寓南阳等地，携徐庶拜访张良故里极有可能是回探平顶山下的故居之后的顺势行为，以践对留侯张良的仰慕之情。“吾辈叹之、敬之、效之”，充分说明诸葛亮对张良的敬仰发自肺腑，其中既有对张良功高盖世的赞叹，亦隐隐含有对张良“欲从赤松子游耳”的称羡。

“待我功成之日，即当归隐”，罗贯中未必了解诸葛亮对张良“叹之、敬之、效之”的情怀，但这一句演绎之言恰似真切出自武侯之口，可惜的是诸葛亮“出师未捷身先死，长使英雄泪满襟”，他的隐士心态毕竟要从其留下来的文字和言行中寻找蛛丝马迹了。

（平顶山学院　王俊刚）

① （汉）班固：《汉书》，中华书局，1962 年，第 2037 页。

诸葛亮的士人品格

诸葛亮是三国时期极为重要的历史人物，也是中国历史上极为特殊、极具影响力，并被不断神化的历史人物：辅助几无根基的刘备建立蜀汉政权，与曹魏、孙吴三足鼎立；多次主持北伐，使得三国中实力最弱的蜀国始终保持攻势，逼得曹魏不敢轻易来犯；自追随刘备时便君臣相得，信任始终，并在刘备死后，竭尽心力辅佐幼主，以生命践行了临危受命时的誓言"竭股肱之力，效忠贞之节，继之以死"[①]，君臣二人堪称古代君臣关系的最高典范："国士遇我，我故国士报之"[②]；后主幼弱无能，蜀地"事无巨细，亮皆专之"[③]，诸葛亮大权独揽，连岁兴兵，却得到蜀地百姓长久的称赞，蜀军上下信服，在蜀地有"权臣"之实，却少"权臣"之讥；诸葛亮与魏、吴交战多年，斩杀敌军无数，但其生前身后得到的却是敌人对他的敬畏、赞赏，甚少诋毁，可谓"声烈振于遐迩"[④]。

自诸葛亮逝后，魏晋以来，官方、私人为诸葛亮立传、作文、赋诗者无数，民间亦流传出许多诸葛亮的传说故事。在对诸葛亮的评价与形象的塑造中，最令人敬仰的就是他的士人品格。所谓"士人品格"，是指在特定历史环境中由其行为所反映的精神风貌，包括士人的理想信念、价值观念、道德操守、生活态度等多方面内容。乱世中的诸葛亮，具有高度自觉的政治责任感，坚守得君行道，重建秩序的人生理想；在理想的践行中，坚守信义、仁德，专权而不失礼，掌兵而不滥杀，"开诚心，布公道"[⑤]"正而有谋"[⑥]，治国治军皆能以身作则，大公无私、奖惩分明，故能得民死力；在个人道德操守上，诸葛亮真正做到了"淡泊明志，宁静致远"，恬淡寡欲，不汲汲于一己私利，不苟且于浊世浮沉，高古拔俗的品行远高出同辈乃至后世士林诸人。可以说，诸葛亮的品格正是孔孟以来

① （晋）陈寿撰，（南朝宋）裴松之注：《三国志》，中华书局，2010 年，第 765 页。
② （汉）司马迁：《史记》，中华书局，1959 年，第 2521 页。
③ （晋）陈寿撰，（南朝宋）裴松之注：《三国志》，中华书局，2010 年，第 775 页。
④ 段熙仲，闻旭初编校：《诸葛亮集》，中华书局，2020 年，第 128 页。
⑤ （晋）陈寿撰，（南朝宋）裴松之注：《三国志》，中华书局，2010 年，第 777 页。
⑥ （晋）陈寿撰，（南朝宋）裴松之注：《三国志》，中华书局，2010 年，第 737 页。

所提倡的儒家理想人格,是"全德、全智、全功"的"圣王人格"[①]。研究诸葛亮的士人品格对于身处时代洪流且缺乏信仰的现代人具有很强的精神感召力和影响力。

一、得君行道的政治责任感

东汉末年,军阀混战,俨然又是一个"春秋战国":"汉之失天下久矣,天子提挈,政在家门,豪雄角逐,分裂疆宇,此与周之末年七国分势无异,卒强者兼之耳。"[②]皇权衰微、列强争霸,崇尚武力、争霸兼并,成为政治常态。乱世中成长起来的诸葛亮"自比管仲、乐毅",渴望如管仲辅佐齐桓公般成就"尊王攘夷"的霸业,支起王室将倾的政治大厦,"欲兴微继绝,拨乱世反之正"[③];渴望如乐毅被燕昭王破格提拔,"厕之宾客之中,立之群臣之上"[④],迅速登上最高的政治舞台,最大限度地实现自己的理想抱负。即诸葛亮有强烈的得君行道、重建秩序的政治感。诸葛亮渴望如管仲、乐毅一样,虽出身寒微,却得到当世明主的极大信任,君臣携手扫平战乱,匡扶王室,实现由霸而王的不朽伟业。为实现此伟业,诸葛亮一生"鞠躬尽瘁,死而后已",倾尽智慧与忠诚回报君恩。

得君行道包含两层含义:得君和行道。得君强调士人得到君主的赏识,行道强调士人得到君主赏识后,实现君臣共建安宁有序的社会秩序。"所谓得君行道,指的是士人由于得到君主的任用、信任、授权或支持而推行其政治理想与政治主张的行为过程。"[⑤]士人深切关注天下苍生,自觉地以天下为己任。在君主专制的封建王朝,士人要实现对社会的构想必须取得当权者的支持与信任,这是传统的权力结构所决定的。君主是国家权力的掌握者,至少在名义上如此。得到君主的认同和授权,臣才可能成为国家政治生活的活动主体,参与其中。若能得到君主极大的信任,授予卿相一类管理百官、参政机要之权,就能主导国家政治活动,借此推行自己的治国之道。此类传统,由来已久。孔、

---

① 郭光智:《论儒家理想人格及其现代价值》,《江海学刊》,1996 第 4 期。

② (晋)陈寿撰,(南朝宋)裴松之注:《三国志》,中华书局,2010 年,第 175 页。

③ (宋)胡寅撰,容肇祖点校:《斐然集》,中华书局,1993 年,第 513 页。

④ (汉)司马迁:《史记》,中华书局,1959 年,第 2431 页。

⑤ 杨远方:《中国传统士人政治品性研究——以西汉士人为主要案例》,山东大学 2012 年硕士论文,第 56 页。

孟就对管仲得齐桓公的信任，身居齐相而取得尊王攘夷、“九合诸侯”“一匡天下”的功业表示赞赏和艳羡。孔子虽批评过管仲不知礼，但认为“管仲相桓公，霸诸侯，一匡天下，民到于今受其赐”[1]，这是管仲的仁德。孟子也说“管仲得君，如彼其专，行乎国政如彼其久”，也曾想到若“夫子加齐之卿相，得行道焉”。[2]

“得君”可行其“道”，成为先秦以来士人实现人生政治理想的绝佳路径。如何说明“得君”？君臣建立互信互重的关系，君授予臣卿相之权，臣奉上无比的忠诚与智慧为君主匡扶天下。君臣之间有共同的奋斗目标，有明确的自我定位：雄才伟略、信人不疑的明君与胸怀天下、忠心耿耿的贤臣。如孔子所说：“君使臣以礼，臣事君以忠。”[3]孟子进一步发展了这种君臣关系，将其喻为“君之视臣如手足，则臣视君如腹心；君之视臣如犬马，则臣视君如国人；君之视臣如土芥，则臣视君如寇仇”[4]。司马迁在《史记·刺客列传》中将之高度概括为“士为知己者死”[5]。所谓手足、腹心、知己，都是在强调君臣之间的互知互信互重。在儒家看来，“君权是有约束的，约束君权的就是道，而道是需要儒者加以明确阐释来指引君，督促君在循道的基础上行使君权”[6]。因此，君臣达到共识，建立互信互重的关系是十分必要的。而“同道”正是建立君臣关系的基础。所以，在“得君行道”中，“道”所占的分量很重，既包涵臣子“内圣”的自我修养，又包涵实现“外王”的理想，“得君行道”不同于“干君”和“邀君希宠”，而是由于士人政治主体意识的提升，采取与君“共商国是”的方式。[7]

诸葛亮显然有明确的“得君行道”政治主体意识，自比管仲、乐毅就是典型的自觉追求内圣外王的政治理想的直接表现。诸葛亮父亲早亡，幼年依附的叔父诸葛玄去世后，诸葛亮不屑于投靠与诸葛家有旧的“坐谈客”[8]（郭嘉语）

---

① 杨伯峻：《论语译注》，中华书局，2009 年，第 149 页。

② 金良年：《孟子译注》，上海古籍出版社，2012 年，第 51—55 页。

③ 杨伯峻：《论语译注》，中华书局，2009 年，第 30 页。

④ 金良年：《孟子译注》，上海古籍出版社，2012 年，第 165 页。

⑤ （汉）司马迁：《史记》，中华书局，1959 年，第 2519 页。

⑥ 李启成：《自崇礼到重法术——以先秦士阶层“得君行道”观念为视角（上）》，《政法论丛》，2012 年第 5 期。

⑦ 余英时：《朱熹的历史世界——宋代士大夫政治文化研究》，生活·读书·新知三联书店，2011 年，第 422 页。

⑧ （晋）陈寿撰，（南朝宋）裴松之注：《三国志》，中华书局，2010 年，第 363 页。

荆州牧刘表，反而躬耕南阳，“苟全性命于乱世”，以待明主。[①] 这说明诸葛亮对于“君”的要求极高，并不以地位、权势、名望、亲疏远近为依据，而是寻求与自己的理想相契合之君，即自己的同“道”中人。这位理想的君主正是以光复汉室为己任的“刘皇叔”刘备。

关于诸葛亮为何隐居多年，27 岁始出山，并且抛弃近在眼前且有姻亲关系的刘表，也不选择富庶的孙权和声震一时的汝南世家袁氏兄弟，更不考虑“携天子以令诸侯”的“汉相”曹操的原因，学界已达成共识：四者皆非仁义之主，也非匡扶汉室之人，刘表甚至都没有平定天下的胸怀和志向，袁绍空有祖辈名望，却心胸狭窄，且几人根底深厚，手下能臣辈出，人才济济，亲戚故吏盘根错节。如诸葛亮拒绝张昭的举荐，不欲转投孙权的原因——“孙将军可谓人主，然观其度，能贤亮而不能尽亮”[②]，没有家族支持的诸葛亮加入魏、吴任何一个集团都很难受到独一无二的信任和重用，可能很快被淹没在各种人事斗争之中而无出头之日。而刘备则不然，少孤，家贫，无复杂的背景、势力裹挟，为人忠厚、仁善，以“信义”著称。乱世之中，“外御寇难，内丰财施，士之下者，必与同席而坐，同簋而食，无所简择”[③]，即使在混战中，不忘安置“饥民数千人”，逃难途中，尤带民众，坚称“济大事必以人为本”[④]，故能得人死力追随。无论是袁绍还是曹操都对其有极高的评价。如此仁义之主三顾草庐以求访“时人莫之许”的无名小卒诸葛亮，诸葛亮当是心悦诚服的。

除此之外，王刚、刘清在《诸葛亮早年心志及行迹的历史考察》中说，曹操为报父仇，两次征讨徐州，“所过多所残戮”，大量徐州民众流离失所，诸葛亮家族也是避难队伍中的一员。诸葛瑾“本州倾覆，生类殄尽”的凄怆回忆也是十二三岁诸葛亮的经历，徐州父老对曹氏集团的仇恨，可谓“子弟念父兄之耻”，也影响了少年诸葛亮对曹氏的态度。而此时，刘备带着仅有的千余兵马前来支援徐州，并一度安定徐州。曹氏之残暴，刘氏之仁勇，“已经走入了少年诸葛亮的心中”。[⑤] 此后，刘备仁德爱民的行事风格一以贯之，从未改变，深入

① 王刚，刘清《诸葛亮早年心志及行迹的历史考察》一文也认为诸葛亮避地南阳，从一定意义上来说，诸葛亮是在学习乐毅，与刘表集团交绝而不出恶声，隐逸中避祸，并等待着“齐桓”“燕昭”的出现（《史学月刊》2017 年第 11 期）。

② （晋）陈寿撰，（南朝宋）裴松之注：《三国志》，中华书局，2010 年，第 763 页。

③ （晋）陈寿撰，（南朝宋）裴松之注：《三国志》，中华书局，2010 年，第 728 页。

④ （晋）陈寿撰，（南朝宋）裴松之注：《三国志》，中华书局，2010 年，第 732 页。

⑤ 王刚，刘清：《诸葛亮早年心志及行迹的历史考察》，《史学月刊》，2017 年第 11 期。

人心,迥异于其他诸侯。可以说,刘备就是诸葛亮隐居南阳所等待的"齐桓""燕昭"。

诸葛亮的"道"在于"平天下":平定乱世,兴复汉室。如《前出师表》中写道:"北定中原,庶竭驽钝,攘除奸凶,兴复汉室,还于旧都。"[①]这与刘备的"道"显然是一致的,也是刘备能在群雄中占据一席之位的大义所在。在纷乱的时代,诸葛亮有幸得一君,便殚精竭虑地为明主谋划。未出隆中,便将天下局势做出了清晰的判断,并为刘备未来的发展设定好了步骤。刘备也酬以佐相之位,"群臣悦服,刘备足信、亮足重故也"。[②] 之后多年,参赞军务、安抚民生、协调军备,无不尽心。刘备兵败长阪,诸葛亮并没有望风归顺曹操或者投奔孙权;刘备临终托孤,明言若刘禅难当大用,"卿可取而代之","举国托孤于诸葛亮,而心神无贰,诚君臣之至公,古今之盛轨也"[③]。但诸葛亮不但以语言表示对汉室的忠心,也用行动证明了为光复汉室"鞠躬尽瘁,死而后已"的表述绝非虚言。在当时的蜀汉,诸葛亮可谓呼风唤雨,但他始终未辜负刘备的信任,一直耐心辅佐后主。即使后主软弱无能且偏听偏信,缺乏基本的政治能力,仍然苦口婆心、循循教导。

二、重建秩序的治国理想

诸葛亮要行的道,就是要行霸王扫平战乱,恢复天下统一,重新建立和平稳定的秩序。然而,诸葛亮明白当时并不具备"兴复汉室"的条件。因此,他提出分两步进行的策略,据《三国志·蜀志·诸葛亮传》记载:

> 荆州北据汉、沔,利尽南海,东连吴会,西通巴、蜀,此用武之国,而其主不能守,此殆天所以资将军,将军岂有意乎?益州险塞,沃野千里,天府之土,高祖因之以成帝业。刘璋暗弱,张鲁在北,民殷国富而不知存恤,智能之士思得明君。将军既帝室之胄,信义著于四海,总揽英雄,思贤如渴,若跨有荆、益,保其岩阻,西和诸戎,南抚夷越,外结好孙权,内修政理;天下有变,则命一上将将荆州之军以向宛、洛,将军身率

---

① 段熙仲,闻旭初编校:《诸葛亮集》,中华书局,2020年,第6页。

② (晋)陈寿撰,(南朝宋)裴松之注:《三国志》,中华书局,2010年,第778页。

③ (晋)陈寿撰,(南朝宋)裴松之注:《三国志》,中华书局,2010年,第744页。

益州之众出于秦川，百姓孰敢不箪食壶浆以迎将军者乎？诚如是，则霸业可成，汉室可兴矣。[①]

首先占据“荆益”之地，与曹操、孙权形成鼎立之势；第二步对内安定西南，对外与孙权结盟，积蓄实力；第三步等待时机，当“天下有变”时，则两路出兵，夹击中原。这个三分天下，再求统一的战略决策，体现出诸葛亮卓越的军事才能以及政治才能，也彰显出诸葛亮“平天下”的雄心壮志。

三国之中，对手魏国势力最为强大，其土地、人力、财力、物力比吴蜀二国的总和还要多，而蜀国相对最弱。蜀地虽易守难攻，物产丰饶，号“天府之国”，但偏于一隅，发展空间有限，所谓“王业不偏安”。以弱待强，若不主动出击，则强者愈强，弱者愈弱。诸葛亮深知这一点，“不伐贼，王业亦亡，惟坐待亡，孰若伐之”[②]，于是毅然发动北伐。一出祁山是诸葛亮北伐中最关键的一次战役，是北伐战争的一个转折点。随着战况的发展，后来几次出祁山之战，已成了“强弩之末”，连诸葛亮本人对北伐能否取胜也没有多大把握了。在给后主刘禅上言要求再次北伐时，诸葛亮也只能说：“鞠躬尽瘁，死而后已，至于成败利钝，非臣之明所能逆睹也。”[③]那诸葛亮为什么在一出祁山失败之后，还要继续进行北伐呢？因为魏大而强，蜀小而弱，随着时间的推移，魏、蜀两国的力量差距将越来越大。时间越长，对魏国是越来越有利，对蜀国是越来越不利。并且，随着年岁流逝，诸葛亮也愈加老迈，如陈寿所言诸葛亮连年用兵，实在是因为“自以为无身之日”，年寿有时而尽，故而“用兵不戢，屡耀其武”[④]。于是，他以挟泰山而超北海的气概，毅然北伐，虽劳而无功，仍不失为英雄壮举。这既是诸葛亮的悲剧，也正是他的伟大。这种知其不可为而为之的奋斗精神，后人无不感慨系之。杜甫的《蜀相》一诗，可谓是诸葛亮的千古知音：“出师未捷身先死，长使英雄泪满襟。”

陈寿作为由蜀入晋的史学家，从结果评价诸葛亮的功业：“外连东吴，内平南越，立法施度，整理戎旅，工械技巧，物究其极，科教严明，赏罚必信，无恶不惩，无善不显，至于吏不容奸，人怀自厉，道不拾遗，强不侵弱，风化肃然也……

① （晋）陈寿撰，（南朝宋）裴松之注：《三国志》，中华书局，2010 年，第 760 页。
② 段熙仲，闻旭初编校：《诸葛亮集》，中华书局，2020 年，第 7 页。
③ 段熙仲，闻旭初编校：《诸葛亮集》，中华书局，2020 年，第 8 页。
④ （晋）陈寿撰，（南朝宋）裴松之注：《三国志》，中华书局，2010 年，第 775 页。

诸葛亮之为相国也，抚百姓，示仪轨，约官职，从权制，开诚心，布公道……可谓识治之良才，管、萧之亚匹矣。然连年动众，未能成功，盖应变将略，非其所长欤！”[①]陈寿原是蜀汉人，师从蜀地史学家谯周，在蜀地曾任东观秘书郎、观阁令史。其父曾在诸葛亮手下任职。入晋，多次遭人非议而被贬官。陈寿对蜀地颇有感情，且熟悉蜀地人物，著有《益部耆旧传》十篇。出任阳平县令时，受命整理诸葛亮故事集，凡二十四篇，“并其言与事而亦载之”[②]。这应该是诸葛亮文集的首次整理。可以说，陈寿是一个对蜀汉有同情心，且熟悉蜀汉历史和诸葛亮事迹的人，他对诸葛亮的记载及评价虽然会受到时局的影响而有所避讳，但也尽力在保全自己的同时，努力保全蜀国的历史真实。

真实的情况是，刘备逝世后，诸葛亮受遗诏主持国家政务。政事无论大小，都要经由诸葛亮之手。诸葛亮“治国”的具体方略是：对外联吴抗曹，对内务农殖谷，与民休息；又平定南中叛乱，巩固蜀汉政权。诸葛亮励精图治，任人唯贤，赏罚分明，注意发展蜀中经济，并妥善解决民族矛盾，受到蜀中各族人民的拥戴，所以，诸葛亮去世后，蜀地百姓上书请求为诸葛亮建立祀庙。

据习凿齿《襄阳记》记载：

> 诸葛亮初亡，所在各求为立庙，朝议以礼秩不听，百姓遂因时节私祭之于道陌上。……况亮德范遐迩，勋盖季世，王室之不坏，实斯人是赖，而蒸尝止于私门，庙像阙而莫立，使百姓巷祭，戎夷野祀，非所以存德念功，述追在昔者也。[③]

在朝廷碍于礼制而暂时不能为诸葛亮建祀立庙时，民间就利用岁时节令祭祀诸葛亮，即“百姓巷祭”，甚至在蜀国西南部少数民族地区也出现了“戎夷野祀”。这足以说明，诸葛亮在其治理地的百姓心中享有十分崇高的地位。以至于诸葛亮的仁德之厚让蜀人对他的敬仰爱屋及乌到其子诸葛瞻身上。诸葛亮去世后，“每朝廷有一善政佳事，虽非瞻所建倡，百姓皆传相告曰：‘葛侯之所为也’”[④]。

---

① （晋）陈寿撰，（南朝宋）裴松之注：《三国志》，中华书局，2010 年，第 778 页。

② 段熙仲，闻旭初编校：《诸葛亮集》，中华书局，2020 年，第 1 页。

③ （晋）陈寿撰，（南朝宋）裴松之注：《三国志》，中华书局，2010 年，第 773 页。

④ （晋）陈寿撰，（南朝宋）裴松之注：《三国志》，中华书局，2010 年，第 776 页。

可以说，诸葛亮自出山以来，辅佐刘氏父子在群雄中立足，建立基业，安抚西南夷族，发展蜀地经济，教化蜀地百姓，在一定程度上确实做到了重建秩序的目标。陈寿赞其有管仲、萧何之才并非虚美，时人评价其功可参“伊、周之巨勋”，但多次北伐也未能实现统一天下的终极目标。

身处纷乱的三国时期，诸葛亮有幸得一君行其道。纵观历史发展进程，其“行道”本质在于重建社会秩序。乱世中，有的人明哲保身，有的人直面苦难。诸葛亮无疑属于后者。诸葛亮之所以为后世推崇，不仅在于卓越的才能，更在于其“当仁不让”的政治责任感。

三、高风亮节的道德懿范

诸葛亮堪称是中国古代士大夫完美理想人格的象征，这与其高风亮节的个人品德密不可分。诸葛亮身上几乎集齐了封建政治人物的全部美德，其本人更是封建社会中人们的道德楷模、精神偶像。大致而言，诸葛亮高风亮节的个人品德集中体现在淡泊宁静和清正廉洁两个方面。

首先，诸葛亮的淡泊宁静体现在其修养自身的过程中。诸葛亮所处的时代，政局混乱、民不聊生，其本人更是命运多舛。诸葛亮 7 岁随父祖逃难至颍川昆阳平顶山下。父祖病逝，14 岁的诸葛亮跟随叔叔诸葛玄，依附荆州牧刘表。青少年时代的诸葛亮，长期跟随叔父诸葛玄过着颠沛流离的生活，饱尝了战乱的痛苦。他耳闻目睹了黄巾农民起义军对东汉王朝封建统治的沉重打击，以及割据称雄的军阀们的混战给劳动人民带来的深重苦难。在叔父病逝后，他定居隆中，过着躬耕苦读的隐居生活。这段时间，他最爱吟诵的诗是《梁父吟》，最敬仰的人是春秋战国时期的管仲和乐毅，且以一身兼将相自许。然而，诸葛亮又不是醉心于功名利禄的俗士。当时曹操挟天子以令诸侯，称霸天下，诸葛亮的朋友石广元、孟公威等人皆投其麾下，诸葛亮却不为所动，其兄诸葛瑾在东吴得孙权重用，他也不去投靠。最后，刘备三顾茅庐，以千古未有的求贤至诚深深打动了他，他才毅然步出草庐，一匡天下。诸葛亮在《诫子书》中说：

> 夫君子之行，静以修身，俭以养德，非澹泊无以明志，非宁静无以致远。夫学须静也，才须学也，非学无以广才，非志无以成学。淫慢则不

能励精，险躁则不能治性。年与时驰，意与日去，遂成枯落，多不接世，悲守穷庐，将复何及！[①]

《诫子书》是家训，诸葛亮借此告诫儿子修身养德之道，这既是他对儿子的殷切期望，也是诸葛亮人生经验的总结。《诫子书》说，心绪宁静便可涵养德性，借生活节俭来提高品德，如此成为德才兼备者。从《诫子书》可以看出，诸葛亮认为修身养德要从淡泊宁静做起。

其次，诸葛亮的淡泊宁静体现在其治家的实践中。诸葛亮治家向来以清净淡泊为宗旨。诸葛亮担心子女不成器，不仅严于律己，对子女的教育也十分严厉。诸葛亮还有一封《诫外生书》：

> 夫志当存高远，慕先贤，绝情欲，弃凝滞，使庶几之志，揭然有所存，恻然有所感；忍屈伸，去细碎，广咨问，除嫌吝，虽有淹留，何损于美趣，何患于不济。若志不强毅，意不慷慨，徒碌碌滞于俗，默默束于情，永窜伏于凡庸，不免于下流矣！[②]

这封家书教诲外甥志向应当高远，要仰慕前代圣贤，修养自身，节制情欲，明确志向；同时还要能屈能伸，摒弃杂念，勤于思考。如此即使身居低位，也不会损坏美好的志趣，更不必忧虑不为世所用。然而，如果志向不坚毅，意趣不慷慨，就会滞留于俗事、束缚于情欲，长此以往，势必一事无成。

在诸葛亮清净淡泊家庭教育之下，诸葛子孙个个德才兼备。诸葛亮老来得子，名为诸葛瞻。或许是因为来之不易，诸葛亮格外关心诸葛瞻的成长。诸葛亮对诸葛瞻的早年教育，对于他品德的形成起到了非常重要的作用。诸葛瞻才思敏捷，品学兼优。蜀汉景耀六年(263)冬，诸葛瞻为行都护卫将军，魏国的将军邓艾率兵进入蜀国，诸葛瞻带领军马驻扎在涪地，几番交战之后，其先锋被魏军打败，他只好退军至绵竹。此时，他收到了邓艾的劝降信。信中说，如果诸葛瞻投降，一定上表诸葛瞻为琅琊王。诸葛瞻看完信件，大为恼怒。他亲自率兵对战邓艾，最终战死于沙场。由此，诸葛瞻成为一代忠烈，这与其

---

① 段熙仲，闻旭初编校：《诸葛亮集》，中华书局，2020 年，第 27 页。

② 段熙仲，闻旭初编校：《诸葛亮集》，中华书局，2020 年，第 28 页。

父诸葛亮的言传身教密不可分。

诸葛亮的清正廉洁集中体现在其节俭的生活作风上。他在《答李严书》中说道：

> 吾本东方下士，误用于先帝，位极人臣，禄赐百亿。今讨贼未效，知己未答，而方宠齐、晋，坐自贵大，非其义也。若灭魏斩叡，帝还故居，与诸子并升，虽十命可受，况于九邪！[①]

在这里，诸葛亮开头便说，他本是一介“下士”，被刘备赏识，也只是“误用”。既然是误用，那就不该有过多的额外要求。然而现在却“位极人臣，禄赐百亿”，如此待遇，实在是不应该。更何况如今讨伐奸贼的目标还未达成，受此恩惠，实在是不义。后来，诸葛亮在《又与李严书》中说：“吾受赐八十万斛，今蓄财无余，妾无副服。”[②]此处，诸葛亮表明他受赏八十万斛，除此之外，个人积蓄的家产不多，连妾也没有和她身份相称的衣服。诸葛亮用自己的事例对李严进行了诚恳的劝告，劝诫他不要过于计较个人名利。

诸葛亮病重期间，曾上呈刘禅《自表后主》：

> 臣初奉先帝，资仰于官，不自治生。今成都有桑八百株，薄田十五顷，子弟衣食，自有余饶。至于臣在外任，无别调度，随身衣食，悉仰于官，不别治生，以长尺寸。若臣死之日，不使内有余帛，外有赢财，以负陛下。[③]

这是一封关于诸葛亮家产的表文，除了赏赐和俸禄外，绝无私财。“无别调度”，意指诸葛亮从未滥用权力，以权谋私；“不别治生”，是说诸葛亮从未利用职位拓展家产，而是忠于职守，勤恳办公。在这篇《自表后主》中，诸葛亮清晰地公布家产，这一举措使他成为中国几千年封建社会中为数不多的敢于公布个人家产的丞相。因此，这篇表文被后世公认为是诸葛亮清正廉洁的典例。诸葛亮之所以敢在《与李严书》和《自表后主》中频频提及具体的家产数额，正

---

① 段熙仲，闻旭初编校：《诸葛亮集》，中华书局，2020 年，第 20 页。

② 段熙仲，闻旭初编校：《诸葛亮集》，中华书局，2020 年，第 20 页。

③ 段熙仲，闻旭初编校：《诸葛亮集》，中华书局，2020 年，第 14 页。

是因为其本身为官清廉，生活淡泊清净。诸葛亮去世后，丞相府清点财产，确实如他所言。

诸葛亮不仅自身清正廉洁，而且深刻影响了周围人。诸葛亮去世之后，蜀汉一大批臣僚都把他作为榜样，效仿他清正廉洁的生活作风。据《三国志》记载：掌军中郎将董和“躬率以俭，恶衣蔬食”，为官“二十余年，死之日家无儋石之”[①]；大将军邓芝“赏罚明断，善恤卒伍。身之衣食，资仰于官，不苟素俭，然终不治私产，妻子不免饥寒，死之日家无余财”[②]。被众人效仿，不仅说明诸葛亮的确清正廉洁，而且其清正廉洁的生活作风已和他融为一体，散发出巨大的人格魅力。正是由于诸葛亮励精图治、以身作则，蜀国才得政治清明。经过诸葛亮的治理，蜀汉政权原本尖锐的矛盾得以解决，官员上下一心，各级人员的积极性得以充分的发挥，这一切都推动了蜀国的发展。

诸葛亮一生崇尚节俭。实际上，诸葛亮身居高位，他的财产，无论是得到的赏赐还是俸禄都是极其丰富的。诸葛亮自称“禄赐百亿”，但他并未贪图享受，而是提倡“将不可吝”，“吝则赏不行，赏不行则士不致命，士不致命则军无功”。他将平生大半财产都用来赏赐将士，至死“内无余帛，外无赢财”。诸葛亮一生兢兢业业，为心中的志向，也为先主刘备的遗愿，他出生入死，厉行法治，为政清廉，给后世留下了完美的典范。诸葛亮不仅生前节俭，对于身后之事也持相同态度。《三国志》记载，他“遗命葬汉中定军山，因山为坟，冢足容棺，敛以时服，不须器物”。汉魏时期，盛行厚葬之风，丧事的丰厚与否是检测死者生前功德大小的重要指标。在这个背景下，诸葛亮力求丧事节俭显得尤为可贵。

（平顶山学院　闫真真　谢　娜）

---

① （晋）陈寿撰，（南朝宋）裴松之注：《三国志》，中华书局，2010 年，第 815 页。

② （晋）陈寿撰，（南朝宋）裴松之注：《三国志》，中华书局，2010 年，第 894 页。

诸葛亮成为智圣的内动力

提起蜀汉丞相诸葛亮可以说是家喻户晓，他集儒、道、墨、法、纵横家之大成，集智、勇、忠、诚于一身，以至于逐渐演化为民间崇拜的偶像，尊为智圣。近些年经过平顶山市众多专家对《南阳府志》《叶县志》《改正诸葛武侯祠记》的研究考证，确认少年诸葛亮8至14岁曾在平顶山市卫东区诸葛庙村附近度过，且此处有诸葛之遗墟。其父、祖病卒，并葬于平顶山下。诸葛亮随其叔父诸葛玄在此守孝三年，之后才辗转南下，躬耕南阳，直至207年，27岁出山辅佐刘备①。也就是说诸葛亮8至27岁的整个二十年是在平顶山及南阳度过的，正是在这一时期诸葛亮发奋学习、积累知识、增长才干，为以后的政治军事生涯打下了坚实基础。这二十年中到底是什么样的原因促使诸葛亮成长为谋略家进而成为智圣的？目前已有专家学者对成就诸葛亮成才的社会环境、文化环境等外在因素做过研究分析，笔者完全赞同。但外因仅仅是成才的条件，内因才是成才的根据。

一、“骨子里”的担当意识

自西汉董仲舒“罢黜百家，独尊儒术”之后儒学成为汉王朝治国理政的理论依据和主流文化，也成为知识分子入仕的进身之阶。“学而优则仕”，“仕而优则学”，“做官”和“教书”就成了绝大多数读书人的最终职业。“修身、齐家、治国、平天下”就成了士大夫阶层的最高追求，并成为内化于灵魂深处的担当意识。诸葛亮出身“清流派”知识分子官宦家庭，其祖诸葛丰曾任司隶校尉、父诸葛珪曾任泰山郡丞、叔父诸葛玄曾任豫章太守，因受家庭影响应该有更强烈的担当意识。这种担当意识自然就成了诸葛亮发奋成才的基础动力。

---

① 杨晓宇，潘民中，杨尚德：《少年诸葛亮与平山武侯祠》，香港天马图书出版公司，1996年，第22页。

二、"二桃杀三士"的教训

据《三国志·蜀书·诸葛亮传》记:"玄卒,亮躬耕陇亩,好为《梁父吟》。"[1]据资料记载《梁父吟》是当时流传于诸葛亮家乡的一首民谣。其内容为:"步出齐城门,遥望荡阴里。里中有三坟,累累正相似。问是谁家墓,田疆古冶子。力能排南山,又能绝地圮。一朝被谗言,二桃杀三士。谁能为此谋,相国齐晏子。"这是讲齐国齐景公时期勇士田开疆、古冶子、公孙接被齐相晏子设计杀害的悲惨故事。关于这首民谣的主题有两种说法,一种认为是讥讽晏子作为国相设计妒杀功臣的卑鄙狭隘;第二种认为是惋惜三勇士因义和愚忠而受骗被杀。那么,在很多的流行民谣中诸葛亮为何单单喜欢这首《梁父吟》?是为讥讽晏子吗?是为惋惜三勇士吗?笔者认为都不是。理由是:诸葛亮"好为《梁父吟》"的时间点是在"玄卒"之后。而"玄卒"之前诸葛亮随叔父生活,只需关心自己的学业,其他事情都有叔父诸葛玄操心打理。"玄卒"之后,诸葛亮失去了叔父这位"监护人",其兄诸葛瑾又远在江东孙权处谋事,其弟诸葛均年龄尚小,养家的责任就完全部落到了诸葛亮肩上,不得不开始考虑自己和弟弟的前途问题;不得不思考在当时的乱世中如何才能立于不败之地。也就是说要对自己做一个全面的职业规划。这时可能就想起了家乡的民谣《梁父吟》,想起了"二桃杀三士"的悲惨故事,暗示自己匹夫之勇不可能长久,智谋才是立世的根本。并常挂在嘴边时时吟诵,以警醒自己要做一个像晏子那样有智谋的人,但不能像晏子那样卑鄙狭隘。这才应该是诸葛亮在"玄卒"之后"好为梁父吟"的原因。也是诸葛亮吸取"二桃杀三士"的血的教训立志成为谋略家的内在动力。

三、"管仲、乐毅、张良"的榜样力量

既然要立志成为一名谋略家,就需要为自己确定个标准,树立个榜样,也就是要成为怎样的谋略家。这让诸葛亮想到了管仲、乐毅、张良。也就是要成为治国理政的相才。据《三国志·蜀书·诸葛亮传》记:亮"身长八尺,每自比

---

① (晋)陈寿撰,(南朝宋)裴松之注:《三国志》,中国戏剧出版社,2007年,第218页。

于管仲乐毅，时人莫之许也”[1]。紧接着又说“亮在荆州，以建安初与颍川石广元、徐元直、汝南孟公威等具游学，三人务于精熟，而亮独观其大略。每晨夜从容，常抱膝长啸，而谓三人曰：卿三人仕进可至刺史郡守也。三人问其所至，亮但笑而不言”。[2] 从此可以看出诸葛亮的目标应是高于“刺史郡守”的，那也只能是一人之下万人之上的国相或上将军了。并且这几句话在《三国志》中出现在“好为《梁父吟》”之后，时间顺序也是合理的。又据在张良故里郏县李口乡张店村发现的一通石碑上记“亮携元直，建安六年春，踏贤踪，观地势不严，然清净秀逸，乃龙凤之地。拜留侯，仰其像不威，然运筹帷幄，决胜千里，成帝王之师。吾辈叹之、敬之、效之”[3]。既然“叹之、敬之、效之”，当然也就是自己的楷模和榜样了。管仲是辅佐齐桓公成为春秋五霸之首的名相；乐毅是辅佐燕昭王大败齐师，下齐七十余城，几将齐灭国的名将；张良乃据汉初三杰之首，辅佐刘邦开创大汉基业的元勋。诸葛亮以这三人为榜样，可见其志之高远。向榜样看齐自然也就成了发奋成才的内在动力。

四、“天下大乱”的内心焦虑

东汉末年，外戚与宦官的斗争，两次党锢之争，“清流派”与“浊流派”的斗争，最终导致皇权旁落，群雄割据，黄巾起义，天下大乱，民不聊生。诸葛亮虽出身官宦家庭也难逃其害，小小年纪就一路颠沛流离从山东流落到河南平顶山至南阳一带，靠“躬耕陇亩”维持生计。尤其是其叔父诸葛玄去世后，仅仅十几岁的诸葛亮又承担起养家任务，其生活之艰辛可想而知。何时能结束战争，何时能恢复天下安宁成为包括年轻的诸葛亮在内的人民的共同期盼，也引起包括诸葛亮在内的民众的内心焦虑。按照现代心理学原理讲，过度的内心焦虑是一种心理疾病，也就是常说的焦虑症，而适度的焦虑恰恰是人克服或改变焦虑成因的内在动力。而“天下大乱”引起的诸葛亮内心的适度焦虑就必然成为诸葛亮立志恢复“天下大治”而发奋成才的内在动力。

---

① (晋)陈寿撰，(南朝宋)裴松之注：《三国志》，中国戏剧出版社，2007 年，第 218 页。

② (晋)陈寿撰，(南朝宋)裴松之注：《三国志》，中国戏剧出版社，2007 年，第 219 页。

③ 张西庆：《读史拾遗》，中州古籍出版社，2012 年，第 78 页。

五、复兴汉室的宏伟目标

诸葛亮成为管仲、乐毅、张良那样的军师良将之后，要实现的目标又是什么呢？再看《三国志》诸葛亮传的记载："苟不患功业不就，道之不行，虽志恢宇宙而终不北向者，盖以权御已移，汉祚将倾，方将翊赞宗杰以兴微继绝克复为己任故也。"[①]很显然要以匡扶汉室作为自己的奋斗目标。《三国志》又记，诸葛亮在与刘备相见后的《草庐对》中纵谈天下大事，最后很直接归为一点，即"诚如是，则霸业可成，汉室可兴矣"[②]。从这两处记载可明白看出，诸葛亮出山前的既定人生目标或说理想就是要"复兴汉室"，这也为他后来的实际行动所证明。也自然就成了诸葛亮立志成才的动力。

总之，诸葛亮在平顶山至南阳生活的二十年中之所以能够成长为一代名相，被尊为智圣，既与其生活的外环境有关，更与以上所谈其内在动力有关。现有史料对诸葛亮二十七岁之前的学习成才过程涉及极少，这也是诸葛亮后来被神化的原因之一。笔者作为一名教育工作者试着从心理学角度分析诸葛亮成长为智圣的内心动力，定有不少谬误之处，恳请方家指教。

（平顶山职业技术学院　蒋长明）

① （晋）陈寿撰，（南朝宋）裴松之注：《三国志》，中国戏剧出版社，2007 年，第 219 页。
② （晋）陈寿撰，（南朝宋）裴松之注：《三国志》，中国戏剧出版社，2007 年，第 219 页。

诸葛亮“帝王师”理想形成的文化环境

在人们心目中，蜀汉丞相诸葛亮是智慧的化身，他不仅通晓兵法，运筹帷幄，而且精通天文地理，呼风唤雨。他既是军事家，政治家，更是一代贤相，“鞠躬尽瘁，死而后已”的道德典范，受到了历代文人、老百姓的推崇。在军事才能方面，后代多把他与管乐、伊吕、萧曹等人并举。陈寿评价诸葛亮：识治之良才，管、萧之亚匹矣。[①] 杜甫《咏怀古迹五首·其五》：“伯仲之间见伊吕，指挥若定失萧曹。”苏轼称诸葛亮为“万乘师”。在道德、人格层面，南宋理学家朱熹在《王梅溪文集序》中把诸葛亮与杜甫、韩愈、颜真卿、范仲淹并称为“五君子”。认为“此五君子其所遭不同，所立亦异，然求其心皆所谓光明正大，舒畅洞达，磊磊落落而不可掩者也”，足见其历史地位之高。

一、诸葛亮的帝王师理想

诸葛亮素有大志，青少年时代便显示出“逸群之才，英霸之气”，并“自比于管仲，乐毅”[②]。管仲是春秋时期著名的政治家，在经济、政治、军事等许多领域都有卓著的建树。齐桓公即位后，经鲍叔牙推荐，用管仲为相，被尊称为“仲父”。管仲从政40多年，在齐国实行政治经济改革，从而使齐国国力大振，使齐桓公成为春秋第一霸主。乐毅是战国中期辅佐燕昭王，统率五国联军大破齐国的旷世名将。诸葛亮以管乐自比，希望能够辅佐明主，匡扶汉室，建立不朽功业。

建安六年(201)，20岁的诸葛亮与好友徐庶踏勘汉留侯张良宗祠，拜谒先贤像后发出这样的感叹。张良是秦末汉初杰出谋臣，西汉开国功臣，祖先五代相韩。张良曾遇黄石公，得《太公兵法》，深明韬略，足智多谋。秦末农民战争中，聚众归刘邦，为其主要“智囊”。楚汉战争中，提出不立六国后代，联结英

---

① (晋)陈寿撰，(南朝宋)裴松之注：《三国志》，中华书局，1959年，第934页。

② (晋)陈寿撰，(南朝宋)裴松之注：《三国志》，中华书局，1959年，第911页。

布、彭越，重用韩信等策略，又主张追击项羽，歼灭楚军，张良为汉高祖刘邦建立西汉王朝立下了汗马功劳。刘邦称他“运筹策于帷帐之中，决胜千里之外”。从此段文字，可以看出诸葛亮对张良的机智谋划、文韬武略，成帝王之师的欣羡。

帝王师的观念肇始于孟子，孟子认为大儒与君王在人格上是平等的，以仁义之道指导教育君主，是其职责，而君主对待大儒也要给予足够的礼遇。这种理想既能实现辅佐明君建功立业，又能维护自己的人格尊严和道术价值。司马迁在《史记》中多次提到了帝王师的观念，黄石公授张良以《太公兵法》，并嘱之曰：“读此则为王者师也……”留侯乃称曰：“……今以三寸舌为帝者师，封万户，位列侯，此布衣之极，于良足矣。愿弃人间事，欲从赤松子游耳。”管仲、乐毅、伊尹、吕尚、张良等人皆为帝王师的典范，为后世树立了榜样。

诸葛亮受到了这些士人的影响，有着纷繁乱世匡扶汉室的社会责任感，希望能得遇明主，发挥自己的政治才能。于是，在诸葛亮眼中，孙权“能贤亮而不能尽亮”，曹操则是独揽大权，挟天子以令诸侯，只有汉室后裔的刘备，宽厚仁德，虽实力弱小，却是要相遇的明君。受刘备三顾之请，有感于刘备的知遇之恩，“由是感激，遂许先帝以驱驰”（《出师表》），为其奠定蜀汉基业。刘备临终，托孤于诸葛亮，诸葛亮南征北战，辅佐后主，鞠躬尽瘁，践行了他帝王之师的人生理想，并通过辅佐刘备、刘禅两代君主，成就了忠君的道德典范。

刘备得遇诸葛亮，说“孤之有孔明，犹鱼之有水也”[①]（《三国志·蜀书·诸葛亮传》），临终之时嘱咐刘禅“汝与丞相从事，事之如父”。鱼水相合，明君贤相，成为后世歌咏的对象。李白《读〈诸葛武侯传〉书怀赠长安崔少府叔封昆季》中云“鱼水三顾合，风云四海生”。岑参《先主武侯庙》诗中写道：“先主与武侯，相逢云雷际。感通君臣分，义激鱼水契。”

二、诸葛亮与平顶山的文化渊源

诸葛亮与平顶山有着不解的文化渊源。20世纪八九十年代，随着诸葛遗墟、明代牛凤碑等历史遗存的发掘，潘民中等文化学者通过历史文献与文物互证、调查访谈，得出：黄巾起义爆发后，诸葛亮一家为了躲避战争冲击，南下逃

① （晋）陈寿撰，（南朝宋）裴松之注：《三国志》，中华书局，1959年，第913页。

难，因战事阻隔，被迫寓居平顶山下；诸葛亮的父、祖病逝，遂葬于此，诸葛亮在此居住了三四年。[①] 鲁阳在《诸葛亮前半生钩沉》中指出：诸葛亮八岁之前在家乡琅琊度过童年；八岁至十七岁避难荆州，其间在颍川、南阳毗连地区的高阳山下寓居七年，度过少年时代。[②] 潘、鲁二人在诸葛亮寓居平顶山的时间年限方面稍有差异，但在诸葛亮曾在平顶山生活过这点上是达成共识的。杨晓宇在《从平顶山诸葛遗迹看诸葛亮强少年时期的迁徙路线》也有相同看法：诸葛亮青少年时代确实在平顶山一带生活、学习、活动、躬耕，他的叔父诸葛玄病逝后，埋葬在高阳华里，即原来的平山脚下诸葛庙村，今平顶山市诸葛庙街。[③] 近年来"诸葛亮留侯祠铭碑"的发现，更加有力地证实了诸葛亮曾寓居平顶山的史实。由于诸葛亮独特的人格魅力，受到后世的无比敬仰，诸葛亮崇拜在民间盛行，全国多地都建有纪念诸葛亮的武侯祠。就平顶山而言，从牛凤碑可以看出至少在隋文帝开皇二年，即公元 582 年，诸葛武侯祠已存在。后来，诸葛武侯祠称谓演变为"诸葛庙"，诸葛庙村因此而成名。

平顶山这块丰厚的土壤也为诸葛亮的成长成才提供文化滋养。秦朝统一后，平顶山曾属颍川郡，是连接荆楚文化和中原文化的通道，历来名士辈出。平顶山为墨子故里，墨家思想的发源地，墨子除创立墨家学说外，还创立了以几何学、物理学、光学为突出成就的一整套科学理论及实践。诸葛亮在平顶山生活期间，有着学习墨家学说的优势条件，诸葛亮出山后精于发明创造作战兵器，或许受到墨子思想的影响。颍川多奇士，秦汉之际的张良，继其后的西汉名臣晁错号曰"智囊"，两汉之交的父城人冯异被称为"首策之臣，运筹出奇"，与张良、陈平相类。东汉时期，汝颍、南阳三郡的私学兴盛，讲经授学等交流频繁，颍川境域也曾出现唐溪典、延笃、李膺、高凤等名儒隐士，这些都为诸葛亮的成长提供了多种文化养分。

---

① 杨晓宇，潘民中，杨尚德：《少年诸葛亮与平山武侯祠》，香港天马图书有限公司，1996 年，第 36 页。

② 杨晓宇，潘民中，杨尚德：《少年诸葛亮与平山武侯祠》，香港天马图书有限公司，1996 年，第 22 页。

③ 杨晓宇，潘民中，杨尚德：《少年诸葛亮与平山武侯祠》，香港天马图书有限公司，1996 年，第 27 页。

三、诸葛亮青少年时期的交游

诸葛亮幼年早孤，跟随叔父诸葛玄背井离乡，先后在平山、南阳、襄阳一带居住，其间，躬耕读书、结交名士、拜师学艺，虽身居山野，然心怀天下。诸葛亮27岁受刘备三顾出山之前的青少年时代，是其成才的重要阶段，储备了成为帝王之师所必需的军事智慧和才能。

建安初，诸葛亮与博陵崔州平、颍川石广元、徐元直、汝南孟公威一起游学，对于彼此间的才学都非常了解。诸葛亮自比管仲、乐毅，其他人都不这么认为，只有好友崔州平、徐元直深信不疑。徐元直曾向刘备举荐诸葛亮，说："'此人可就见，不可屈致也。将军宜枉驾顾之。'由是先主遂诣亮，凡三往，乃见。""此人可就见，不可屈致也""将军宜枉驾顾之"，可见好友徐庶对诸葛亮知之甚深，非常了解他的才气及他清高的内心。

诸葛亮和诸友之间经常进行切磋、相互启发。《三国志·蜀书·董和传》记诸葛亮后来回忆与崔州平、徐庶的情谊，曾感慨不已："昔初交州平，屡闻得失；后交元直，勤见启诲。"

《三国志·诸葛亮传》裴注引《魏略》曰："亮在荆州，以建安初与颍川石广元、徐元直、汝南孟公威等俱游学，三人务于精熟，而亮独观其大略。每晨夜从容，常抱膝长啸，而谓三人曰：'卿诸人仕进可至刺史郡守也。'三人问其所志，亮但笑而不言。后公威思乡里，欲北归，亮谓之曰：'中国饶士大夫，遨游何必故乡邪！'"裴松之评论说："谓诸葛亮为公威计者可也，若谓兼为己言，可谓未达其心矣。"以诸葛亮之见识和才气，如委身魏氏，陈长文、司马仲达尚不能与之相颉颃，其余之辈更毋庸论。诸葛亮不担心功业不就，道之不行，而是已经意识到汉祚将倾，想要兴微继绝克复为己任，为此，诸葛亮走了一条与诸友不同的道路。孔明与刘备相随去，徐庶与石韬俱仕魏。至黄初中，石韬仕历郡守、典农校尉。徐庶至右中郎将、御史中丞。孟建，亦仕魏。

东汉前期，颍川、汝南、南阳等地区私学兴盛，游学之人以通经为目的，而到了东汉后期，士人的游学目的由通晓经术转而结交名士，获得社会地位及名誉。[①] 诸葛亮一方面博览群书，结交青年才俊，开阔了视野，储备了丰富的学

---

① 陈雁：《东汉魏晋时期颍汝、南阳地区的私学与游学》，《文史哲》，2000年第1期。

识;另一方面拜师求学,建立了广泛的人脉关系,获得了社会名士的极高赞誉,为走上政治舞台奠定了基础。拜访名士可考者有黄承彦、庞德公、司马徽、酆玖等人。[①]

黄承彦,系汉末三国时期沔阳名士,诸葛亮岳父。《襄阳记》曰:"黄承彦者,高爽开列,为沔阳名士,谓诸葛孔明曰:'闻君择妇,身有丑女,黄头黑色,而才堪配。'孔明许,即载送之。时人以为笑乐,乡里为之谚曰:'莫作孔明择妇,正得阿承丑女。'"东汉中后期,人物品评风气盛行,人物评价标准较之前发生很大变化,由重德向重才发展,较为重视个人内在的才德修养。黄承彦之女虽外貌丑陋,"而才堪配",表明其女和诸葛亮一样都是有才能之人,女子之才能自是来自父辈及家庭的培养,由此可见,黄承彦为沔阳名士,学问自是不虚。

庞德公是襄阳名士,诸葛亮的一个姐姐嫁给了庞德公的儿子庞山民,诸葛亮和庞德公有这层亲戚关系,时常去拜访庞德公。庞德公和颍川郡名士司马徽人品高雅,素有知人之明,善于发现人才,若再经他们举荐,就会取得一定的社会声望。庞统便是由于庞德公和司马徽的器重而逐渐被社会承认的。

如《三国志·蜀书·庞统法正传》:"庞统字士元,襄阳人也。少时朴钝,未有识者。颍川司马徽清雅有知人鉴,统弱冠往见徽,徽采桑于树上,坐统在树下,共语自昼至夜。徽甚异之,称统当为南州士之冠冕,由是渐显。"裴松之注引《襄阳记》曰:"统,德公之从子也,少未有识者,惟德公重之,年十八,使往见德操。德操与语,既而叹曰:'德公诚知人,此实盛德也。'"

诸葛亮每次见庞德公"独拜床下",德公亦器重亮,称他为"卧龙"。《三国志·蜀书·庞统法正传》裴松之注引《襄阳记》曰:"诸葛孔明为卧龙,庞士元为凤雏,司马德操为水镜,皆庞德公语也。德公,襄阳人。孔明每至其家,独拜床下,德公初不令止。德操尝造德公,值其渡沔,上祀先人墓,德操径入其室,呼德公妻子,使速作黍,'徐元直向云有客当来就我与庞公谭。'其妻子皆罗列拜于堂下,奔走供设。须臾,德公还,直入相就,不知何者是客也。德操年小德公十岁,兄事之,呼作庞公,故世人遂谓庞公是德公名,非也。"

诸葛亮又师从《左氏春秋》的古文经学大师司马徽学,司马徽赏识其才性,向刘备举荐。《襄阳记》:"刘备访世事于司马德操,德操曰:'儒生俗世,岂识时务?识时务者在乎俊杰。此间自有伏龙、凤雏。'"并获得"俊杰""伏龙"

---

① 蒋波:《诸葛亮的暂隐选择及影响》,《光明日报》,2015年1月19日。

的赞誉。

《诸葛亮集》卷二《遗事篇》引《仙鉴》记载,司马徽又向诸葛亮推荐深谙谋略之道的汝南酆玖,“司马徽谓亮曰:‘以君才,当访名师,益加学问。汝南灵山酆公玖熟谙韬略,余尝过而请教,如蠡测海,盍往求之’。引亮至山,拜玖为师,居期年,不教,奉事惟谨。玖知其虔,始出《三才密箓》《兵法阵图》《孤虚相旺》诸书,令揣摩研究。”

《仙鉴》中另有酆公玖劝亮出仕辅佐刘备的一段话:“今曹氏已定北方……刘备汉室之胄,子如一出为辅,则可成立矣。”虽然材料来自多为神仙传说故事的《仙鉴》,但前后能相互佐证,且与诸葛亮游学时间相符,据此,诸葛亮师从酆公玖的结论是成立的。①

又刘备于病危之时,叮嘱刘禅:“可读《汉书》《礼记》,间暇历观诸子及《六韬》《商君书》,益人意智。闻丞相为写《申》《韩》《管子》《六韬》一通已毕,未送,道亡,可自更求闻达。”(《三国志》裴松之注引《诸葛亮集》所载《先主遗诏敕后主》)

刘备叮嘱刘禅所读之书除史学著作和传统儒家经典外,还有法家及兵法韬略之书。诸葛亮亲自抄写《申子》《韩非子》《管子》《六韬》等书以教化刘禅。作为蜀汉丞相、刘备的军师,诸葛亮与刘备之间的相互影响是显而易见的。综合诸葛亮自身所体现的匡扶汉室、鞠躬尽瘁的爱国精神,“淡泊明志、宁静致远”的处世态度,不凡的军事才能,可见,诸葛亮不仅熟读儒家经典著作,还深谙法家学说及兵法谋略,受儒家、道家、法家、兵家等思想的综合影响,成就了杰出的政治家、军事家。

诸葛亮生于虽不显赫却也传承有序的家族,有着祖先留下的良好生理基因和文化传统,从小就润泽在颍川和南阳交界的平顶山地区丰厚文化土壤中,让他具备了成才的良好基础。而由于时局的动荡,家庭的不幸,战乱和流离失所增添了他的阅历,通过游学拜师、结交名士、躬耕读书,诸葛亮的知识结构逐渐完备,诸葛亮储备了成为帝王之师所需的军事才能,为他日后善于计谋、长于辞令、精于发明奠定了基础。加上名士的推荐,由是渐渐显名,为其走向政治舞台奠定了基础。

(河南城建学院　李新科)

---

① 朱顺玲:《诸葛亮游学管窥》,《南都学坛》,2010 年第 6 期。

诸葛亮的廉政思想[①]

中华民族廉政文化史源远流长，内涵十分丰富，体现了我国古代政治文明的卓越智慧。习近平总书记指出："研究我国反腐倡廉历史，了解我国古代廉政文化，考察我国历史上反腐倡廉的成败得失，可以给人以深刻启迪，有利于我们运用历史智慧推进反腐倡廉。"[②]诸葛亮是我国历史上著名的政治家，任蜀相近30年，勤政务实，励精图治，廉洁奉公，堪称我国历史上的廉相楷模。诸葛亮的廉政思想主要体现在律己倡廉、严法保廉、德教济廉、举贤护廉等方面，颇具儒家廉政思想特色，在中国廉政文化史上占有非常重要的地位。

一、律己倡廉

"律己"是儒家廉政思想的重要特点，它要求处上位者循礼律己、以身作则、廉洁无私，诸葛亮很好地继承并发扬了这一特点，是律己倡廉的典范。诸葛亮律己倡廉思想主要表现在三个方面。

一是"先理身，后理人"。诸葛亮"受任于败军之际，奉命于危难之间"[③]，他深知要扭转局面、振兴蜀汉，必须严于律己、以身作则。其《便宜十六策·治乱》云："明君治其纲纪，政治当有先后，先理纲，后理纪。……先理身，后理人。是以理纲则纪张，理令则罚行，理近则远安，理内则外端，理本则末通，理强则弱伸，理大则小行，理上则下正，理身则人敬，此乃治国之道也。"[④]诸葛亮阐述治国原则，在廉政方面明确提出"先理身，后理人"的原

---

① 此文为河南省教育厅人文社会科学研究资助项目"苏轼廉政思想研究"的阶段性成果（项目编号：2018-ZZJH-383）。

② 习近平：《习近平谈治国理政》（第一卷），外文出版社，2014年，第390页。

③ 段熙仲，闻旭初编校：《诸葛亮集·文集》卷三《前出师表》，中华书局，1960年，第5页。

④ 段熙仲，闻旭初编校：《诸葛亮集·文集》卷三《便宜十六策·治乱第十二》，中华书局，1960年，第71页。

则，认为“理上则下正，理身则人敬，此乃治国之道也”。当权者只有严于律己，做廉洁楷模，才能以上率下，上行下效，营造风清气正的官场生态。

二是“正己教人”。诸葛亮云：“教令之政，谓上为下教也。非法不言，非道不行，上之所为，人之所瞻也。夫释己教人，是谓逆政，正己教人，是谓顺政。故人君先正其身，然后乃行其令。身不正则令不从，令不从则生变乱。”[①]诸葛亮强调，在上为政者施“教”的最好方法就是“上为下教”“正己教人”，如此，则会出现“顺政”，否则就会出现“逆政”“变乱”的局面。

三是言行如一。“先理身，后理人”“正己教人”，不仅是说教、号令，必须见诸行动，言行如一。在这方面诸葛亮起了很好的表率作用。诸葛亮有言：“夫君子之行，静以修身，俭以养德，非淡泊无以明志，非宁静无以致远。”[②]能够有节俭的生活态度就已不易，达到静的境界就更需要修养。诸葛亮平时立身俭约，生活俭朴，不讲排场，家人生活也十分清贫。他在给李严的信中云“蓄财无余，妾无副服”[③]。清人张澍读到这则史料后，不禁深有感慨：“侯之妾乃无副服，其俭德可师矣。惜妾之姓不传。”[④]诸葛亮主动向后主刘禅报告家产：“成都有桑八百株，薄田十五顷，子弟衣食，自有余饶。至于臣在外任，无别调度，随身衣食，悉仰于官，不别治生，以长尺寸。若臣死之日，不使内有余帛，外有赢财，以负陛下。”[⑤]诸葛亮逝世后，查其遗产，果如其言。陈寿《三国志》载：“亮遗命葬汉中定军山，因山为坟，家足容棺，殓以时服，不须器物。”[⑥]诸葛亮甘于清贫、言行如一的作风，一直为当时及后世所称道。

正因为诸葛亮能始终以身作则，律己倡廉，为官清廉，所以其长期掌握蜀

---

① 段熙仲，闻旭初编校：《诸葛亮集·文集》卷三《便宜十六策·教令第十三》，中华书局，1960 年，第 72 页。

② 段熙仲，闻旭初编校：《诸葛亮集·文集》卷一《诫子书》，中华书局，1960 年，第 28 页。

③ 段熙仲，闻旭初编校：《诸葛亮集·文集》卷一《又与李严书》，中华书局，1960 年，第 20 页。

④ 段熙仲，闻旭初编校：《诸葛亮集·故事》卷一《诸葛篇》，中华书局，1960 年，第 160 页。

⑤ 段熙仲，闻旭初编校：《诸葛亮集·文集》卷首《诸葛亮传》，中华书局，1960 年，第 20 页。

⑥ 段熙仲，闻旭初编校：《诸葛亮集·文集》卷首《诸葛亮传》，中华书局，1960 年，第 20 页。

国国家政权竟能“上不生疑心,下不兴流言”[①]。诸葛亮律己倡廉的思想与行动,对于蜀国的政风转变起到了良好的推动作用。

二、严法保廉

荀子是先秦儒家学说的重要代表人物,他继承了孔孟思想,又是后世儒、法合流的先驱性人物。荀子廉政思想的显著特点是“隆礼重法”,突出了“法”的重要性。诸葛亮继承了这一特点,长期致力于以法律制度保证政府官员的清正廉洁。诸葛亮严法治蜀,遵循三个基本原则。

一是“威之以法”。诸葛亮辅佐刘备夺取益州后,强调要厉行法治,严法治蜀。谋士法正对此有不同意见,写信给诸葛亮云:“昔高祖入关,约法三章,秦民知德。今君假借威力,跨据一州,初有其国,未垂惠抚;且客主之义,宜相降下,愿缓刑弛禁,以慰其望。”[②]诸葛亮回信反驳法正云:“君知其一,未知其二。秦以无道,政苛民怨,匹夫大呼,天下土崩,高祖因之,可以弘济。刘璋暗弱,自焉已来有累世之恩,文法羁縻,互相承奉,德政不举,威刑不肃。蜀土人士,专权自恣,君臣之道,渐以陵替;宠之以位,位极则贱;顺之以恩,恩竭则慢。所以致弊,实由于此。吾今威之以法,法行则知恩;限之以爵,爵加则知荣。荣恩并济,上下有节。为治之要,于斯而著。”[③]诸葛亮以史为鉴,认为用官位来宠惯官吏,当官位到了极限时,官位就不起作用了;用恩惠来顺从官吏心意,当恩惠施尽时,官吏就会怠慢。所以对官吏不要以官位和恩惠来宠惯他们,而要以法纪从严要求,“威之以法”才能保证政府官员的清正廉洁。

二是“先令而后诛”。诸葛亮认为,严法治蜀,必须有法可依才能依法办事。在入蜀之初,诸葛亮就与法正、李严等制定了蜀国的法典——《蜀科》,作为执法的依据。他亲自著《法检》《科令》《军令》等,其内容包括《八务》《七

---

① 段熙仲,闻旭初编校:《诸葛亮集·附录》卷二《诸葛武侯庙碑铭》,中华书局,1960年,第124页。

② 段熙仲,闻旭初编校:《诸葛亮集·文集》卷一《答法正书》,中华书局,1960年,第17页。

③ 段熙仲,闻旭初编校:《诸葛亮集·文集》卷一《答法正书》,中华书局,1960年,第17页。

戒》《六恐》《五惧》等，“示仪轨，以约百官”[①]。只有立法才能保证廉政措施的实施，才能使人们知道什么必须做到，什么要引以为戒，什么不能做，从而通过遵守法令，做到廉洁奉公，尽忠职守。他要求制定法律后要先布告天下，广为宣传，使人们清楚地知道其内容，然后才能对不守法者予以惩罚。他认为“先令而后诛，则人亲附，畏而爱人，不令而行”[②]。强调“故为君之道，以教令为先，诛罚为后，不教而战，是谓弃之”[③]。做到“教令为先，诛罚为后”，就可以达到令行禁止、以法保廉的目的。

三是“赏罚必信”。诸葛亮云：“赏罚之政，谓赏善罚恶也。赏以兴功，罚以禁奸；赏不可不平，罚不可不均。赏赐知其所施，则勇士知其所死；刑罚知其所加，则邪恶知其所畏。故赏不可虚施，罚不可妄加，赏虚施则劳臣怨，罚妄加则直士恨。……赏罚不正，则忠臣死于非罪，而邪臣起于非功。赏赐不避怨仇，则齐桓得管仲之力；诛罚不避亲戚，则周公有杀弟之名。《书》云：‘无偏无党，王道荡荡；无党无偏，王道平平。’此之谓也。”[④]诸葛亮要求必须做到“赏不可虚施”“罚不可妄加”“赏赐不避怨仇”“诛罚不避亲戚”。诸葛亮《前出师表》云：“宫中府中，俱为一体，陟罚臧否，不宜异同。若有作奸犯科及为忠善者，宜付有司论其刑赏……不宜偏私，使内外异法。”[⑤]这样才能做到法不阿贵、赏不偏私，治国者才能得到人们的拥护，法令才不致成为一纸空文。陈寿《三国志》称赞诸葛亮：“尽忠益时者虽仇必赏，犯法怠慢者虽亲必罚，……善无微而不赏，恶无纤而不贬。”[⑥]从历史事实看，诸葛亮确实做到了，如马谡是诸葛亮

---

① 段熙仲，闻旭初编校：《诸葛亮集·文集》卷首《诸葛亮传》，中华书局，1960年，第20页。

② 段熙仲，闻旭初编校：《诸葛亮集·文集》卷三《便宜十六策·赏罚第十》，中华书局，1960年，第70页。

③ 段熙仲，闻旭初编校：《诸葛亮集·文集》卷三《便宜十六策·教令第十三》，中华书局，1960年，第72页。

④ 段熙仲，闻旭初编校：《诸葛亮集·文集》卷三《便宜十六策·赏罚第十》，中华书局，1960年，第70页。

⑤ 段熙仲，闻旭初编校：《诸葛亮集·文集》卷三《前出师表》，中华书局，1960年，第5页。

⑥ 段熙仲，闻旭初编校：《诸葛亮集·文集》卷首《诸葛亮传》，中华书局，1960年，第20页。

的亲信谋士,其兄马良也是诸葛亮好友,但他守卫街亭时,因“违亮节度,举动失宜”[1],为魏军所败。最后诸葛亮不顾众人劝阻,依照军法坚决将其斩首,表现了其赏罚必信的不可动摇的原则性。

从诸葛亮一生来看,他确实做到了依法治蜀,严法保廉。陈寿《三国志》云:“诸葛亮之为相国也,……庶事精炼,物理其本,循名责实,虚伪不齿;终于邦域之内,咸畏而爱之,刑政虽峻而无怨者,以其用心平而劝诫明也。”[2]诸葛亮严法治蜀,刑罚严峻,但执法公平,用心平而劝诫明,结果是“刑政虽峻而无怨者”。诸葛亮严法保廉,受到了官民的衷心拥戴。

三、以德济廉

“为政以德”是儒家廉政思想的又一重要特点。在廉政建设中,诸葛亮重视法治的作用,但他不主张单纯用法律刑赏,认为应该德法并用,以德济廉。诸葛亮以德济廉可从三个方面来理解。

一是“安民”。“安民”就是为政“以人为本”,即以仁待民。得民心者得天下,失民心者失天下,历代有远见的政治家都懂得争取民心的重要性。诸葛亮认为“治世以大德,不以小惠”[3],说的是治世要体恤民众疾苦,广施恩惠于民,使人民安居乐业。在争取民心方面,诸葛亮与刘备的思想完全一致。例如建安十三年(208),曹操大军南下荆州,刘备向江南撤退,追随前来的黎民百姓竟达十余万众。因曹操追兵将及,有人劝刘备急走以保安全,刘备答曰:“夫济大事必以人为本,今人归吾,吾何忍弃去?”[4]可见“以人为本”乃是刘备、诸葛亮蜀汉建国的一项重要原则。公元 221 年,刘备称帝,策诸葛亮为丞相,诏书

---

① 段熙仲,闻旭初编校:《诸葛亮集·文集》卷首《诸葛亮传》,中华书局,1960 年,第 19 页。

② 段熙仲,闻旭初编校:《诸葛亮集·文集》卷首《诸葛亮传》,中华书局,1960 年,第 20 页。

③ 段熙仲,闻旭初编校:《诸葛亮集·文集》卷二《答惜赦》,中华书局,1960 年,第 50 页。

④ 司马迁,班固,范晔,陈寿:《前四史·三国志·蜀书·先主传》,乌鲁木齐:新疆人民出版社,2002 年,第 1108 页。

曰:“思靖百姓,惧未能绥”“丞相亮其悉朕意”[①],刘备殷殷以安民为念,说明刘备与诸葛亮在民本思想上深相契合。诸葛亮正式出师北伐,明确宣告了自己救民于危难的心情:“普天之下,莫非汉民”,而“百姓困于豺狼之吻”“一夫有死,皆亮之罪”[②]。刘备猇亭兵败之后,蜀汉元气大伤,诸葛亮乃提出“闭境劝农,育养民物”[③]的主张,以求安定民生,恢复国力。凡此种种,较全面地体现了诸葛亮以天下事为己任,治国“以安民为本”的思想。

二是“教民”。“为政以德”就必须以德教民。诸葛亮认为,国家应“以礼为本”,对臣民进行法制教育的同时还要进行道德教育。诸葛亮云:“治人之道,谓道之风化,陈示所以也。故《经》云:‘陈之以德义而民与行,示之以好恶而民知禁。’日月之明,众下仰之;乾坤之广,万物顺之。是以尧舜之君,远夷贡献;桀纣之君,诸夏背叛;非天移动其人,是乃上化使然也。”[④]诸葛亮认为民心向背“非天移动其人,是乃上化使然”,只有以德教民,才能“众下仰之”“万物顺之”,才能从根本上杜绝各种不良的腐败风气,否则“三纲不正,六纪不理,则大乱生矣”[⑤]。

三是“宽严得当”。诸葛亮认为在执法过程中要审时度势,因势而决定法的宽严。实际上,诸葛亮希望重建“德本法用”的廉政思想模式,只不过他认为根据当时蜀汉的形势,应更强调“法用”的一面。入蜀之初,社会混乱,腐败严重,他主张乱世用重典,并因此招致非议。如谋士法正曾以历史事例劝他“缓刑弛禁”[⑥]。对此,诸葛亮说,秦国无道,残害人民,此时高祖约法三章,废除苛政,是必要的。而现在的益州,情况相反,由于过去刘焉、刘璋父子暗弱昏

---

① 段熙仲,闻旭初编校:《诸葛亮集·附录》卷一《策诸葛丞相诏》,中华书局,1960年,第105页。

② 段熙仲,闻旭初编校:《诸葛亮集·文集》卷二《谢贺者》,中华书局,1960年,第52页。

③ 段熙仲,闻旭初编校:《诸葛亮集·文集》卷三《答杜微书》,中华书局,1960年,第19页。

④ 段熙仲,闻旭初编校:《诸葛亮集·文集》卷三《便宜十六策·治人第六》,中华书局,1960年,第64页。

⑤ 段熙仲,闻旭初编校:《诸葛亮集·文集》卷三《便宜十六策·治乱第十二》,中华书局,1960年,第71页。

⑥ 段熙仲,闻旭初编校:《诸葛亮集·文集》卷一《答法正书》,中华书局,1960年,第17页。

庸，只知用恩，不能用法，结果法同虚设，为官者目无法纪，压榨百姓，引起百姓怨恨。要改变这种混乱局面，必须树立法律的权威，狠狠地打击不法分子，只有用重典，才能使“私不乱公、邪不干正”[①]，才能治理好国家。从历史的角度来看，诸葛亮根据形势变化，决定行法宽严的做法，不仅效果显著，而且颇得后人的赞扬。清人赵蕃所撰成都武侯祠对联云：“能攻心则反侧自消，自古知兵非好战；不审势即宽严皆误，后来治蜀要深思。”是说只有对形势有准确的判断之后，才能制定出与之相适应的政策，执法当宽则宽，当严则严。否则，不明形势随意施政施法，则政策法律无论“宽”或“严”，都是注定会有失误。在“审势”以“治蜀”方面，诸葛亮为后人做出了榜样。

综上可见，诸葛亮的廉政思想以重法为主要内容，但与此同时，又体现了他重“德治”的一面，所以从总体上讲，他的廉政思想结构仍为“德本法用”，只不过根据蜀国的具体情况实施了“以德济廉”。

四、举贤护廉

诸葛亮高度重视选贤任能的重要性。他秉承儒家思想，指出治国之道，重在举贤，并认为选贤任能、举贤护廉事关廉政建设的成败。诸葛亮举贤护廉思想非常丰富，下面仅从三个方面简要述之：

一要重贤亲贤。诸葛亮云：“若夫国危不治，民不安居，此失贤之过也。”[②]这是因为“治国犹如治身，治身之道，务在养神，治国之道，务在举贤。是以养神求身，举贤求安”[③]。诸葛亮在《前出师表》中对“亲贤臣远小人”的重要性作了详尽论述，他说：“亲贤臣，远小人，此先汉所以兴隆也；亲小人，远贤臣，此后汉所以倾颓也。”所以，当他北伐将离开成都时，特别向后主推荐了董允、费祎等“贞良死节”之臣，要求后主“亲之信之”。这些人后来也确实尽到了职责，如后主贪图享乐，要增加嫔妃数量，董允就坚决谏阻，说：“古者天子后

---

① 段熙仲，闻旭初编校：《诸葛亮集·文集》卷三《便宜十六策·君臣第二》，中华书局，1960 年，第 61 页。

② 段熙仲，闻旭初编校：《诸葛亮集·文集》卷三《便宜十六策·举措第七》，中华书局，1960 年，第 66 页。

③ 段熙仲，闻旭初编校：《诸葛亮集·文集》卷三《便宜十六策·举措第七》，中华书局，1960 年，第 65 页。

妃之数不过十二,今嫔嫱已具,不宜增益。”[①]后主只好作罢。

二要重选拔。选贤任能,首先要广泛征求意见。对于如何才能准确了解官员的人品和政绩,以便给予公平的奖罚或提拔,诸葛亮提出了自己的看法。他认为除了按有关制度、标准进行考察考核外,还必须广泛征求意见,了解民情。他提出:“明君视微之几,听细之大,以内和外,以外和内。故为政之道,务於多闻,是以听察采纳众下之言,谋及庶士,则万物当其目,众音佐其耳。……故人君以多见为智,多闻为神。……盖闻明君者,常若昼夜,昼则公事行,夜则私事兴。或有吁嗟之怨而不得闻,或有进善之忠而不得信。怨声不闻,则枉者不得伸;进善不纳,则忠者不得信,邪者容其奸。故《书》云:‘天视自我民视,天听自我民听。’”[②]其次选贤任能,要善于发现人才。选贤需要执政者通过各种途径虚心察访。诸葛亮云:“故国之有辅,如屋之有柱;柱不可细,辅不可弱;柱细则害,辅弱则倾。故治国之道,举直措诸枉,其国乃安。夫柱以直木为坚,辅以直士为贤;直木出於幽林,直士出於众下。故人君选举,必求隐处,或有怀宝迷邦,匹夫同位;或有高才卓绝,不见招求;或有忠贤孝弟,乡里不举;或有隐居以求其志,行义以达其道;或有忠质於君,朋党相谗。”[③]贤才同佞臣的重要区别,就是贤才具备正直公正的品质,而佞臣则是极尽奸诈虚伪之能事。可是,堪作栋梁之用的直木往往藏于幽林之中,具有辅国之才的直士则湮没于茫茫人海之内。因而要善于发现人才,善于选拔人才。诸葛亮开府治蜀,选拔了许多人才。他“辟尚书郎蒋琬及广汉李邵、巴西马勋为掾,南阳宗预为主簿,皆德举也。秦宓为别驾、犍为五梁为功曹、梓潼杜微为主簿,皆州俊彦也。而江夏费祎、南郡董允、郭攸之始为侍郎,赞扬日月”[④]。诸葛亮所选人才,皆当时蜀中英贤,甚得人望。《论语·为政》云:“举直错诸枉,则民服;举枉错诸直,则民不服。”举贤授能,当是诸葛亮能够获得蜀民敬爱的重要原因之一。诸葛亮唯恐自己囿于见闻,以致野有遗才而不能得到识拔,遂“筑高台于

---

① 司马迁,班固,范晔,陈寿:《前四史·三国志·蜀书·董允传》,新疆人民出版社,2002年,第1131页。

② 段熙仲,闻旭初编校:《诸葛亮集·文集》卷三《便宜十六策·视听第三》,中华书局,1960年,第62页。

③ 段熙仲,闻旭初编校:《诸葛亮集·文集》卷三《便宜十六策·举措第七》,中华书局,1960年,第65页。

④ 段熙仲,闻旭初编校:《诸葛亮集·故事》卷三《用人篇》,中华书局,1960年,第182页。

成都以南，以延四方之士”[①]。他还鼓励部下推荐文武之才，在《称姚伷教》中表彰姚伯云“忠益者莫大于进人，进人者各务其所尚”，希望群下都能以姚伷为榜样，积极推荐贤才，“以属其望”。[②]

三要重考黜。考绩以定黜陟，通过考黜定人才的进退，官吏的升降。诸葛亮认为用人一定要“进用贤良，退去贪懦”[③]。他总结汉末以来的教训，认为在考黜官员时，一定要“务知人之所苦”[④]。诸葛亮云：“考黜之政，谓迁善而黜恶……其苦有五。或有小吏因公为私，乘权作奸，左手执戈，右手治生，内侵于官，外采于民，此所苦一也；或有过重罚轻，法令不均，无罪被辜，以致灭身，或有重罪得宽，扶强抑弱，加以严刑，枉责其情，此所苦二也；或有纵罪恶之吏，害告诉之人，断绝语辞，蔽藏其情，掠劫亡命，其枉不常，其所苦三也；或有长吏数易守宰，兼佐为政，阿私所亲，枉克所恨，逼切为行，偏颇不承法制，更因赋敛，傍课采利，送故待新，夤缘征发，诈伪储备，以成家产，此所苦四也；或有县官慕功，赏罚之际，利人之事，买卖之费，多所裁量，专其价数，民失其职，其所苦五也。”[⑤]对百姓而言，官员“凡此五事，民之五害，有如此者，不可不黜，无此五者，不可不迁”[⑥]。正是在诸葛亮的治理下，严格考黜，“进用贤良”“退去贪懦”，蜀汉政权吏治清明，百官廉洁，百姓拥护。

在历史发展的长河中，平顶山地区曾经涌现出许多伟大的思想家、政治家、文学家，他们不仅在各个领域取得了非凡的成就，同时也是廉政楷模。墨子、诸葛亮、元德秀、苏轼、李绿园等出生或流寓于平顶山地区的先贤，其廉政事迹和思想，历史多有记载，民间广为流传，丰富了中国廉政文化的内涵，是我

---

① 段熙仲，闻旭初编校：《诸葛亮集·故事》卷三《用人篇》，中华书局，1960年，第182页。

② 段熙仲，闻旭初编校：《诸葛亮集·文集》卷二《称姚伷教》，中华书局，1960年，第31页。

③ 段熙仲，闻旭初编校：《诸葛亮集·文集》卷三《便宜十六策·考黜第八》，中华书局，1960年，第66页。

④ 段熙仲，闻旭初编校：《诸葛亮集·文集》卷三《便宜十六策·考黜第八》，中华书局，1960年，第66页。

⑤ 段熙仲，闻旭初编校：《诸葛亮集·文集》卷三《便宜十六策·考黜第八》，中华书局，1960年，第66页。

⑥ 段熙仲，闻旭初编校：《诸葛亮集·文集》卷三《便宜十六策·考黜第八》，中华书局，1960年，第66页。

国廉政思想文化的宝贵财富。今天我们建设新时代中国特色社会主义廉政文化，仍然可以从中吸取和借鉴有益的成分。挖掘和展示诸如诸葛亮、苏轼、李绿园等先贤的廉政思想和实践，确立其在中国古代廉政文化发展史上的地位和贡献，运用他们在人们心目中独特的影响和魅力，启发人人思廉，促使廉政教育从“会场”走进“广场”，从“深宅大院”走进“广阔天地”，从“文件”走向“文化”，形成全社会共同反腐倡廉的大格局，是当今廉政建设不可或缺的一环，对当前搞好廉政建设和反腐败斗争，具有十分重要的现实意义。

（平顶山学院　陈建裕）

4

诸葛亮文化传播研究

诸葛亮文化是中华优秀传统文化的重要组成部分,诸葛亮形象是诸葛亮文化的核心内涵。尽管在不同历史阶段、不同地域、不同阶层中,人们对诸葛亮形象的认知存在一定差异,但随着时代的不断变迁,观念的不断融合,人们对诸葛亮人格和才干的高度肯定成为普遍趋势,诸葛亮形象有一个从分歧、对立到统一的转变过程。同时在民间,人们对诸葛亮的神化描述随着时代的发展不断加强,这些对唐宋时期尤其是对宋代以后文学作品中诸葛亮形象的塑造有较大影响。在传播学视域下探讨诸葛亮形象的演变是诸葛亮文化研究的重要课题。

魏晋时期诸葛亮评价演变

魏晋时期，国家由分裂而统一，又由统一而再分裂，无论是最高统治者还是普通文人，他们对时人时事、前人前事的看法，都或多或少会受到影响。对诸葛亮的评价就是如此：三国时观点对立，有赞扬有批评，甚至有政治谩骂；西晋实现统一，基本确立了诸葛亮忠臣良相的历史定位；东晋时期史学家的论述则陷入琐碎，以致出现了自相矛盾的评价，但仍然维护诸葛亮忠臣良相的定位。

一、三国时期

三国时，蜀、吴、魏立场各异，对诸葛亮的评价也不尽相同。刘备说自己与诸葛亮的关系是“犹鱼之有水”，给诸葛亮在蜀汉的地位定下了基调；刘备之后，诸葛亮又成为蜀汉政权的实际掌舵人。所以，蜀汉是肯定诸葛亮的，即便有某些批评或反对的声音，也很难达成共识流传开来。如，辅汉将军张裔经常称赞诸葛亮：“赏不遗远，罚不阿近，爵不可以无功取，刑不可以贵势免。”①被刘璋治罪尔后投降刘备的彭羕认为，诸葛亮是“当世伊（尹）、吕（望）也”②。刘备死后，雍闿降吴，被吴国任命署理永昌太守。雍闿想拉拢永昌官吏吕凯，后者不愿叛蜀，在檄文中称“诸葛丞相英才挺出”③。邓芝出使吴国，为了结成蜀吴联盟，对孙权说：“吴、蜀二国四州之地，大王命世之英，诸葛亮亦一时之杰

---

① （晋）陈寿撰，（南朝宋）裴松之注，卢守助校点：《三国志》，上海古籍出版社，2002年，第933页。

② （晋）陈寿撰，（南朝宋）裴松之注，卢守助校点：《三国志》，上海古籍出版社，2002年，第919页。

③ （晋）陈寿撰，（南朝宋）裴松之注，卢守助校点：《三国志》，上海古籍出版社，2002年，第966页。

也。”[①]这里，邓芝不仅认为诸葛亮是当时的人杰，而且是蜀国的实际统治者，把他与孙权并列。反之，对于个别敢于否定诸葛亮的人，蜀汉统治者则予以严惩。如，犍为太守李邈在诸葛亮去世后参劾诸葛亮，刘禅毫不客气地将其下狱并诛杀[②]。

作为亦敌亦友的吴国，其国人对诸葛亮的评价有颂扬也有批评。一方面，吴国人对诸葛亮颇有好感，充分肯定其才能和重要作用。如，东吴重臣张昭曾向孙权推荐诸葛亮，说明他很欣赏诸葛亮。大鸿胪张俨认为，诸葛亮之才高于司马懿，说“仲达之才，减于孔明”；而诸葛亮作为丞相，“虽古之管（仲）、晏（婴），何以加之乎？”[③]辅义中郎将张温认为“诸葛亮达见计数”[④]。在吴蜀盟约中，双方充分肯定了诸葛亮的重要地位：“诸葛丞相德威远著，翼戴本国，典戎在外，信感阴阳，诚动天地，重复结盟，广诚约誓，使东西士民咸共闻知。”[⑤]

另一方面，吴国也有人批评诸葛亮连年征战，劳而无功。如张俨在《述佐篇》中提到一种看法，认为“诸葛丞相诚有匡佐之才，然处孤绝之地，战士不满五万，自可闭关守险，君臣无事。空劳师旅，无岁不征，未能进咫尺之地，开帝王之基，而使国内受其荒残，西土苦其役调”。此说虽然也是在赞扬诸葛亮，即承认诸葛亮真有“匡佐之才”，但主旨却是批评诸葛亮自不量力，连年劳师征伐，一无所获。而张俨则对此进行了反驳[⑥]。

作为敌国，曹魏对诸葛亮的评价更为复杂，大致可分为三种观点。

第一种是从政治角度极力贬低诸葛亮。魏明帝曹叡就是如此，他认为：诸葛亮辅佐刘备是“弃父母之国，阿残贼之党，神人被毒，恶积身灭”；诸葛亮辅佐后主刘禅，是“外务立孤之名，而内贪专擅之实”；诸葛亮进攻魏国，是“虐用其民”，“行兵于井底”，“怀李熊愚勇之智，不思荆邯度德之戒，驱略吏民，盗利祁

---

① （晋）陈寿撰，（南朝宋）裴松之注，卢守助校点：《三国志》，上海古籍出版社，2002年，第989页。

② （清）严可均：《全三国文》，商务印书馆，1999年，第618页。

③ （晋）陈寿撰，（南朝宋）裴松之注，卢守助校点：《三国志》，上海古籍出版社，2002年，第856页。

④ （晋）陈寿撰，（南朝宋）裴松之注，卢守助校点：《三国志》，上海古籍出版社，2002年，第1229页。

⑤ （晋）陈寿撰，（南朝宋）裴松之注，卢守助校点：《三国志》，上海古籍出版社，2002年，第1045页。

⑥ （清）严可均：《全三国文》，商务印书馆，1999年，第729页。

山”，而“巴蜀将吏士民诸为亮所劫迫，公卿以下皆听束手”；诸葛亮勤政治蜀，是“反裘负薪，里尽毛殚，刖趾适履，刻肌伤骨，反更称说，自以为能”①。持类似看法的还有曹魏大臣孙资等，认为“孙权、诸葛亮号称剧贼，无岁不有军征”②。

第二种是从旁观或敌对的角度肯定诸葛亮的才能。就像曹操对刘备说“今天下英雄，唯使君与操耳”一样，曹魏阵营中赞赏刘备、诸葛亮的也不乏其人。如，刘备进攻益州时，曹操的手下丞相掾赵戬认为打不下来，傅幹却说“刘备宽仁有度，能得人死力。诸葛亮达治知变，正而有谋”，再加上关羽、张飞，一定能成功③。后来的事实证明傅幹是对的。受父亲的影响，傅玄也认为：“诸葛亮，诚一时之异人也。治国有分，御军有法，积功兴业，事得其机。”④再如，刘晔在劝曹操打下汉中后继续进攻巴蜀时说，“刘备，人杰也”，而“诸葛亮明于治”，因而应该趁其立足未久赶快进攻。但曹操未采纳⑤。

第三种是司马懿作为诸葛亮的军事对手，客观地指出了诸葛亮的弱点。其一，食少事繁不能持久。在得知诸葛亮每日食米“三四升”，“二十罚已上皆自省览”后，司马懿发出“诸葛孔明其能久乎”的感叹。其二，“虑多决少”，贻误战机。魏太和五年(231)，蜀军攻魏，诸葛亮亲自率军抢割上邽的麦子，魏军恐惧。司马懿却说：“(诸葛)亮虑多决少，必安营自固，然后芟麦，吾得二日兼行足矣。”⑥后来的事实证明，司马懿的判断是对的。

二、西晋时期

西晋统一之后，三国时的敌对观念消失，对诸葛亮的评价也随之变化：从明显的敌对，转变为吸取历史经验教训和偏向维护诸葛亮的忠臣良相形象，以巩固统一。

---

① (清)严可均:《全三国文》，商务印书馆，1999 年，第 104 页。

② (晋)陈寿撰，(南朝宋)裴松之注，卢守助校点:《三国志》，上海古籍出版社，2002 年，第 416 页。

③ (清)严可均:《全晋文》，商务印书馆，1999 年，第 521 页。

④ 杨泉:《物理论》，中华书局，1985 年，第 14 页。

⑤ (晋)陈寿撰，(南朝宋)裴松之注，卢守助校点:《三国志》，上海古籍出版社，2002 年，第 404 页。

⑥ (唐)房玄龄:《晋书》，大众文艺出版社，1999 年，第 5—6 页。

晋武帝司马炎认为，“诸葛亮在蜀，尽其心力，其子瞻临难而死义，天下之善一也”，因而任命诸葛亮的孙子诸葛京为官[1]。后来，司马炎又问给事中樊建诸葛亮治国的情况，樊建说：“闻恶必改，而不矜过，赏罚之信，足感神明。”司马炎大为赞赏：“善哉！使我得此人以自辅，岂有今日之劳乎！”[2]由此我们可以看出，西晋初年，司马炎已经定下了评价诸葛亮的基调：需要诸葛亮这样的忠臣良相来稳固晋朝的统治。但是，作为文人或史家，陈寿、袁准和王隐等人，则不可能完全肯定诸葛亮，导致作为曹魏继承者的晋王朝失去合法根基，否则不仅不客观，还有可能招致最高统治者对其忠心的怀疑。于是，他们评价诸葛亮，既要与司马氏一致，肯定诸葛亮是忠臣良相，又要批评其不足。

陈寿对诸葛亮的评价：

> 诸葛亮之为相国也，抚百姓，示仪轨，约官职，从权制，开诚心，布公道。尽忠益时者虽仇必赏，犯法怠慢者虽亲必罚，服罪输情者虽重必释，游辞巧饰者虽轻必戮。善无微而不赏，恶无纤而不贬。庶事精练，物理其本，循名责实，虚伪不齿。终于邦域之内，咸畏而爱之，刑政虽峻而无怨者，以其用心平而劝戒明也。可谓识治之良才，管（仲）、萧（何）之亚匹矣。然连年动众，未能成功，盖应变将略，非其所长欤！[3]

陈寿对于诸葛亮当丞相给予了充分肯定，认为他与管仲、萧何相近，但对诸葛亮的军事才能予以否定。对于后者，《晋书·陈寿传》提到，有人说陈寿的父亲是马谡的参军，因失街亭被诸葛亮治罪，而陈寿本人又被诸葛瞻轻视，所以陈寿在评价诸葛亮父子时才“谓亮将略非长，无应敌之才，言瞻惟工书，名过其实”，导致“议者以此少之”[4]。意思是陈寿因为私人恩怨，有意挑诸葛亮父子的毛病，致使陈本人遭人轻视、贬低。此说值得商榷。作为史家，在写敏感

---

① （晋）陈寿撰，（南朝宋）裴松之注，卢守助校点：《三国志》，上海古籍出版社，2002年，第861页。

② （晋）陈寿撰，（南朝宋）裴松之注，卢守助校点：《三国志》，上海古籍出版社，2002年，第861页。

③ （晋）陈寿撰，（南朝宋）裴松之注，卢守助校点：《三国志》，上海古籍出版社，2002年，第826页。

④ （唐）房玄龄：《晋书》，大众文艺出版社，1999年，第999页。

的前朝史时,必须保持“政治正确”,否则,一旦惹得皇帝“生气”,那后果真的“很严重”。所以,陈寿在《三国志 · 蜀书 · 诸葛亮传》中写道:“(诸葛)亮毗佐危国,负阻不宾,然犹存录其言,耻善有遗,诚是大晋光明至德,泽被无疆,自古以来,未之有伦也。”[①]在这里,陈寿首先批评诸葛亮辅佐只有弹丸之地的蜀国,拒不来朝曹魏(隐含其继承者晋朝);然后颂扬了晋朝统治者的宽宏大量,说保存了诸葛亮的著作是晋朝前无古人的“光明至德,泽被无疆”。这么一转换,陈寿为诸葛亮立传、搜集诸葛亮的著作,就不是为诸葛亮青史留名,而是为晋朝歌功颂德了。即便如此,陈寿还是主动向皇帝认罪:“臣寿诚惶诚恐,顿首顿首,死罪死罪。”[②]此外,陈寿还对诸葛亮的文风、蜀国不设史官以及年号等作了评价。

与陈寿同时代的袁准,用问答的方式为诸葛亮辩护:刘备得到诸葛亮为相后“群臣悦服”;刘备死后,诸葛亮“摄一国之政,事凡庸之君,专权而不失礼,行君事而国人不疑”;诸葛亮“行法严而国人悦服,用民尽其力而下不怨”;诸葛亮用兵,“兵出入如宾,行不寇,刍荛者不猎,如在国中。其用兵也,止如山,进退如风,兵出之日,天下震动,而人心不忧”;诸葛亮伐魏无功,是因为“大会者不求近功”;诸葛亮是“持本者也,其于应变,则非所长也,故不敢用其短”;等等。袁准如此,同样不仅仅是为了评价诸葛亮,也是为晋朝巩固统一总结经验教训。他说:“国家前有寿春之役,后有灭蜀之劳,百姓贫而仓廪虚。故小国(指蜀)之虑,在于时立功以自存;大国(指晋)之虑,在于既胜而力竭,成功之后,戒惧之时也。”[③]显然含有提醒最高统治者注意休养生息、巩固统治的意思。

至于王隐在《蜀记》中记载,西晋初年,关中官员“多讥(诸葛)亮托身非所,劳困蜀民,力小谋大,不能度德量力”[④],而郭冲列举五件事为诸葛亮辩护,则与袁准的辩护一样,表明朝代更替之际,官方对诸葛亮的评价有一个演化过程:从曹魏的批评乃至诋毁,逐步向晋朝肯定为忠臣良相转变。

---

① (晋)陈寿撰,(南朝宋)裴松之注,卢守助校点:《三国志》,上海古籍出版社,2002年,第862—863页。

② (晋)陈寿撰,(南朝宋)裴松之注,卢守助校点:《三国志》,上海古籍出版社,2002年,第858页。

③ (清)严可均:《全晋文》,商务印书馆,1999年,第582—583页。

④ (晋)陈寿撰,(南朝宋)裴松之注,卢守助校点:《三国志》,上海古籍出版社,2002年,第860页。

三、东晋时期

东晋时期，对诸葛亮的评价似乎与破碎的山河一样，陷入零星问题的纠缠，不论是批评还是赞扬，都缺乏整体的宏观把握，甚至自相矛盾，而维护诸葛亮忠臣良相的定位依旧。

东晋中期的史家孙盛，其评论诸葛亮主要有两条。其一是对刘备托孤于诸葛亮的批评，认为“夫杖道挟义，体存信顺，然后能匡主济功，终定大业……备之命亮，乱孰甚焉！”幸亏“刘禅暗弱，无猜险之情，诸葛威略，足以检卫异端，故使异同之心无由自起耳。不然，殆生疑隙不逞之衅”①。其二是对诸葛亮宽纵法正犯法的批评，认为“夫威福自下，亡家害国之道，刑纵于宠，毁政乱理之源”，结论是“诸葛氏之言，于是乎失政刑矣！”②孙盛的这两点批评看似有理，却与历史事实相悖。就托孤而言，历朝历代之所以有托孤，就是因为君主年幼，执政能力不足，老君主才任命有才干的人为顾命大臣。不可否认，顾命大臣欺主乃至篡位的事例不在少数，但没有顾命大臣能行吗？所以，不论刘禅与诸葛亮日后能否相容，刘备都得托孤；而刘备敢于托孤，正是基于他对诸葛亮的了解和信任。至于诸葛亮不裁抑法正，仅仅是个例，蜀国并没有因此“失政刑”。所以，孙盛的上述批评看似有理，实际上却陷入琐碎，缺乏整体观，因而他对诸葛亮的评价也是错误的。

处于东晋与前秦矛盾旋涡中的习凿齿，对诸葛亮的评价则不仅琐碎，而且自相矛盾。例如，习氏在谈到诸葛亮因街亭之败杀马谡时感慨：“诸葛亮之不能兼上国也，岂不宜哉！”原因是“蜀僻陋一方，才少上国，而杀其俊杰，退收驽下之用，明法胜才，不师三败之道，将以成业，不亦难乎！”③这是说，因为蜀国人才少，为了战胜曹魏，完成扶持汉室大业，诸葛亮对犯法的有才之士应该网开一面。但在谈到诸葛亮治理蜀汉时，习氏又赞叹：“诸葛亮于是可谓能用刑

---

① （晋）陈寿撰，（南朝宋）裴松之注，卢守助校点：《三国志》，上海古籍出版社，2002年，第846—847页。

② （晋）陈寿撰，（南朝宋）裴松之注，卢守助校点：《三国志》，上海古籍出版社，2002年，第848页。

③ （晋）陈寿撰，（南朝宋）裴松之注，卢守助校点：《三国志》，上海古籍出版社，2002年，第886—887页。

矣,自秦、汉以来未之有也。”因为“水至平而邪者取法,镜至明而丑者无怒,水镜之所以能穷物而无怨者,以其无私也”,诸葛亮就是这样的执法者①。而习氏所依据的,不过是区区两个事例:一个是被诸葛亮治罪的廖立听说诸葛亮去世后哭道:“吾终为左衽矣!”另一个被诸葛亮治罪的李平听说诸葛亮去世,竟然悲痛而死。如此,诸葛亮的公平执法,在杀马谡时是错的,在惩治廖立、李平时又是对的——习氏如此自相矛盾,其“水至平而邪者取法”又从何谈起?而他所列的诸葛亮“不能兼上国”的理由,自然也站不住脚。

比习凿齿稍晚的裴松之,其《三国志注》是对《三国志》的补充和辨正,本身就带有零碎的特点,对诸葛亮的评价也逃不出此限,兹不赘述。

当然,不管孙盛、习凿齿、裴松之对诸葛亮是批评还是颂扬,以及观点如何零碎,有一点是肯定的,那就是他们在宏观上都认为诸葛亮是忠臣良相。在某种程度上,这种肯定已经形成一种固定信仰,以致有时达到了吹毛求疵的程度。如,对于诸葛亮不愿留在东吴的原因,袁准引用诸葛亮的原话“孙将军可谓人主,然观其度,能贤亮而不能尽亮,吾是以不留”。裴松之大不以为然,说:“袁孝尼著文立论,甚重诸葛之为人,至如此言则失之殊远。”并拿曹操厚待关羽而后者仍不背主做对比,发出袁准是不是认为“孔明之不若云长乎”的疑问②,显然有点儿过分挑剔。一则袁准引用的是诸葛亮自己的话,是历史事实;二则诸葛亮与关羽相比,谁对刘备更忠心,很难判断;三则即使说关羽比诸葛亮对刘备更忠心,也无损诸葛亮的形象。但裴松之的吹毛求疵,恰恰说明他对诸葛亮有“为尊者讳,为贤者讳”的企图,而这也是诸葛亮被视为忠臣良相已成历史定位的一个佐证。

综上所述,魏晋时期人们对诸葛亮的评价,有一个从分歧、对立到统一的转变过程,诸葛亮的历史形象,也从曹魏君臣眼里的“贼”演变为两晋人心目中的忠臣良相。从此,后世史家不论如何评价诸葛亮的具体行为,都无法动摇诸葛亮是忠臣良相这一定位。

(平顶山学院 陈德鹏)

---

① (晋)陈寿撰,(南朝宋)裴松之注,卢守助校点:《三国志》,上海古籍出版社,2002年,第908页。

② (晋)陈寿撰,(南朝宋)裴松之注,卢守助校点:《三国志》,上海古籍出版社,2002年,第923年。

南北朝时期诸葛亮形象认知变迁

南北朝时期,诸葛亮形象日益深入人心,尽管在不同阶段、不同地域的士人官宦和民间百姓之中,对诸葛亮形象的认知还存在一定差异,但随着时代的不断变迁,观念的不断融合,及至南北朝后期,对诸葛亮人格和才干的高度肯定已经成为普遍趋势,与此同时在民间信仰当中,对诸葛亮的某些神化描述业已出现,这些对唐宋时期对诸葛亮形象的认知,尤其是对宋代以后一些民间文学、戏曲中诸葛亮形象的塑造显然有启发作用。

一、陈寿关于诸葛亮评价的认同与延续

关于对诸葛亮的评价,虽历代甚多,但史家却喜引用陈寿在《三国志》之语。陈寿云:“然亮才,于治戎为长,奇谋为短,理民之干,优于将略。而所与对敌,或值人杰,加众寡不侔,攻守异体,故虽连年动众,未能有克。”[①]《三国志》为私人修史,陈寿对诸葛亮的评价也是其一家之语,但由于《三国志》影响深远,故几乎成为当时关于诸葛亮政治和军事才能的官方评价。

需要注意的是,学者多认为陈寿对诸葛亮的评价不可避免地受到两个因素的影响。其一,陈寿之父因马谡失街亭而受到牵连,被诸葛亮处罚,陈寿本人在蜀汉为臣时,也曾被诸葛亮责罚,故学者多以为此事对陈寿之于诸葛亮的评价是产生了一定影响的;其二,陈寿撰写《三国志》时已经在西晋做官,因此,其对诸葛亮的评价也不能不从西晋政权的官方角度出发,符合当时王朝所认可的正朔。

抛开陈寿对诸葛亮评价是否持平不言,南北朝初期,对诸葛亮政治军事才能的评价,依然不乏继承三国陈寿之说者,且似仍为主流。

如《魏书·毛修之传》载,北魏著名大臣崔浩很推崇《三国志》:“(崔)浩以其中国旧门,虽学不博洽,而犹涉猎书传,每推重之,与共论说。言次,遂及陈

---

① (晋)陈寿撰,(南朝宋)裴松之注:《三国志》,中华书局,1982 年,第 930 页。

寿《三国志》有古良史之风，其所著述，文义典正，皆扬于王廷之言，微而显，婉而成章，班史以来，无及寿者。”对此，毛修之颇不以为然，以为陈寿之所以对诸葛亮有如此评价是有旧怨成分，史载毛修之曰：“昔在蜀中，闻长老言，寿曾为诸葛亮门下书佐，被挞百下，故其论武侯云‘应变将略，非其所长’。”[①]

崔浩并不认为陈寿之语有私人恩怨成分，他与毛修之争论道：

> 承祚之评亮，乃有故义过美之誉，案其迹也，不为负之，非挟恨之矣。何以云然？夫亮之相刘备，当九州鼎沸之会，英雄奋发之时，君臣相得，鱼水为喻，而不能与曹氏争天下，委弃荆州，退入巴蜀，诱夺刘璋，伪连孙氏，守穷崎岖之地，僭号边夷之间，此策之下者。可与赵他为偶，而以为管萧之亚匹，不亦过乎？谓寿贬亮，非为失实。且亮既据蜀，恃山崄之固，不达时宜，弗量势力。严威切法，控勒蜀人；矜才负能，高自矫举。欲以边夷之众，抗衡上国。出兵陇右，再攻祁山，一攻陈仓，疏迟失会，摧衄而反；后入秦川，不复攻城，更求野战。魏人知其意，闭垒坚守，以不战屈之。知穷势尽，愤结攻中，发病而死。由是言之，岂合古之善将见可而进，知难而退者乎？[②]

而对于崔浩的这一番议论，毛修之也不得不承认“浩言为然”[③]。

南朝初年，对陈寿关于诸葛亮之评价，甚至有沿用汉代以来谶纬之说，引天人之象而使之固化之嫌，可见陈寿之言在当时不光多被接受，且有与谶纬之说合流之趋势。

如《宋书 · 五行志》载：“蜀刘禅建兴九年十月，江阳至江州有鸟从江南飞渡江北，不能达，堕水死者以千余。是时诸葛亮连年动众，志吞中夏，而终死渭南，所图不遂。又诸将分争，颇丧徒旅。鸟北飞不能达，堕水死，皆有其象也。亮竟不能过渭，又其应乎。此与汉、楚国鸟斗堕泗水粗类矣。”[④]此条记载亦见于《晋书 · 五行志》，可见南朝初期，时人对此的认同。

---

① （北齐）魏收：《魏书》，中华书局，1974 年，第 960 页。
② （北齐）魏收：《魏书》，中华书局，1974 年，第 960—961 页。
③ （北齐）魏收：《魏书》，中华书局，1974 年，第 961 页。
④ （梁）沈约：《宋书》，中华书局，1974 年，第 942 页。

《宋书·乐志》云:“《宣受命》,言宣皇帝御诸葛亮,养威重,运神兵,亮震怖而死。”①

可见,在南北朝初期,以当时官方人物为代表的舆论势力,依然在很大程度上延续了三国时期陈寿对诸葛亮评价的观点,且在不同维度有所引申扩展。

二、社会各阶层对诸葛亮“治戎”的肯定和推崇

陈寿虽然认为诸葛亮“奇谋为短”,但却承认其“治戎为长”,即在军事技术和练兵治军方面具有很强能力。南北朝时期,对诸葛亮认知的一个重要表现,就是肯定诸葛亮在军事技术和练兵治军方面的成就,且多有推崇,并形成相当一致的看法,这也成为研究当时对诸葛亮形象认知需要注意的一个方面。

《宋书·殷孝祖传》载:“时普天同逆,朝廷唯保丹阳一郡,而永世县寻又反叛,义兴贼垂至延陵,内外忧危,咸欲奔散。孝祖忽至,众力不少,并伧楚壮士,人情于是大安。进孝祖号冠军,假节、督前锋诸军事,遣向虎槛,拒对南贼。御仗先有诸葛亮筒袖铠帽,二十五石弩射之不能入,上悉以赐孝祖。”②所谓“筒袖铠帽”是三国到南北朝初期广泛使用的一种铠甲,整个铠甲均由鳞状甲片连缀而成,而且带有袖,能有效保护胳膊和腋下。从此处可见,南北朝时,“筒袖铠帽”已被确认为诸葛亮所发明。

对此,《宋书·朱脩之传》也有类似记载:“明帝即位,礼遇甚优。时四方反叛,以玄谟为大统,领水军南讨,以脚疾,听乘舆出入。寻除大将军、江州刺史,副司徒建安王于赭圻,赐以诸葛亮筒袖铠。”③

《南齐书·祖冲之传》记载了祖冲之以诸葛亮所制“木牛流马”为蓝本,所做运输器具的神奇功能:“冲之解钟律,博塞当时独绝,莫能对者。以诸葛亮有木牛流马,乃造一器,不因风水,施机自运,不劳人力。又造千里船,于新亭江试之,日行百余里。于乐游苑造水碓磨,世祖亲自临视。又特善筭。”④

“木牛流马”是诸葛亮发明的运输工具,其在《三国志·蜀书·诸葛亮传》

---

① (梁)沈约:《宋书》,中华书局,1974年,第648页。
② (梁)沈约:《宋书》,中华书局,1974年,第2190页。
③ (梁)沈约:《宋书》,中华书局,1974年,第1976页。
④ (梁)肖子显:《南齐书》,中华书局,1972年,第906页。

中已经有明确记载:“亮性长于巧思,损益连弩,木牛流马,皆出其意。”[①]祖冲之以其为蓝本,发挥巧思,所做运输器具颇有后来居上之势,但归其原因,也是受到诸葛亮“木牛流马”的启发。

《魏书·高闾传》则记载诸葛亮阵法的功效:

宜发近州武勇四万人及京师二万人,合六万人为武士,于苑内立征北大将军府,选忠勇有志干者以充其选。下置官属,分为三军,二万人专习弓射,二万人专心戈盾,二万人专心骑矟。修立战场,十日一习,采诸葛亮八阵之法,为平地御寇之方,使其解兵革之宜,识旌旗之节,器械精坚,必堪御寇。使将有定兵,兵有常主,上下相信,昼夜如一。七月发六部兵六万人,各备戎作之具,敕台北诸屯仓库,随近作米,俱送北镇。至八月,征北部率所领与六镇之兵,直至碛南,扬威漠北。狄若来拒,与之决战;若其不来,然后散分其地,以筑长城。计六镇东西不过千里,若一夫一月之功,当三步之地,三百人三里,三千人三十里,三万人三百里,则千里之地,强弱相兼,计十万人一月必就,运粮一月不足为多。人怀永逸,劳而无怨。[②]

北魏建国后,一直面临北方边患,为应对北方边患,高闾提出一方面“今宜依故于六镇之北筑长城,以御北虏”[③],即修筑长城防御敌人,另一方面,厚集兵力,“采诸葛亮八阵之法,为平地御寇之方”,将军队习练“诸葛亮八阵之法”放到与修筑长城同等重要的高度,由此可见对诸葛亮练兵治军的高度肯定。

这一趋势表明,对诸葛亮军事技术和练兵治军的肯定,不仅是对诸葛亮军事能力本身的肯定,亦反映出对诸葛亮人格的崇仰和某种对象化崇拜的趋向,对后来诸葛亮形象认知的变化显然有一定影响。

三、民间对诸葛亮的祭祀与崇拜

如果说陈寿对诸葛亮的评价代表了官方长期以来对诸葛亮认知的话,那

① (晋)陈寿撰,(南朝宋)裴松之注:《三国志》,中华书局,1982 年,第 927 页。

② (北齐)魏收:《魏书》,中华书局,1974 年,第 1201—1202 页。

③ (北齐)魏收:《魏书》,中华书局,1974 年,第 1201 页。

么自三国以来，民间社会对诸葛亮的认知与评价，与官方对诸葛亮的评价形成了一定程度的对比和反差，尤其是南北朝民间对诸葛亮的祭祀与崇拜更是成为对诸葛亮认知中的一个不可忽视的现象。

事实上，对诸葛亮的民间祭祀早已有之，在刘禅景耀六年(263)就已经允许民间祭祀诸葛亮。《宋书・礼志》曾详细记载其事情：

> 刘禅景耀六年，诏为丞相诸葛亮立庙于沔阳。先是，所居各请立庙，不许，百姓遂私祭之。而言事者或以为可立于京师，乃从人意，皆不纳。步兵校尉习隆、中书侍郎向允等言于禅曰："昔周人怀邵伯之美，甘棠为之不伐；越王思范蠡之功，铸金以存其象。自汉兴已来，小善小德，而图形立庙者多矣，况亮德范遐迩，勋盖季世，兴王室之不坏，实斯人是赖。而烝尝止于私门，庙象阙而莫立，百姓巷祭，戎夷野祀，非所以存德念功，述追在昔也。今若尽从人心，则渎而无典；建之京师，又逼宗庙。此圣怀所以惟疑也。愚以为宜因近其墓，立之于沔阳，使属所以时赐祭。凡其故臣欲奉祠者，皆限至庙。断其私祀，以崇正礼。"于是从之。①

由此可见，三国时期在蜀汉境内，民间私下祭祀诸葛亮也较为多见，尽管周代以来就有祭祀功勋之举，而汉代以来，"小善小德，而图形立庙者多矣"，但如诸葛亮"德范遐迩，勋盖季世"者，民间祭祀日隆，官方祭祀阙如，显然是一件尴尬的事情，故此向允才建议"宜因近其墓，立之于沔阳，使属所以时赐祭。凡其故臣欲奉祠者，皆限至庙，断其私祀，以崇正礼"，以此也可见当时民间祭祀诸葛亮之盛。

南北朝时期，对诸葛亮的民间祭祀与崇拜依然延续。《魏书・地形志》即载：华阳郡，领县三。(注：华阳有黄牛山、廉水、萧何城。沔阳二汉、晋属汉中，后属。有白马城、黄沙城、诸葛亮庙。)②可见，虽然历经约二百年，蜀汉也早已不存在，但到北魏时期，沔阳诸葛亮庙依然存在。

到南北朝末期乃至隋代，对诸葛亮的民间崇拜有增无减，史载："(周武

① (梁)沈约：《宋书》，中华书局，1974年，第486—487页。
② (北齐)魏收：《魏书》，中华书局，1974年，第2617页。

帝)保定元年,(陆腾)迁隆州总管,领刺史。二年,资州槃石民反,杀郡守,据险自守,州军不能制。腾率军讨击,尽破斩之。而蛮、獠兵及所在峰起,山路险阻,难得掩袭。腾遂量山川形势,随便开道。蛮獠畏威,承风请服。所开之路,多得古铭,并是诸葛亮、桓温旧道。"[①]资州为古地名,辖今四川资中、资阳等地,到北周时期,当地一些少数民族所在的偏远道路仍有"古铭"记载为诸葛亮"旧道",由此可见诸葛亮在当地民间影响之深。

《北史·史万岁传》更云:"(隋代)先是,南宁夷爨玩降,拜昆州刺史,既而复叛。遂以万岁为行军总管击之。入晴蛉川,经弄冻,次小勃弄、大勃弄,至于南中。贼前后屯据要害,万岁皆击破之。行数百里,见诸葛亮纪功碑,铭其背曰:'万岁后,胜我者过此。'万岁令左右倒其碑而进。"[②]三国时期,诸葛亮七擒孟获,蜀国统治扩展到南中一带。隋代,爨玩反叛,史万岁平定其地,见诸葛亮纪功碑,铭其背曰:"万岁后,胜我者过此。"其事虽颇具传奇色彩,但也不难看出当地民间对诸葛亮推崇和信仰。

可见,从三国一直到隋代,对诸葛亮的民间崇拜一直在延续,成为当时对诸葛亮形象认知的重要表现方式。不过值得重视的是,尽管这一时期对诸葛亮的民间崇拜,乃至于某种程度的神化一直存在,但仍多局限于与诸葛亮行迹有关地区,而其他地方对诸葛亮的民间崇拜尚较为少见。但民间对诸葛亮的崇拜,从三国直到南北朝已经形成一种现象和趋势,这对后世对诸葛亮形象认知的改变,显然是有影响的。

四、士人官宦对诸葛亮认同的增强

与南北朝时期诸葛亮民间信仰的地域性相对的是,在这一时期的士人官宦中,对诸葛亮敬仰,甚至以诸葛亮自许者已经颇为常见。

如"王猛之相苻坚也,北人以方诸葛亮"[③]。可见,时人评价王猛作为颇类似于诸葛亮,堪为一代名相。

刘湛字弘仁,南阳涅阳人,其祖刘耽,父刘柳,都做过东晋左光禄大夫、开府仪同三司。《宋书·刘湛传》则载:"湛出继伯父淡,袭封安众县五等男。少

---

① (唐)令狐德芬等:《周书》,中华书局,1971 年,第 471 页。

② (唐)李延寿:《北史》,中华书局,1971 年,第 2524 页。

③ (唐)李延寿:《南史》,中华书局,1975 年,第 456 页。

有局力，不尚浮华。博涉史传，谙前世旧典，弱年便有宰世情，常自比管夷吾、诸葛亮，不为文章，不喜谈议。本州辟主簿，不就，除著作佐郎，又不拜。”刘湛“少有局力，不尚浮华。博涉史传”，自比诸葛亮，拒绝本州征辟，可见当时诸葛亮已成为士人向往之对象。

其后，刘裕拔擢刘湛，对其十分信任，颇类似刘备三顾茅庐，重用诸葛亮之状。史载：“高祖以为太尉行参军，赏遇甚厚。高祖领镇西将军、荆州刺史，以湛为功曹，仍补治中别驾从事史，复为太尉参军，世子征虏西中郎主簿。”“服终，除秘书丞，出为相国参军。”

刘湛不仅政治才能高，为人也尊礼守法，廉洁奉公，极有气节，史载：“父柳亡于江州，州府送故甚丰，一无所受，时论称之。”“为人刚严用法，奸吏犯赃百钱以上，皆杀之，自下莫不震肃。”

庐陵王刘义真出为车骑将军、南豫州刺史，刘湛为长史。刘义真时居高祖刘裕忧，“使帐下备膳，湛禁之，义真乃使左右索鱼肉珍羞，于斋内别立厨帐”。恰好刘湛前来，他向刘湛劝酒，刘湛遂正色云：“公当今不宜有此设。”刘义真回复：“旦甚寒，一碗酒亦何伤。长史事同一家，望不为异。”刘湛云：“既不能以礼自处，又不能以礼处人。”[①]直接指出刘义真违礼之举。

整个南北朝时期，尤其是到南北朝后期，推许诸葛亮者，在士人官宦中更为常见，士人以诸葛亮为楷模，为人为官效法诸葛亮者已蔚为风气，如以下几则记载：

《南史·元帝纪》载：“帝（萧绎）性不好声色，颇慕高名，为荆州刺史，起州学宣尼庙。尝置儒林参军一人，劝学从事二人，生三十人，加禀饩。帝工书善画，自图宣尼像，为之赞而书之，时人谓之三绝。与裴子野、刘显、萧子云、张缵及当时才秀为布衣交。常自比诸葛亮、桓温，惟缵许焉。”[②]梁元帝萧绎即位前，贵为宗室，也自比诸葛亮，可见当时诸葛亮在士人心目中地位之高。

《北史·卢观传》载：“叔彪（卢观之弟）少机悟，豪率轻侠，好奇策，慕诸葛亮之为人。为贺拔胜荆州开府长史，胜不用其计，弃城奔梁。叔彪归本县，筑室临陂，优游自适。齐文襄降辟书，辞疾不到。天保初，复征，不得已，布裙露车至邺。杨愔往候之，以为司徒谘议，辞疾不受。孝昭即位，召为中庶子，问以

① （梁）沈约：《宋书》，中华书局，1974年，第1815—1816页。

② （唐）李延寿：《南史》，中华书局，1975年，第243页。

世事。叔彪劝讨关西,画地陈兵势,请立重镇于平阳,与彼蒲州相对,深沟高垒,运粮实之。帝深纳之。又愿自居平阳,成此谋略。帝命元文遥与叔彪参谋,撰《平西策》一卷。”①由此可见,卢叔彪不仅慕尚诸葛亮为人,其行为和为官也与诸葛亮多有类似之处,可见诸葛亮对其人生与人格的影响。

隋唐之际,李暠对诸葛亮教育理念做了整理:“于是写诸葛亮训诫以勖诸子焉。昭王以纬世之量,为群雄所奉,兵无血刃,遂启霸业,乃修敦煌旧塞。”

由此可见,与当时民间崇拜对诸葛亮有所神化不同,士人官宦对诸葛亮的敬仰,多来自对诸葛亮人格、才干与功业的敬仰,其间蕴含着浓厚的儒家情结,这对唐宋时期士人对诸葛亮形象的认知显然是有启发的。

总之,南北朝时期对诸葛亮的评价上承三国魏晋,下启隋唐宋元,其中既有对三国时期陈寿关于诸葛亮评价的继承,又在对诸葛亮军事能力评价以及民间信仰方面有所发展。及至南北朝后期,在士人当中,高度肯定诸葛亮的人格与才干已经成为普遍认知,这也直接启发了唐宋时期对诸葛亮形象的认识,而民间信仰当中,对诸葛亮某些神化描述,对宋代以后某些民间文学、戏曲中诸葛亮形象的塑造,似乎也起到了某些先序作用。

（平顶山学院　路学军）

① (唐)李延寿:《北史》,中华书局,1971 年,第 1091 页。

宋诗中的诸葛亮形象塑造

诸葛亮早年曾躬耕于隆中，好为《梁父吟》，“自比于管仲、乐毅”[①]。先主刘备屯兵新野，经徐庶和司马德操的举荐与推赏，先主“凡三往”，亮“乃见”[②]，成就了历史上著名的三顾茅庐故事。此后君臣订交，互信不疑，诸葛亮为兴汉殚精竭虑，刘备病危时白帝城托孤，形成令后世文人无限仰慕的明君贤臣典范。诸葛亮军事才能突出，推演出令敌人闻风丧胆而又赞赏不已的八阵图法，使司马懿“畏蜀如虎”，称其“天下奇才也！”，留下“死诸葛走生仲达”的民间谚语；政治才干非凡，“科教严明，赏罚必信，无恶不惩，无善不显，至于吏不容奸，人怀自厉，道不拾遗，强不侵弱，风化肃然也”[③]；善于发明创造，所造木牛流马有效解决了军粮运送的问题；文学才华突出，其前、后《出师表》诚挚感人，至今为人称赏。及其殁后，上至宗庙下至百姓，皆感念其恩德，以各种形式进行祭祀。蜀汉后主刘禅于景耀六年(263)下诏为诸葛亮立庙于沔阳；蜀汉灭国以至于后世，各地建祠之风不减，四川成都、河南南阳、山西岐山、重庆奉节、云南保山、湖北襄阳等地纷纷建立武侯祠以祭祀诸葛亮。在民间，尤其是蜀地，百姓“因时节私祭之于道陌上”[④]。陈寿对其评价颇高，赞叹“亮之器能政理，抑亦管、萧之亚匹也”[⑤]。

诸葛亮是汉末三国历史舞台上最杰出的人物之一，其贤者风范和文治武功，成为后世文人追慕和吟咏的对象。据统计，《全唐诗》中歌咏诸葛亮的诗人有五十多名，其中包括著名诗人李白、杜甫、高适、岑参、元稹、刘禹锡、王建、李商隐、韦庄等，诗歌一百余首，而以杜甫的作品数量最多，分量最重，基本奠定了唐诗传播中诸葛亮的贤相形象，以至有学者断言“杜甫吟咏诸葛的许多诗既

---

① (晋)陈寿:《三国志·蜀书·诸葛亮传》,江苏古籍出版社,2002年,第1115页。
② (晋)陈寿:《三国志·蜀书·诸葛亮传》,江苏古籍出版社,2002年,第1115页。
③ (晋)陈寿:《三国志·蜀书·诸葛亮传》,江苏古籍出版社,2002年,第1119页。
④ (晋)陈寿:《三国志·蜀书·诸葛亮传》,江苏古籍出版社,2002年,第1119页。
⑤ (晋)陈寿:《三国志·蜀书·诸葛亮传》,江苏古籍出版社,2002年,第1120页。

是一往情深，而且对于诸葛也是千秋论定”①。

至宋代，内忧外患的政治格局与诸葛亮所处的蜀国政治形势极为相似，以至于宋人更加思慕这位良臣贤相，写下近200篇吟咏诸葛亮的诗作。检阅全宋诗，以“武侯庙”“梁父吟”“八阵图”“孔明”等命名诗题的作品约60首，与诸葛亮相关的其余诗歌90余首。诗歌作者既有钱惟演、宋庠、范仲淹、王安石、苏洵、苏轼、苏辙、司马光、蔡襄、刘克庄、黄庭坚、陆游、方回、汪元量等著名诗人，也有白玉蟾、范祖禹、度正、洪咨夔、程公许、晁公溯、陈造、孙应时、岳珂、陈普等不以诗歌名世的文人，宋代文人的“诸葛亮情结”可见一斑。诗歌题材上，以怀古吟游、咏史书怀、酬唱赠友为主，抒发对诸葛亮文治武功的赞叹之情和出师未捷身先死的惋惜之意。

具体而言，宋诗中的诸葛亮形象主要有以下几个方面的特征。

一、忠君重义的贤臣形象

先主刘备礼贤下士，三顾茅庐，敬才爱才，曾有“孤之有孔明，犹鱼之有水也”的诚挚之言。诸葛亮感于刘备的三顾之恩，愿助其兴复汉室，以成大业。此后，君臣互信不疑，共谋大事，体现了关系亲密、感情极其深厚的君臣之情。这种感情超越了一般意义上的君臣关系，实际上形成了封建社会中最理想化的君臣关系，即君圣臣贤。因此，宋人往往津津乐道于二人的君臣之谊，出现了“武侯不可致，玄德造其庐”（陈傅良《读范文正公神道碑有感佚事》）、“识得君臣鱼有水”（郭印《张都统怀古四首》）、“草庐一语君臣契，目中久已无吴魏”（于石《梁父吟》）、“区区庸蜀支吴魏，不是虚心岂得贤”（王安石《诸葛武侯》）、“当时不见刘玄德，谁识先生是将星”（黄庚《孔明高卧图》）等赞颂君臣情谊的诗句。

诸葛亮忠君之形象，除了体现在对先主后主的忠心耿耿，更体现在忠于蜀汉政权、矢志不移的大节大义上。宋人王刚中在《滩石八阵图行》中高度赞扬了诸葛亮对蜀汉的忠义：

> 嗟乎孔明遇不遇，遇则刘公恢大度。国险地狭民力微，法出万全势

---

① 钟树梁：《一往情深，千秋论定——读杜甫吟咏诸葛亮的诗》，《杜甫研究学刊》，2008年第3期。

未具。嗟乎孔明以此用于吴，长江内固魏可图。嗟乎孔明以此用于魏，扫平三分归一篲。只应所遇势不同，势既不同功亦异。嗟乎孔明之心如石坚，欲扶汉室还中原。

他假设了诸葛亮辅佐曹魏和东吴的不同功绩，高度赞扬了他于乱世中择主的标准是大节大义，而不以个人功名为先。先主刘备虽势力微弱，然具有匡扶汉室，拯救黎民之大义，故此他才甘心为之驱驰，五月渡泸，六出祁山，为蜀汉图谋中原鞠躬尽瘁。司马光也认为“武侯暂为苍生起”(《和始平公郡斋偶书二首》)，黎民苍生才是诸葛亮出山相助刘备的初衷。

宋初著名文人宋庠甚至将刘备和诸葛亮的君臣之情解读为“士为知己用”(《孔明》)，俨然超脱了封建社会君为臣纲的传统思想，视二人为平等相待的知己和朋友，因此才有“持邦二纪余，君臣绝织隙”的千古美谈。持同样观点的还有南宋孙应时，他认为诸葛亮“不辞为君起，死生不相负”，感叹“呜呼豪杰士，所重在出处”，揄扬了诸葛亮感于大义，终生不负的磊落人格。

二、安邦定国的圣贤形象

诸葛亮形象经过魏晋南北朝和唐代文人的构建，至宋代已经有了圣贤化的倾向。这与宋代理学兴盛、宗圣思想浓厚有直接的关系。宋人诗歌中，往往高度赞扬诸葛亮的历史功绩，动辄将之与召公、管仲、乐毅、孟子、张良、萧何、谢安等诸前贤并称。

范仲淹称赞诸葛亮和留侯张良一样文能治国，武能安邦，具有济世之才，“留侯武侯者，将相俱能任”(《阅古堂诗》)；傅察认为诸葛亮的功绩堪比召公，“古柏空传武侯庙，甘棠争诵召公诗”(《槐堂二首》)；孔武仲则略感遗憾地写道“妖星如不堕，功业管萧前”(《诸葛武侯》)，若不是天不假命，诸葛亮的功业一定能与管仲、萧何相提并论；黄度则将诸葛亮视为汉末最杰出的政治家，“春秋将绝书刘子，汉史虽终述武侯”(《冶城楼》)；胡寅则从治世与学术思想上肯定了诸葛亮的功绩，“武侯辅世侔伊伊，明道传心继孟轲”(《病中有感》)，将他与古代先贤伊尹和孟子并称。

武侯有如此功业，必能千年史册留名，万古丹青流芳。金朋说《诸葛武侯》诗写道：

南阳高卧隐人龙，出处躬耕莘野同。
讨贼祁山声大义，于今史册播丹忠。

诸葛亮隐居隆中，躬耕以避世，看上去与一般农夫无异。然其为了匡扶汉室，声张大义，六出祁山，如今史书上还记载着他的赫赫功绩。

不仅史册留名，武侯也将永远铭记在民众心中，文天祥有诗曰“天下皆传清献节，人心自有武侯碑”（《挽李制帅二首》），范祖禹赞叹道“武侯祠庙遍空山，万古名重宇宙间”（《资中八首》）。

三、指挥若定的军事家形象

诸葛亮通晓兵法，深谙正奇之道，推演八阵图，屡出奇兵，令敌方闻风丧胆，又钦佩不已。司马懿曾有“畏蜀如虎”之讥，蜀将钟会征蜀，“祭亮之庙，令军士不得于亮墓所左右刍牧樵采”，以示对诸葛武侯的敬重。宋朝内忧外患，南渡后偏安一隅，迫切需要像诸葛亮这样具有卓越军事才干的将领重整河山。因此，宋人在诗歌中或咏史怀古，或通过赠别酬唱，表达对诸葛亮用兵之奇，甚至用兵之神的赞叹之情。石介赞其“武侯节制是神兵”（《安道再登制科》），许翰称其“武侯挥白羽，亦有军务繁”，阳枋称“先正后奇严自胜，堂堂真是武侯心”（《和王南运八阵碛》）。

诸葛亮的军事才能，在宋诗中频繁以“八阵图”的意象出现，试看下面三首：

俨然云转与风回，故国人看但石堆。
犹有鬼神供职守，不移行列待将来。
——苏泂《八阵图》

八阵图矶天下奇，无端变化出山时。
要知抱膝南阳卧，早了三分一局棋。
——孙锐《孔明八阵石》

八阵功成妙用藏，木牛流马法俱亡。
后来识得常山势，纵有桓温恐未详。
——张表臣《八阵图》

苏洞的诗突出了八阵图的神秘与威力，“鬼神供职守”“云转与风回”，赞叹其有搅动天下风云之势；孙锐则赞叹八阵图之变化无端，神奇莫测，他说设若当年诸葛亮高卧南阳，不以八阵图搅动风云，三国鼎立的局面就不会出现，也许天下早就一统了；张表臣诗赞八阵图用法之妙，以至于桓温都赞赏不已。

至此，诸葛亮手挥白羽扇、气定神闲、指挥若定的军事家形象就呈现在后人面前，而八阵图也成为诸葛亮军事高妙的代名词。

四、功业未成而殒身的悲剧英雄形象

诸葛亮最令后人感愤之处就在于其鞠躬尽瘁、功业未成而殒身五丈原的悲剧命运。杜甫在《蜀相》中感叹“出师未捷身先死，长使英雄泪满襟”，表达了对诸葛亮悲剧命运的深切同情。宋人也崇拜英雄，尤其是悲剧英雄，他们在诗歌中表达了对诸葛亮功业未就而身死的惋惜之情和同情之意。李复以“杂耕初动明星落，千古英雄泣渭滨”（《题武侯庙》）道尽诸葛亮去世后，天下英雄的哀思；方逢辰以“孔明遗恨懿血食，造物岂是衡不平”（《赠术士刘衡鉴》）表达对武侯悲剧的愤愤不平之意；李觏以“才高命短虽无奈，犹胜隆中世不知”（《忠武侯》）感叹武侯才高命短，幸有威名流传世间，聊以宽慰。

汪元量是南宋著名的爱国诗人，他见证了宋的灭亡，用诗歌记录了那个乱离时代，对于亡国之痛的体会更为深刻。他饱含深情地写下《蜀相庙》，以诸葛亮的劳猝而亡寄托对宋亡的哀思：

我谒武侯祠，阴郎草凄凄。
当时南阳结庐学龙卧，深山大泽无人知。
胡为蜀先主，三顾前致辞。
欲烦恢复天下计，先生筹策天下奇。
浩然出山来，凛凛虎豹姿。
乘时既得人，上曰真吾师。
已晓关与张，二子不复疑。
孤有孔明在军中，如龙有水相因依。
历数既有归，破贼当自兹。

可怜复汉社稷心未已，当时三峡图垒空巍巍。
先生有才过曹丕，中原恢复未可知。
惜哉军务劳，一心死无私。
出师一表如皎日，千古万古鸿名垂。

诗歌简要概括了诸葛亮的一生，从躬耕南阳、三顾茅庐到六出祁山，他为了复兴汉室日夜操劳，死而后已。《出师表》的忠心和讨贼的信念如白日在天，令千世万世人景仰。在众多咏叹诸葛亮的宋诗中，本诗的叙述相对完整，感情也相对饱满。

《出师表》寄托着诸葛亮对蜀汉大业的忠诚和北伐讨贼的鸿志，以至于后人将它与诸葛亮令人叹惋的命运联系起来，陆游诗中就多次以“出师”表达对诸葛亮坚定北伐的称颂和基业未成身先死的哀叹，如“《出师》一表真名世，千载谁堪伯仲间”（《书愤》）、“《出师》一表千载无”（《游诸葛武侯书台》）、“《出师》一表通古今”（《病起书怀》）、“一表何人继出师”（《七十二岁吟》）等，白玉蟾诗中有“《出师》一表费殷勤”（《草庐》），钱时诗有“君不见二十七年耕草庐，《出师》一表汗青书”。宋人把《出师表》与诸葛亮的品节有机融为一体，以《出师表》昭示武侯的千古伟业和悲剧人生。

正如赵孟頫感叹岳飞“英雄已死嗟何及”的不幸命运，宋人李九龄则读出了英雄陨落后，三国的政治格局发生巨变的历史落寞感，“有国由来在得贤，莫言兴废是循环。武侯星落周瑜死，平蜀降吴似等闲。”（《读三国志》）不是时势造英雄，英雄也可以影响时势，改变历史的走向。于是，李石哀叹“纶巾羽扇人何在，眼看群儿觑棘门”（《武侯祠》），颇有“世无英雄，遂使竖子成名”（《魏书》《晋书》阮籍语）之叹。

带着“汉已归萧相，天难寿武侯”（高似孙《寄吴钤干》）、“天欲鼎分终割据，可怜忧国竟捐躯”（陈古《过武侯庙》）的千古遗憾，宋人用诗歌构建了诸葛亮忠君重义的贤臣形象、安邦定国的圣贤形象、指挥若定的军事家形象和功业未成而殒身的悲剧英雄形象，从不同角度表达了对武侯诸葛亮的崇敬与爱戴。宋诗中的诸葛亮形象，既有对唐诗中诸葛亮形象的继承和发扬，也有重塑与开拓，对后世小说、戏曲诸葛亮艺术形象的生成产生了重要影响。

（平顶山学院　张玉华）

元明清时期平顶山学者对诸葛亮文化的弘扬和传播

元明清时期，平顶山地区涌现出了一大批著名学者和文学家，包括元代的廼贤，明代的牛凤、王尚絅，清代的李绿园、刘青芝、刘青黎、刘青霞、李来章等。在他们的著述中充分表达了对诸葛亮高尚人品、卓著功勋等的景仰，给后人留下了值得学习与继承的精神财富，也为我们传播诸葛亮文化、弘扬诸葛精神提供了借鉴。在此，以廼贤、牛凤、王尚絅、李绿园等四位学者的著述为考察对象，梳理其对诸葛亮的有关描写，归纳他们对传承诸葛亮文化的贡献。

廼贤(1309—1369)，字易之，西域葛逻禄氏，汉姓马，别号河朔外史、紫云山人。廼贤家族因战争内迁中原，入居郏县，元时郏县属南阳府汝州管辖，因此廼贤自称为南阳人。廼贤是元代著名学者和诗人，著有《金台集》《河朔访古记》等。牛凤(？—1545)，字西唐，明代叶县人，正德六年进士，官至南京工部侍郎，博学能文，著有《改正诸葛武侯祠记》《交远堂记》等，曾主持编撰叶县志。王尚絅(1478—1531)，字锦夫，号苍谷，明代郏县人，弘治十五年进士，著名文学家、理学家，著有《苍谷全集》。王尚絅与牛凤系亲家，牛凤之子牛沈裕为王尚絅女婿。李海观(1707—1790)，字孔堂，号绿园，清代河南汝州宝丰人，著有《绿园诗钞》和长篇白话小说《歧路灯》等。阅读上述四人的著述，不难发现，他们都深受诸葛亮精神熏陶，并身体力行宣传弘扬诸葛亮的思想与文化，具体而言，包括以下几个方面。

一、对诸葛亮吟咏抒怀高尚士风的赞美

诸葛亮“好为梁父吟”[①]，“每晨夜从容，常抱膝长啸”[②]。“抱膝”即以手抱膝而坐，若有所思貌。后人也常用此词入诗，描写人物。如文天祥《楼桑》诗有“天下卧龙人，多少空抱膝”。李绿园《南阳诸葛庐》一诗中称诸葛亮“旷世瞻

① 缪钺主编:《三国志选注》，中华书局，1984 年，第 661 页。

② 缪钺主编:《三国志选注》，中华书局，1984 年，第 662 页。

遗像，萧然淡太虚。一身三代后，两表六经余。志瘁麾军日，神恬抱膝初。伊谁铭陋室，强伴子云居”[①]。“志瘁麾军日，神恬抱膝初”两句既描写了其指挥战争的宏大气势，也描写了其志向萧然淡泊的初心。“抱膝吟”“抱膝长吟”指高人志士的吟咏抒怀，也成为器识高远、抱负超群之人的一种向往和追求。如乃贤在《寄扬州成元璋先生》中，即借诸葛亮的抱膝长吟赞美“好学，不求仕进，惟以吟咏自娱”[②]的好友成元璋。其诗云：“先生白发好楼居，抱膝长吟乐有余。睡起茶烟浮几席，春深竹色上图书。无因东阁论封事，有约南山共结庐。千里停云劳梦想，人来应望致双鱼。”[③]而廼贤在另一首描写关羽的《赋汉关将军印》诗中，也借用“梁父吟”之典叙述自己的经历：“昔游玉泉寺，系马松树林。独坐大石上，浩歌梁父吟。老衲林下来，示我三古印。连环络螭钮，篆画蚀苍晕。将军勇无敌，劲气横九州。志在复汉鼎，岂事身封侯。昭烈势孤危，恃侯作坚垒。威振曹家儿，胆落中夜起，浮云几变灭，瑑刻良可摹。令人千载下，拂拭空嗟吁。”[④]

二、对诸葛亮忠贤思想的彰显

诸葛亮因其忠贤之德素被世人称羡和景仰，牛凤和李绿园在其诗文中，即充分表达了他们对诸葛亮忠贤思想的赞美。牛凤有《诸葛故址》诗两首，其二云：“卧龙一去风云散，梁父重吟感慨长。墟畔至今存古庙，衣冠犹侍汉中王。”[⑤]“衣冠犹侍汉中王”一句可以见出牛凤对诸葛亮忠心刘备的赞赏。

在《改正诸葛武侯祠记》一文中，牛凤以敬佩之情对诸葛亮祠庙的现状进行考察，有感于诸葛亮的忠贤之德，捐资让乡人重新修葺，按礼制恢复其专祠地位。文中说道：“……所幸祠宇不废，断石幢仅存，若有鬼神呵护，以俟后人，岂偶然哉！盖侯之忠贤，论者举侪于伊、吕，古今贤达，悉以为然，无异议焉。是其人品之高，勋烈之盛，光昭汗青，脍炙人口者，奚俟余言？顾以吾邑有高阳华里之美称，为忠贤父祖之于归，湮灭无闻，以至今日，良可悼惜。吾生千

① 栾星：《歧路灯研究资料》，中州书画社，1982 年，第 84 页。
② (元)廼贤著，叶爱欣校注：《廼贤集校注》，河南大学出版社，2012 年，第 69 页。
③ (元)廼贤著，叶爱欣校注：《廼贤集校注》，河南大学出版社，2012 年，第 69 页。
④ (元)廼贤著，叶爱欣校注：《廼贤集校注》，河南大学出版社，2012 年，第 116 页。
⑤ 叶县地方史志办公室：《清康熙三十年叶县志》，2003 年，第 491 页。

二百年之后，得有所据，故托之坚珉，以图不朽，又以资论世君子云。”[①]

在这里牛凤态度鲜明地指出：“盖侯之忠贤，论者举侪于伊、吕，古今贤达，悉以为然，无异议焉。是其人品之高，勋烈之盛，光昭汗青……”对诸葛亮人品和功业极口称赞。

理学思想浓厚的清代著名文学家李绿园，在《歧路灯》自序中称诸葛亮是“三国第一人”。他说：“古有四大奇书之目，曰盲左，曰屈骚，曰漆庄，曰腐迁。迨于后世，则坊傭袭四大奇书之名，而以《三国》《水浒》《西游》《金瓶》冒之。呜呼，果奇也乎哉！《三国志》者，即陈承祚之书而演为稗官者。承祚以蜀而仕于魏，所当之时，固帝魏寇蜀之日也。寿本左袒于刘而不得不尊夫曹，其言不无闪灼。再传而为《演义》，徒便于市儿之览，则愈失本来面目矣。即如孔明，三国时第一人也，曰淡泊，曰宁静，是固具圣学本领者。《出师表》曰：‘先帝知臣谨慎，故临终托臣以大事’，此即临事而惧之心传也。而《演义》则曰，‘附耳低言，如此如此’，不几成儿戏场耶？”[②]

李绿园因诸葛亮具有“淡泊”“宁静”“临事而惧”的精神特质及其卓著的功业将其定义为“三国第一人”，评价之高，无以加复。并对《三国演义》对诸葛亮形象的塑造表示不满，可以看出李绿园对诸葛亮的景仰之情。

廼贤则通过曹操与诸葛亮的行事作风比较，说明了曹操与诸葛亮智慧与道德的高下，从另一个侧面彰显了诸葛亮的忠贤之德和高尚品质。在《河朔考古记》“曹操疑冢”条中廼贤写道：“曹操疑冢。在滏阳县南二十里，曰‘讲武城’，壁垒犹在。又有高台一所，曰‘将台’。城外高丘七十二所，参错布置，岿然相望，世云‘曹操疑冢’。初，操之所葬，以惑后人，不致发掘故也。冢间有曹公庙，殿屋甚华丽。庙北一高丘，之前巨碑一通，螭首龟趺，齐思王之碑，姜一芝所撰云。西望西陵不十余里，烟树历历可见。十二月，予按辔其间，自午抵暮，纵横出入冢中，不知所向。噫！何其用心之诈也。使操能见武侯八阵图，则有愧矣。”[③]廼贤认为，曹操为考虑自己身后事的“用心之诈”与诸葛亮志在兴复汉室、恢复中原的宏大志向相比，简直是羞愧无比，无地自容。

---

① 潘民中：《平顶山诸葛遗迹之研究》，转引自扬晓宇，潘民中，杨尚德：《少年诸葛亮与平山武侯祠》，香港天马图书有限公司，1996 年，第 32 页。

② 李绿园著，栾星校注：《歧路灯》，中州书画社，1980 年，第 12 页。

③ （元）廼贤著，叶爱欣校注：《廼贤集校注》，河南大学出版社，2012 年，第 322 页。

三、对诸葛亮的军事功绩的描写和渲染

这方面以廼贤、王尚絅、李绿园的诗文最为突出，特别是李绿园的《歧路灯》中表现得更为充分。

廼贤的诗歌《送慈上人归雪窦追挽浙东完者都元帅四首》（之一）中写道："秋水沧江日夜清，伤心名将殒东城。帐中星坠孤儿泣，塞上云愁别部惊。蜀国犹存诸葛庙，汉王空忆亚夫营。鄞人共说封侯事，夜雨残镫泪欲倾。"①这里为了表彰完者都元帅的事迹，将其与诸葛亮、柳亚夫相提并论。

王尚絅描写诸葛亮的诗，现在发现的有两首，其一是《诸葛庵》，诗云："公在世应无魏晋，蜀存肯使汉城墟？两朝宫阙传闻丽，得似当时旧草庐。"②另一首是《题武侯祠》，诗云："龙卧南阳数代英，将军何处早闻名。功成讵止三分策，师出谁知二表情？笔底天威操复纵，帐前生气死犹惊。燕书固在间相拟，梁父吟成志未平。"在王尚絅看来，如果不是诸葛亮英年早逝，其功绩不止是三分对策的宏大规划，一定会以更大的气魄完成其在前、后《出师表》中的宏愿而兴复汉室，那么当时的中国格局就会是另一种情况。另一方面，我们可以看出，两诗的字里行间也对诸葛亮志业未遂而略有遗憾与伤感。

李绿园的《赠汝州屈敬止》一诗，以诸葛亮的事功激劝其友。诗云：

> 君不见隆中名流拟管乐，抱膝长吟志澹泊。又不见希文秀才襟浩落，早向民间寻忧乐。一日操权邀主知，功垂青史光烁烁。男儿有志在勋业，何代曾无麒麟阁？君有学殖裕康济，惟我能知君绰绰。忆昔我登双松堂，绿酒红灯供小酌，把杯偶谈天下事，扪虱侃侃似景略。只因文章传海内，致令艺苑称淹博。昨年天子御极初，广搜桢干及汝洛。君臣际会良非偶，荐章累累何能却？承恩直上通时殿，一人侧席听谔谔。天人三策邀睿鉴，圣心甘与縻好爵，即令褒书下豫会，促君整装携琴鹤。莫耽读骚嗅兰茝，须念国计与民瘼。安石已符苍生望，不许东山恋

---

① （元）廼贤著，叶爱欣校注：《廼贤集校注》，河南大学出版社，2012 年，第 110 页。

② （明）王尚絅著，王冰校注：《王尚絅集校注》，中国社会科学出版社，2019 年，第 187 页。

丘壑。[①]

李绿园认为,作为"隆中名流",虽然其抱膝长吟之风值得效仿,但令人学习和称羡的则是他后来名垂青史的功绩。因此,在诗里他以诸葛亮的历史贡献劝告朋友不要留恋丘壑,而要担当作为,以"国计与民瘼"为重,像诸葛亮、谢安一样为国家、为人民干一番事业。

李绿园在其小说《歧路灯》中,对诸葛亮的故事与文化大加演绎与宣传,其中即有对其战争如神的场面的描写。

一是第一百零四回《谭贡士筹兵烟火架　王都堂破敌普陀山》中,在讲述谭绍闻为准备抗击日本倭寇悄悄制作武器时,巧用诸葛亮借东风火烧赤壁的故事大肆渲染。小说写道:

> 将近冬月,绍闻吩咐,明年新正元宵节,要在定海寺门前放烟火架,请本省最好的烟火匠来问话。……谭绍闻道:"甚么叫做走毒子?"烟火匠道:"火箭不加笴子就是走毒子。落到人身上越跑越厉害,趁着他的衣裳上张着风儿,一发滚着烧。走毒子加上笴子就是火箭,射到人身上,如木匠的钻一般,钻透衣裳再钻肉。"谭绍闻道:"烟火有两军交战的故事没有?"匠人道:"有有有。旱地里战,有'炮打襄阳'。"绍闻摇头道:"不要这,不要这。"匠人又道:"水战有'火烧战船'。"绍闻道:"这个好!这个好!你说。"匠人道:"曹操下武昌有七十二只战船。这烟火要做诸葛孔明坛上祭风。再做几只小船儿是黄盖放火。黄盖船上放了火老鸦,撒了火箭,一齐发威。这黄盖船与曹操船儿有一根绳儿,穿了一个烘药马子。马子下带一个将军,手拿一把刀,烘药走到曹船,一刀把曹操船头砍下。又一个马子带一个将军,到许褚船上杀许褚,到张辽船上杀张辽。这两个将军,还用烘药马子带回来,到孔明七星坛上献功。那七盏灯是硫磺配的药,可以明多半更。那二十二只曹船,这边火箭乱射,射中曹船上的消息儿,那船上俱装的是炮,一齐几百万炮乱响,响的船俱纷碎,齐腾火焰,登时红灰满地。这七星坛上披发仗剑的孔明,机儿烧断,还要慢慢的退入军帐。"绍闻道:"这个好,这个

---

① 栾星:《歧路灯研究资料》,中州书画社,1982年,第71页。

好。你们开上单子来我点。这‘皇王有道’‘天下太平’与‘火烧战船’是一定要的。……”①

在这里借用“火烧战船”之威力，暗示谭绍闻抵御倭寇决心之强大。

二是第九十回《谭绍衣命题含教恩 程嵩淑观书申正论》中，活用了诸葛亮“七擒孟获”故事，将“七推擒孟获”的故事反用在地方黑恶势力不择手段对普通百姓的欺压上。小说写道：

这二人此一回来，是甚么缘故呢？原来张绳祖把乡里一个土富，讹诈哩受不得了，真正是孟获经过七纵，孔明又添上八擒，同乡颇为旁忿，受主不免情急。那谭道台上任伊始，早已有不徇情、不贪贿清正严肃之名遍满省城，这个土富就告了拦马头一状，告的张绳祖欺弱叠骗、王紫泥唆讼分肥。这道台状榜上批的严厉，两人早吓的终夜不寝。②

当时两个地方恶棍王紫泥、张绳祖，为了过上不劳而获的寄生生活，对平民百姓多方欺压，无所不用其极。因此，李绿园就用诸葛亮擒孟获的机智来反讽两个无赖的可耻行径，以突出二人的罪恶。

四、灵活运用与诸葛亮有关的故事和词语

李绿园的《歧路灯》中，在叙事、状物和说理时，较好地运用了与诸葛亮有关的家庭生活故事、名物词语和普通词语等，都达到了较好的叙事、状物和说理的艺术效果。

一是第八十五回《巫翠姐忤言冲姑 王象荩侃论劝主》中，用“黄阿承以女妻诸葛”的故事讽劝一些小家之女的不良风气。小说中说：

夫妇之际，本然看得是乌合之侣，一旦有变，如何不生蜂起之像？况且小户人家，看得自己女儿总是好的，这又是家家如此，户户皆然的

① (清)李绿园著，栾星校注：《歧路灯》，中州书画社，1980年，第970页。
② (清)李绿园著，栾星校注：《歧路灯》，中州书画社，1980年，第848页。

性情。女儿蠢愚，说是女儿厚道，“俺家这个女儿是噙着冰凌，一点水儿吐不出来。女婿想着欺降，叫族间几个小舅子，抬起来打这东西！”女儿生的略有才智，便硬说“俺这姐儿，是合户中第一个有道理有本领的姑娘。”婿家小康，也不管人家翁姑之勤俭，夫婿之谨饬，俱是女儿到了他家，百方调停，才渐渐火焰生光起来；婿家堕落，便说女儿百般着急，吃亏权不己操，到如今跟着他家受难过。或者自己女儿丑陋，硬看成是黄阿承以女妻诸葛。又其甚者，女儿或赋《黄鸽》，又不妨李易安之负赵明诚矣。此民间女家性情之大较也。[①]

“黄阿承以女妻诸葛”是人们熟悉的故事，在此作者用以说理，通俗易懂。

二是第五十七回《刁棍屡设囮鸟网　书愚自投醉猩盆》中，借用“诸葛清暑扇”故事以状物写景，如：

一连下了四五天，不见晴霁光景。数日之内，这一起儿把银子、钱，都花费尽了。天色不晴，街上泥泞也深，白没一个人儿来耍耍儿。众人着急，细细商量一个法儿，把乌龟教导明白，又上碧草轩而来。且说碧草轩雨中光景，好不潇洒人也。怎见得：

细雨洒砌，清风纳窗，粉节绿柯，修竹千竿添静气。虬枝铁干，苍松一株增幽情。棕榈倒垂，润生诸葛清暑扇。芭蕉斜展，湿尽羊欣待书裙。钱晕阶下苔痕，珠盛池中荷盖。说不尽精舍清趣，绘不来记室闲情。[②]

根据《汉语大词典》的收录，至今以诸葛亮及其号孔明命名而被世人所习用的名物词有“诸葛巾”“诸葛菜”“诸葛鼓”“诸葛铜鼓”“诸葛灯”“诸葛庐”“孔明灯”等。在这里，李绿园又在“诸葛扇”这一为人们所熟知的词语基础上，创新了一个新名物词概念“诸葛清暑扇”，与“羊欣待书裙”构成句式上的整齐对偶，显得更加形象生动。

三是第一百零八回《薛全淑洞房花烛　谭篑初金榜题名》中，运用了以周

---

① (清)李绿园著，栾星校注：《歧路灯》，中州书画社，1980年，第808页。

② (清)李绿园著，栾星校注：《歧路灯》，中州书画社，1980年，第533页。

瑜和诸葛亮两个人物合并构成的“瑜亮”一词,来说明二人难以分出高下。如:

> 场期临时,向观象台遥寻了小下处,进了三场。场完,謄录对读,不必细言。谭篑初卷子弥封了筵字三号,分房在翰林院编修吴启修《春秋》房内。荐上副总裁,搭上取字条儿,单等请了各省额数,以便定夺。偏偏《春秋》房所荐卷子,溢了额数一本,余下筵字三号、贡字九号要汰一本。两本不分伯仲,房考官吴老先生难以瑜亮。副总裁择筵字三号经文中有一句不甚明晰,置之额外。[①]

上述各例中,小说充分运用了诸葛亮的故事,使诸葛亮故事与文化深入人心,达到了教育人、鼓舞人的良好效果。

“峰头高望两南阳,遵养当年寓此邦。”[②]诸葛亮以其高尚精神和卓著功绩感染和教育了古今无数的人们,深受诸葛亮文化熏陶的平顶山地区的元明清学者为弘扬诸葛亮文化做出了积极努力。诸葛亮与平顶山有着深厚的渊源,弘扬其精神文化,推进社会文明进步,也是当代本地学者义不容辞的责任。

(平顶山学院　王　冰)

---

① (清)李绿园著,栾星校注:《歧路灯》,中州书画社,1980年,第1012页。

② 叶县地方史志办公室:《清康熙三十年叶县志》,2003年,第491页。

传播学视域下诸葛亮形象建构

20世纪90年代，美国著名的新闻传播大师李普曼在其《舆论学》一书中提出了“拟态环境”的概念。李普曼认为现实社会中的绝大多数人都只能通过媒介所构筑的信息环境来了解身外的世界，人的行为已经不再是对客观世界及其变动所做出的反应，而是对新闻机构所提示的“拟态环境”的反应；“拟态环境”从本质上来讲并不是现实环境的镜子式的反应，由于媒介机构并不是有闻必录，在对信息的选择、加工和报道方面都不可避免地加入特定的倾向性，所以绝对客观的世界在虚拟空间里并不是完整的重构，这种由大众传播所形成的“拟态环境”不仅制约人们的认知和行为，而且能通过制约人们的认知和行为对客观的现实环境产生影响。媒介建构的虚拟形象往往可能影响受众的现实判断，生活中人们往往很容易依赖媒介进行议题讨论和人物臧否。如果说基于信史精神的《三国志》是历史的镜子，那么《三国志》“演义”来的小说《三国演义》毫无疑问是“镜子”的镜像。但是，坊间关于诸葛亮的形象更多的是源于《三国演义》而不是《三国志》；历史与现实、真实与真相其中有颇多耐人寻味之处。

一、《三国志》中的诸葛亮形象

能否“秉笔直书”是中国先秦以来评价史学家的重要依据，“书法不隐”[①]的董狐以及“其文直，其事核，不虚美，不隐恶”[②]的司马迁都被树为史官的典范，与之相反，未能客观、公正地记述历史的史学家则往往受到世人的批评。陈寿（233—297）在《三国志·蜀书·诸葛亮传》中，称诸葛亮“无恶不惩，无善不显，至于吏不容奸，人怀自厉，道不拾遗，强不侵弱，风化肃然”，甚至将他视为管仲、萧何一样的治世良才。之后笔锋一转，以“然连年动众，未能成

① 杨伯峻：《春秋左传注》，中华书局，1981年，第663页。

② （汉）班固：《汉书》，中华书局，1962年，第2738页。

功，盖应变将略，非其所长欤”[①]结束全文。

东晋南朝时期，诸葛亮虽被一些人认为不善将略，但依然是功业卓著的代表。更应注意的是，后人引用陈寿说法之时，已然忽视了他原有的疑问语气，如刘孝标亦称：“《蜀志》陈寿评曰：‘亮连年动众而无成功，盖应变将略，非其所长也。’”[②]曲解了他的原意，于是陈寿评价诸葛亮不善将略一事被逐渐坐实。资料显示，在魏晋南北朝时期流传的故事中，诸葛亮是神鬼莫测的军事奇才形象。裴松之注《三国志》时收录了大量的诸葛亮事迹，在这些故事中，诸葛亮军事才能卓著，与不善将略形成了鲜明对比，但选材谨严的陈寿却没有将它们收入《三国志》中，而是对诸葛亮做出了“盖应变将略，非其所长欤”的评价。这显现了曾在蜀汉任官供职的陈寿的个人观点：他对诸葛亮的军事才能确实有些怀疑。

除南朝外，北朝也有人谈及陈寿与诸葛亮之事。如北魏毛修之称：“昔在蜀中，闻长老言，寿曾为诸葛亮门下书佐，被挞百下，故其论武侯，云‘应变将略，非其所长’。”[③]毛修之与上述常璩的材料来源都是蜀地的长者，由此不难看出，陈寿《三国志》在社会上流行之后，巴蜀地区就流传着陈寿因私恨贬抑诸葛亮的说法。不过毛修之的说法与常璩又有所不同，由“陈寿被诸葛瞻所辱”演变成了“陈寿被诸葛亮鞭挞”，这就使陈寿与诸葛亮间的矛盾冲突显得更为激烈。

就在陈寿挟恨贬抑诸葛亮这一说法广泛流传之际，也有人为陈寿辩解，这就是北魏著名人物崔浩。据《魏书》卷四十三《毛修之传》记载，崔浩曾与毛修之就此问题进行论辩，认为陈寿不但没有挟恨贬抑诸葛亮，而且在《诸葛亮传》中是美化了诸葛亮。崔浩指出，诸葛亮与刘备二人，君臣相处融洽，却不能与曹操争天下，放弃荆州而以巴蜀为根据地更是下策，而陈寿仍将诸葛亮与管仲、萧何相提并论，已是在美誉诸葛亮；蜀汉立足巴蜀后，诸葛亮依仗险要的地势，不顾实力差距多次出兵攻魏，终未能有所收获，没有达到古代善战之将审时度势的水平。因此，崔浩认为，陈寿所称“应变将略非其所长”[④]是如实记述，不但对诸葛亮“不为负之”，更“非挟恨之矣”。

---

① （晋）陈寿撰，（南朝宋）裴松之注：《三国志》，中华书局，1959 年，第 930—934 页。

② （晋）陈寿撰，（南朝宋）裴松之注：《三国志》，中华书局，1959 年，第 931 页。

③ （南朝宋）刘义庆著，徐震堮校笺：《世说新语校笺》，中华书局，1984 年，第 434 页。

④ （北齐）魏收：《魏书》，中华书局，1974 年，第 960 页。

唐朝时，陈寿挟恨贬抑诸葛亮的说法渐成定论。唐官修《晋书》称："或云：丁仪、丁廙有盛名于魏，寿谓其子曰：'可觅千斛米见与，当为尊公作佳传。'丁不与之，竟不为立传。寿父为马谡参军，谡为诸葛亮所诛寿父亦坐被髡，诸葛瞻又轻寿。寿为亮立传，谓亮将略非长，无应敌之才，言瞻惟工书，名过其实。议者以此少之。"①这里以两件事对陈寿的史德提出批评，一是索米立传，二是厚诬诸葛。其实此二事均属子虚乌有。索米之说，其源不可考，但厚诬诸葛却是直接从《晋书》中抄录而来，并将其"以爱憎为评"挑明为"谓亮将略非长，无应敌之才"。《晋书》在陈述这两件事的时候，谨慎地冠以"或云"，但后人转述时，却大都将"或云"二字忽略。如《旧唐书》评价裴行俭称："铨藻吏能，文学政事，颇有深识。而前史讥其谬谥，有涉陈寿短武侯应变之论乎！非通论也。"②《旧唐书》直接援引《晋书》的说法，说明此事在编撰者的认知中已属确定无疑。

正因这一语气在后人的引用中由疑问转为陈述，陈寿挟恨贬抑诸葛亮的说法遂成定论。之后，著名史学家刘知几也加入到批评陈寿的阵营中来，并成为重要推手。他在《史通》中虽对《三国志》称赞有加，但认为陈寿并没有如实客观地评价诸葛亮。《论赞》篇称："陈寿谓诸葛不逮管、萧……或言伤其实，或拟非其伦。必备加击难，则五车难尽。"《史官建置》篇称："陈寿评云'蜀不置史官'者，得非厚诬诸葛乎？"《曲笔》篇谈论蜀国史官建制时称："盖由父辱受髡，故加兹谤议者也。"可见，刘知几也认为陈寿因父亲受到髡刑而谤议诸葛亮。但他并未将视角置于"盖应变将略，非其所长欤"，而是另辟蹊径，从另外两个角度阐释了这一观点：一是陈寿认为诸葛亮不及管仲、萧何，即"抑亦管、萧之亚匹也"③，没有客观评价诸葛亮的能力；二是陈寿称蜀汉不设史官的说法也不正确，是借此抨击身为主政者的诸葛亮。刘知几的观点很快流传开来。杜甫在《咏怀古迹五首》中写道："伯仲之间见伊吕，指挥若定失萧曹。"将诸葛亮置于萧何、曹参之上，与陈寿的论断相左，呼应了刘知几的说法。

伴随着对陈寿批评的逐渐增多，诸葛亮的形象也逐渐向"完人"演变。如裴度赞誉诸葛亮说："若其人存、其政举，则四海可平，五服可倾。"与此同时，裴度对陈寿及陈寿的支持者提出了批评，认为："陈寿之评未极其能事，崔浩之说

---

① （唐）房玄龄等：《晋书》，中华书局，1974 年，第 2137—2138 页。

② （五代）刘昫等：《旧唐书》，中华书局，1975 年，第 2808 页。

③ （晋）陈寿撰，（南朝宋）裴松之注：《三国志》，中华书局，1959 年，第 931 页。

又诘其成功。此皆以变诈之略论节制之师,以进取之方语化成之道,不其谬与!”[①]裴度继承了“诸葛亮是军事奇才”这一观点,而且将其进一步强化。看来,诸葛亮不仅擅长将略,若能长久执政,就可以平定天下,这无疑将诸葛亮推向了“完人”。以笔者所见,陈寿在唐代所受批评渐多,却无人为之辩解。这一状况持续到北宋中期才有所变化,此即三苏对诸葛亮善于将略这一观点发起的挑战。苏洵说:“管仲曰:‘攻坚,则瑕者坚;攻瑕,则坚者瑕。’呜呼,不从其瑕而攻之,天下皆强敌也。……诸葛孔明一出其兵,乃与魏氏角,其亡宜也。”“是故古之取天下者,常先图所守。诸葛孔明弃荆州而就西蜀,吾知其无能为也。”[②]苏轼称:“仁义诈力杂用以取天下者,此孔明之所以失也。”[③]苏辙认为:“弃天下而入巴蜀,则非地也;用诸葛孔明治国之才,而当纷纭征伐之冲,则非将也。”[④]三人虽未直接替陈寿平反,但从不同角度说明诸葛亮不善将略,客观上回答了陈寿“盖应变将略,非其所长欤”的疑问。但苏氏父子的观点并未成为主流,与苏轼关系密切的秦观就以诸葛亮南征孟获、布八阵图及司马懿对诸葛亮“天下奇才”的评价为例,明确指出诸葛亮的“应变将略,不言可知”[⑤]。稍晚于三苏的吕本中在《东莱诗集》卷一有“陈寿谓诸葛,将略非所长。私恨写青史,千古何茫茫”的论断,朱翌在《猗觉寮杂记》卷下有“寿真私意也,寿尝为亮子瞻所辱尔”的论断,竭力批评陈寿。南宋末年,周密更是点名批评了苏氏父子的议论,指出三苏“盖用陈寿所谓‘应变将略,非其所长’之语耳。虽然,孔明岂可少哉”[⑥]!

诸葛亮被神话的过程与蜀汉正统论的发展是同步的。北宋时期,已有“至说三国事,闻刘玄德败,颦蹙有出涕者,闻曹操败,即喜唱快”[⑦]的场景。到南宋时,曹操窃国、刘备为正统的说法渐成主流。诸葛亮作为蜀汉重臣,其形象也不断被美化。明代时,这一公案的主流观点仍是陈寿挟恨贬抑诸葛亮,而且还出现了一种新的说法,即陆深所说的“陈寿尝为诸葛亮书佐,得挞百下,其父亦

① (明)杨慎:《全蜀艺文志》(四库全书本),台北商务印书馆,1986年,第449页。
② (宋)苏洵著,曾枣庄、金成礼笺注,《嘉祐集笺注》,上海古籍出版社,1987年,第40、68页。
③ (宋)苏轼著,孔凡礼点校:《苏轼文集》,中华书局,1986年,第112页。
④ (宋)苏辙:《栾城集》,上海古籍出版社,1987年,第1586页。
⑤ (宋)秦观著,徐培均笺注:《淮海集笺注》,上海古籍出版社,1994年,第724页。
⑥ (南宋)周密:《齐东野语》,中华书局,1983年,第8页。
⑦ (宋)苏轼:《东坡志林》,中华书局,1981年,第7页。

为亮所髡，故《蜀志》多诬妄云"①。陆深将《魏书》和《晋书》中的记载糅合在一起，并删去了"（诸葛）瞻又轻寿"一句，构建了陈寿父子都与诸葛亮本人有矛盾的情状，进一步虚构陈寿与诸葛亮的冲突，以便坐实陈寿挟私谤议诸葛亮的说法，他的观点又被后人不加分析地引用（如万历时郭良翰《问奇类林》卷一六《文学上》），进一步推动了陈寿挟恨贬抑诸葛亮说法的盛行。

明人好翻案，其间虽有一些是故作翻案文章，但也不乏严肃的作品，在"陈寿贬抑诸葛亮"这一公案上亦是如此。有些学者注意到上述理由的不足，为陈寿辩解的声音遂在明代后期渐成气候，并最终发展成为陈寿冤屈得以昭雪的第一缕强有力的耀眼霞光。真正推动案件迈向转折的最重要力量来自浙东学者胡应麟。胡应麟重新考察了公案，并彻底改变了自己的主张：

> 陈寿之志三国，继躅马、班，而世率以寿父子见法武乡，故诸葛传赞有"将略非长"之訾，此皆不详核传文之颠末，且不知寿之所处何时，而托摭片言以借口者也。夫寿之志三国也，天下统于晋矣，……寿于斯时，虽蜀之遗民，而实晋之编户也。……所纂《国志》，虽非被命纂修，……而顾于晋之先世兵争仇敌之人，据事直书，临文无隐，大者将为崔浩之暴扬国恶，湛七族于一朝，次亦且如蔡中郎辈，婴缧绁于狴犴，而望书之行于世而传于后乎？此寿于武乡行陈之际，战胜攻克，不得不纡回其笔，以少致其北面之私者。而其意于武乡实未尝有所轩轾也。夫寿之成书，列传百数，吾悉取而读之矣。体存简质，辞绝浮蔓，即昭烈、魏、吴寥寥纪述，独武乡一传纡徐郁茂，备极敷扬。仅大捷卤城，一讳宣王之败，至渭南之卒，按行营垒，"天下奇才"之叹，且揭篇终。噫！彼司马懿者，百代奸雄之最，迹其生平，曷尝有所输服？独斯言也，触于目而发于衷。盖古今之公是，而寿直书之而不没，所为扬诩武乡之将略，固已至矣！而谓父见髡钳、己遭箠辱，畜憾于武乡而报之于史笔，否乎？然乎？②

在此文中，胡应麟开篇就指出，广为流传的陈寿挟恨贬抑诸葛亮的说法是

① （明）陆深：《俨山外集》（四库全书本），台北商务印书馆，1986年，第153页。

② （明）胡应麟：《少室山房集》（四库全书本），台北商务印书馆，1986年，第712—713页。

错误的,学者以讹传讹的原因是没有认真研读《三国志》原文。他认为,陈寿在巨大的政治压力下撰写《三国志》,稍有不慎便会遭遇崔浩、蔡邕般的悲剧结局,所以就用委婉的方式书写诸葛亮的军事水平。胡应麟从两个方面阐释了陈寿的方法:第一,《三国志》以简明见长,曹操、刘备等人的传记十分扼要,唯独《诸葛亮传》篇幅长、议论多,体现出陈寿对诸葛亮的重视;第二,虽然《三国志》回避了司马懿与诸葛亮作战时的失败,却引用了司马懿对诸葛亮"天下奇才"的由衷赞叹,通过侧面描写表现了诸葛亮的军事水平。做出以上解释后,胡应麟仍嫌不足,又援引《三国志》中的其他记载做进一步的论证:

> 诸葛氏集虽寿所纂修,实奉命晋君者也。……中历叙其逸群之才、英霸之器,……则几于王者之事矣。且以武乡素志,进思龙骧虎视,苞括四海;退欲凌厉边疆,震荡宇宙。然则亮之将略,寿以为长乎?为短乎?若夫"应变"数言,其下亟称所与对敌或值人杰,加众寡不侔、攻守异体,连年动众未能有克,盖天命有在,不可力争。其抑扬微旨明寄宣王,寿之本意然自暴,岂得以为讥亮所短耶?申言梁益之民追思不置咏《甘棠》于召公,又以周公之诰丁宁烦悉拟武乡之文告,则寿固尊亮以为周、召品流,匪但匹萧亚管而已。乃至篇终"佚道使民,虽劳不怨,生道杀民,虽死不忿"四语也,……三代之下惟孟轲氏能道之,诸葛氏能行之,而寿也顾亦能征之、能赞之,则古今之知武乡,寿居其最焉可也。俾当时寿之父子毫有未尽于孔明,胡以叙致丽丽,联篇累牍,极其揄扬而弗能自已哉?惟是后人据拾此言,而上下全文漠然不考,又往往省其著作之时、讳避之体,而讥弹一辙,不惟上负前人叙述之素心,而且贻累武乡之盛德。故详为辨析,俟尚论君子衷焉。[①]

胡应麟分析了《三国志》收录的陈寿向晋帝进呈的纂修《诸葛亮集》表文,指出文中称诸葛亮"进思龙骧虎视,苞括四海;退欲凌厉边疆,震荡宇宙",已经是在褒奖诸葛亮的军事水平。针对前人屡屡批评的"盖应变将略,非其所长欤",胡应麟认为应结合"所与对敌或值人杰,加众寡不侔、攻守异体"

---

① (明)胡应麟:《少室山房集》(四库全书本),台北商务印书馆,1986年,第712—713页。

来理解,陈寿看似批评诸葛亮战略水平不佳,但立刻就指出诸葛亮受到客观条件的制约,并借夸耀司马懿暗褒诸葛亮,因此,不善将略的评价并非陈寿的本意。胡应麟认为诸葛亮是三代以来唯一能真正施行仁政之人,而陈寿将诸葛亮比作召公、周公正是为了阐明这一点。

基于以上分析,胡应麟指出如果陈寿父子与诸葛亮有隙,陈寿就不会长篇累牍地盛赞诸葛亮,所以陈寿与诸葛亮间不但没有私恨,陈寿更是诸葛亮的最佳欣赏者,而后人不考察陈寿写书时的社会背景,也不全面分析上下文,却断章取义地抓住一句话不放,实在是有违陈寿褒扬诸葛亮的一片公心。胡应麟观念的转变非常明显,最初他因袭了前人的观点,在对这一公案重新思考的过程中,他通过对陈寿所处的政治环境和《三国志》上下文的分析,最终认定陈寿是因受政治压力,不得不做出“盖应变将略,非其所长欤”的评价,但陈寿还是通过历史书写隐晦地表达了对诸葛亮的推崇。自公案肇始,学者为陈寿翻案都是基于“陈寿认定诸葛亮不善将略”与事实相符,这显然是违背陈寿的原意的,因而他们虽一再努力,却不料已经偏离了正轨。而胡应麟却回归到陈寿的书写语境,他以陈寿所处政治环境为背景考察陈寿的言论,最终指出陈寿以委婉的方式赞扬了诸葛亮。如此来看,陈寿挟恨报复诸葛亮的说法失去了根据,于是千载以来因之而起的对陈寿的批评也就站不住脚了。胡应麟基于《三国志》书写语境下的这一釜底抽薪的论述,终于使“陈寿挟恨贬抑诸葛亮”案向沉冤得雪迈出了关键性的一步。

清初仍有一些学者承前人之谬,坚持陈寿挟恨贬抑诸葛亮,如尤侗称“又谓将略非孔明所长,此陈寿挟怨之言”[①],郑与侨认为“陈寿遽以不娴将略少之,谬也[②],陆锡熊则称“陈寿贬诸葛亮,谓将略非其所长,魏收誉尔朱荣,谓韩、彭、伊、霍无以过,皆属一人之私言”[③]。但大部分学者已转向为陈寿辩解,黄宗羲和王夫之都指出诸葛亮不善战略,“非知兵者”[④],他的战略选择不合时

---

① (清)尤侗:《艮斋杂说》(续修四库全书本),上海古籍出版社,2002年,第351页。

② (清)贺长龄:《皇朝经世文编》,台北文海出版社,1972年,第2768页。

③ (清)陆锡熊:《宝奎堂集》(续修四库全书本),上海古籍出版社,2002年,第63页。

④ (明)黄宗羲:《南雷文定后集》(四库全书存目丛书本),齐鲁书社,1997年,第278页。

宜,陈寿的评价并非"尽诬"[①]。李光地称"人说陈寿与武侯有仇,故说他'奇谋为短',不知此句却是武侯功臣"[②]。朱彝尊提出了新的理由为陈寿翻案,他说:"寿于魏文士惟为王粲、卫觊五人等立传,粲取其兴造制度,觊取其多识典故,若徐幹、陈琳、阮瑀、应瑒、刘桢仅于粲传附书,彼丁仪、丁廙何独当立传乎?"[③]从丁氏兄弟才能平庸这一角度说明了陈寿不为他们立传的正当性。朱彝尊还指出,张俨、袁准都称诸葛亮不善将略,并非只有陈寿持这样的观点,后人将"厚诬诸葛"的罪名全部扣在陈寿一人身上,并不符合历史事实。在为陈寿翻案的过程中,王鸣盛、钱大昕、赵翼三位考史名家发挥了重要作用,通过众多学者的努力,陈寿并未挟恨报复诸葛亮的观点日益为人们所接受,甚至在小说中也有体现。《野叟曝言》第七十八回描写了文素臣与家人讨论《三国志》的情节:"非陈寿,亦莫尽诸葛之美也。……《〈三国志·诸葛亮传〉评》复摘其为相之善,重叠称美,其推崇诸葛可谓至矣。……《上〈诸葛亮集〉表》所谓'治戎为长,奇谋为短,理民之干,优于将略'四语,非陈寿不能知,诸葛于九泉下闻之,必引为知己者也。"[④]当家人问及,陈寿为何在父亲遭受髡刑的情况下仍极力褒扬诸葛亮,文素臣指出,陈寿出于一片公心,所以盛赞诸葛亮,所谓的索米之说、厚诬诸葛,都是后人穿凿附会。可见,在清朝中后期,为陈寿翻案的势力已经占了上风。

民国时期,还有一些批评陈寿的声音,如向振黄称:"盖寿父为马谡参军,谡为亮所诛,寿父亦坐被髡。故其传亮也,妄肆讥评,以非将之才贬之"。[⑤] 何子恒则称:"陈寿的父亲也同时受了髡刑,因此陈寿替诸葛亮作传,竟说他'将略非所长,无应敌之才',……这些都是陈寿欠公允的地方,因此颇为一般人所非议。"[⑥]但多数学者已认识到陈寿对诸葛亮的评价是客观的。如著名史家金毓黼在《中国史学史》中直接引用王鸣盛的观点,称"《晋书》好采杂说,故以入传,然于其上冠以'或云',以明其事之难信(于诸葛髡其父亦

① (清)王夫之:《读通鉴论》,中华书局,1975 年,第 662 页。

② (清)李光地:《榕村语录》,中华书局,1995 年,第 391 页。

③ (秦)朱彝尊:《曝书亭集》(四库全书本),台北商务印书馆,1986 年,第 313 页。

④ (清)夏敬渠:《野叟曝言》,人民文学出版社,1997 年,第 945—949 页。

⑤ 向振黄:《诸葛武侯自比管乐,陈寿史赞谓将略非其所长,然欤》,《学生文艺丛刊》,1926 年第 3 期。

⑥ 何子恒:《中国历代名人传略》,青年协会书局,1934 年,第 35—36 页。

然)”[①]。再如吕思勉通过分析文句，指出陈寿的评价“犹加一‘盖’字，以为疑辞也”，由《上〈诸葛亮集〉表》来看，“凡诸贬损之词，悉非由衷之言明矣。此外全传之文，无推挹备至。谤议之云，宁非梦呓?”[②]姚永朴认为陈寿在晋朝统治之下撰写《三国志》，不得不回护司马懿，所以将略非长之语是“逊辞”。[③] 柳诒徵说：“‘应变’二语，盖作疑辞，非为枉屈”，而陈寿“倾倒武侯至矣。”[④]不难看出，这些学者或指出陈寿对诸葛亮的推崇，或意识到陈寿所受的政治压力，可谓与胡应麟别无二致。新中国成立后，由于诸葛亮在人们心目中的崇高地位，学术界对陈寿挟恨贬抑诸葛亮一案的讨论仍然保持着一定的热度，但是大部分学者对陈寿持肯定态度。

二、《三国演义》中的诸葛亮形象

诸葛亮也是《三国演义》中着墨最多的人物。从三十六回徐庶举荐到一百〇五回临终设锦囊妙计斩魏延，诸葛亮几乎贯穿所有章回。书中的他与一般人有极大的不同，甚至成为一个具有超出自然能力的“神仙”人物，鲁迅曾评价其“多智而近妖”。在作品中，对诸葛亮神化的描写从外在到内在都很明显。

(一)外在形象的神化

一个人物的外在形象直接关系到该人物的内在气质以及整体特点，小说在实际塑造典型人物时，往往需要在形象上下一定的功夫。《三国演义》中，在诸葛亮正式出场之前，读者从徐庶口中有了对诸葛亮的初步认知，徐庶称其为“绝世奇才”；而在徐庶之后，司马徽对其评价也颇高：“可比兴周八百年之姜子牙、旺汉四百年之张子房也。”之后，在诸葛亮出场时，作者对其是这样描写的：“玄德见孔明身长八尺，面如冠玉，头戴纶巾，身披鹤氅，飘飘然有神仙之概。”呈现在读者面前的诸葛亮宛若神仙，此处作者直接点明了诸葛亮的神仙气质。而在诸葛亮的打扮中，“鹤氅道袍”“羽扇纶巾”也正是其具有神仙形象的典型特征的物件。作者还从多处对诸葛亮的形象进行反复熏染，成功塑造出了诸葛亮潇洒飘逸的神韵，有效地将诸葛亮塑造成为旷达、超脱的神仙形

① 金毓黼：《中国史学史》，河北教育出版社，2000 年，第 85 页。
② 吕思勉：《史学四种》，上海人民出版社，1981 年，第 125—126 页。
③ 姚永朴：《史学研究法》，商务印书馆，1938 年，第 44 页。
④ 柳诒徵：《国史要义》(民国丛书本)，中华书局，1948 年，第 104 页。

象。如诸葛亮执掌刘备军队后，常常手持羽扇，坐一辆四轮小车。其居僻远之地，生活方式也如闲云野鹤，“或驾小舟游于江湖之中，或访僧道于山岭之上，或寻朋友于村落之间，或乐琴棋于洞府之内，往来莫测，不知去所”。

（二）内在智慧的神化

一个外表如神仙般远离世事争斗的诸葛亮，能知天下事，能对天下形势做出精准预测。“自董卓造逆以来，天下豪杰并起……诚如是，则大业可成，汉室可兴矣……”在隆中，诸葛亮为刘备全面分析了天下大事，指明了未来一段时间内刘备的方向与方式，“先成鼎足之势，然后可图中原”。之后刘备之所以能够成就蜀汉基业，同诸葛亮的清晰思路与高瞻远瞩具有直接的联系。对于诸葛亮的隆中对，在历史上也有记载，且后续的作用也被历史所证明，如刘备取荆州、劝吴抗曹、亲征南蛮等。能预测未知事件，往往是神话小说中的神仙或传奇小说中的奇人才具有的特点，无疑，诸葛亮被神化了。诸葛亮的战术也如神一般莫测。在无数次战役中，诸葛亮调兵遣将、运筹帷幄，置对手于迷雾之中，让对手无法识破他的计谋。其中，颇有才华的周瑜同诸葛亮之间的一系列斗争非常经典，如草船借箭、智取南郡、“赔了夫人又折兵”等，在对比中体现出了诸葛亮的智慧。而在后续同魏国司马懿的对抗中也是如此，如空城计、司马懿兵困上方谷等，也是诸葛亮高明计谋的体现。可以说，出奇制胜、知彼知己是诸葛亮鬼神莫测计谋与战术的应用基础，但在此过程中，诸葛亮有很多一般人无法想象的计谋出现，让人不得不发出诸葛亮“非人而为神”的感慨。诸葛亮还能掐会算，能看相算命。如他看出招降的长沙将领魏延脑后有反骨，此人必反；在即将离世时，还能点灯续命；诸葛亮平日夜观星象，即可预测出成败兴衰；在他去世后，邓士载偷渡阴平，过摩天岭时发现石碣上诸葛亮生前所写文字竟然早已算准未来邓、钟两人的遭遇及命运……凡此种种，都无不让人感到诸葛亮不是一个人，而是一个“神”。作者在情节上也有意虚构，通过情节神化诸葛亮。诸葛亮是历史上真实的人，但是《三国演义》中如“火烧新野”“借东风”“草船借箭”等情节却与正史书籍中的记载并不相符。

三、传播学视域下的诸葛亮评价

早在抗战时期，祝秀侠《三国人物新论》一书，便已独辟章节专门讨论诸葛亮及其功过；而随着顾念先《三国人物述评》、宋郁文《三国杂谈》、禚梦庵《三国人物论集》、刘子清《中国历代人物评传》、余振邦《三国人物丛谭》、龚弘《古人今谈》、谭良啸与张大可《三国人物评传》等书的陆续发行,此类以诸葛亮为题的史学评论至今仍风行不辍,成为三国研究的热点内容之一。

（一）关于诸葛亮艺术评价争议综述

早期有关诸葛亮艺术形象的评价,主要集中在《三国演义》的人物研究中,如郑振铎《三国志演义的演化》一文中指出:“一部《三国志通俗演义》虽说的是叙述三国故事,其实只是一部《诸葛孔明传记》。”《三国演义》以近七十回的小说篇幅来特写诸葛亮的传奇性故事,使其成为全书的中心人物,几乎可说是诸葛亮的个人传记。胡适在《三国演义·序文》中曾说道:“他们极力描写诸葛亮,但他们理想中只晓得‘足智多谋’是诸葛亮的大本领,所以诸葛亮竟成一个祭风祭星,神机妙算的道士。”而鲁迅在《中国小说史略》中则说:“《三国演义》至于写人,亦颇有失,以致欲显刘备之长厚而似伪,状诸葛之多智而近妖。”可见胡、周二氏对于《三国演义》中诸葛亮形象的描写,均表示不满。前者因是以19世纪西方小说的眼光来作论评,所以,认为《三国演义》的人物描绘过于“平凡”;而后者则因是以史学家评议小说的立场进行论述。胡、周二氏上述的评论,使得学术界对于《三国演义》中的诸葛亮形象,弥漫着批判的风气。然而,胡、周评述不久却也有其他不同的看法相继提出,如:李辰冬《三国水浒与西游》、董每戡《三国演义试论》与夏志清《中国古典小说导论》等书,都曾经对此评论进行修正或补充。李辰冬在《三国水浒与西游》中说:“当今的论者对罗贯中将诸葛亮写得太军师化,太术士化,表示不满。其实,这是误解。”并认为:“诸葛亮之成为军师,成为术士”,是基于战争小说的心理期待而来。董每戡则在《三国演义试论》中说:“《三国演义》把诸葛亮的才能捧到高于一切,并非完全以意为之,有充分的历史真实基础,在那基础上开出浪漫主义的花朵,获得了艺术的真实。”可见,无论是基于战争小说需要的李氏之说;还是为达艺术的真实董氏之说,均是就小说“艺术美学”的立场,对诸葛亮的人物评价予以开脱解释。此后,陆续也引发了许多热烈的辩证与讨论。其中,或有从“史学立场”,予以责辩;或从“文艺角度”,予以开脱的。但总体而言,讨论主要集中在小说人物的“历史真实”与“艺术虚构”之间。而在人物学术讨论之余,手摇鹅毛扇、身披八卦衣,参知天机的诸葛亮形象却已经以“智慧”的化身深深植入人民大众,而诸葛亮作为著名的历史人物,由于其特殊的历史地位,对其研究已经超越了其本人,代表了一种精神和文化,代表了人们对“中华智慧之源”的崇拜与追求。

（二）关于诸葛亮历史评价的综述

综合而言，以诸葛亮为题的史学评论，就其论著的性质内容而言，可分成两种：一是历史评论，二是杂言丛谈，而讨论的重点则主要集中在诸葛亮人物的性格特质、生平表现、功绩成就等方面，其中的主要代表性论点，可以归纳为以下几个方面。

1. 诸葛亮功业的历史评论

关于诸葛亮的“政治思想”与“治蜀功绩”方面，主要认为：是在荆州学派“崇尚事功”“讲求经世致用”的学说熏陶下，逐渐形成“儒、法合流”，“德、刑并用”，“德治为先，法治为后”的思想体系。以致，其治国主张要“礼、法兼施”“德、威并举”；强调要“训章、明法”“劝善、黜恶”，而以儒家的“德治教化”为重；推行了许多极具实效的“政治与经济”措施，使得蜀国“吏治清明”“社会和谐”“经济发达”。虽然诸葛亮“事必躬亲”的工作态度获取了大多数学者的褒义评述，但也遭来少数学者“专断独行”的贬义议论。

2. 诸葛亮人事才能的历史评价

关于诸葛亮的用人才能方面，意则较为分歧，归纳起来，大致包括以下几种说法。一是任人唯贤说。认为诸葛亮以“治国安民”为重，“取人不限其方”，所以蜀汉集团的重要成员中，能包括有益州、东州、荆州等地的贤士。如：荆州人士蒋琬、费祎；蜀地新人张嶷、五梁；魏国降将姜维；南中叛帅孟获；下级郡吏杨洪、何祇等。二是考核升迁说。认为诸葛亮十分重视人才考核，且科教严明、迁善黜恶，使蜀国“吏不容奸，人怀自厉”，政治清明。三是用而不教说。认为诸葛亮忽视教育与培养人才，有“用而不教”的缺失。如：姑息关羽骄傲的缺点，导致他兵败被杀，丧师失地；未能调和魏延与杨仪间的矛盾，导致自己病死后，二人即闹内讧，相继被杀，产生“蜀中无大将”的窘境。四是求全责备说。认为诸葛亮用人过于明察，且选人标准以德为先，使得雄才大略，如：魏延者，终用而不信；智虑忠纯、才气不足，如：蒋琬、费禕、董允、郭攸之等，也用而律严；而自己“事必躬亲”，以致积劳成疾、病逝，后继无人。五是嫉贤妒能说。认为诸葛亮“外宽内妒，气量狭窄，不能容人”，凡资才与之相近，地位可能凌驾者，即设计以过，给予罢黜，如：“杀彭羕、弹廖立、废李严、诛刘琰”；又“法严少恩，不近情理”，街亭失守，即连斩部将马谡、李盛、张休，并夺将军黄袭兵权，就连意见相左的向朗、李邈，也被去官、免职，以致难服众心。

3. 诸葛亮治国才能的历史评价

关于诸葛亮的"南征"与"北伐"时期的治国才能，主要表现为：南征的征伐与治理，是蜀国在军事与政治上双赢的一次行动，对于民族的融合、边疆的开发、国土的统一，具有实质的效益，值得肯定。至于，北伐的目的与意义，无论是为"激励民心"以"兴复汉室"；或是为"创造利基"才"以攻为守"，当时伐魏取胜的客观条件明显已过，纵使诸葛亮出师北伐胜多败少，但实质收益却不大，且连年劳师动众，只会疲敝蜀国的经济，以致最后终归失败。不过，其"知其不可为而为之"与"鞠躬尽瘁，死而后已"的奋斗精神，在主观意志的表现上，确实感人。

4. 诸葛亮军事才能的历史评价

关于诸葛亮的军事才干，主要认为：其以法治军，执法严明，领导有方，练兵有素，具有杰出的治军才干。又能殚精竭虑，巧思智慧，以改良连弩，创造木牛流马，布置八阵图，实在是不可多得的"军工专家"。

总而言之，虽然整部《三国演义》是三分虚、七分实，但是具体到诸葛亮身上多是演义成分大于真实历史成分。罗贯中结合元末农民起义的战术，将历史上一笔带过的很多重大战役进行了具体的想象和模拟。这当中孔明的谋略十分重要，蜀汉一旦不用孔明就会失败。而在历史上，诸葛亮一手擎天的全能形象是在刘备去世之后才出现的。而且罗贯中考虑到受众的认知水平，几乎没有提及战场背后的经济因素和复杂的派系斗争，给人以蜀汉赢着赢着就亡国的认知偏差。但不论如何，全知全能的诸葛亮已经深入很多人的心里，对诸葛亮的集体记忆基本稳定下来。在从历史人物到民间形象的演变中，诸葛亮由脚踏实地、行事谨慎的军事家和政治家变成了法力无边的术士。原本颇有心机和知人之明的刘备，对诸葛亮并非言听计从。但在文学作品中，刘备也被平庸化为诸葛亮的木偶。至于和诸葛亮没有太多瓜葛，历史形象近乎完美的周瑜，则被黑化为心胸狭窄的代名词。为北伐中原而进行的南中治安战，由于后来的胡汉战争，而被后代寄予了太多的希望。这些关注度和南中战役的历史作用其实是不成比例的。孔明和蜀汉政权，隐隐约约成为了中原主义的寄托，这都是诸葛亮始料未及的。可以说在经过人们的世代传播后，一个历史人物越是出名，人们对他的集体记忆，就越发远离他的真实形象。

（平顶山学院　常民强）

5

平顶山诸葛亮文化的创造性转化与创新性发展研究

平顶山是智圣诸葛亮青少年时期的寓居地，诸葛亮文化是历史赋予平顶山的重要文化资源。平顶山市在全面、深入挖掘、整理、研究诸葛亮文化资源的基础上，充分彰显诸葛亮文化资源的价值，积极推动诸葛亮文化的创造性转化、创新性发展，努力将其打造成城市文化的一张新名片，助力平顶山市文化强市战略。

平顶山诸葛亮文化的创造性转化

20世纪80年代以来平顶山市由于诸葛遗墟、明代牛凤《改正诸葛武侯祠记》碑、“诸葛亮拜谒张良庙石刻”等文物、遗迹的发现,引起了学者们对诸葛亮早年生活轨迹的新讨论,其研究成果也得到了专家学者的关注。党的十八大以来,国家高度重视以文化人,以文育人,将文化自信提到了新高度。文化自信视域下平顶山市诸葛亮文化研究如何调整研究策略,推进地域优秀传统文化研究的创造性转化和创新性发展,是平顶山文化工作者面临的一个重要课题。

一、平顶山诸葛亮文化研究现状

历史上对诸葛亮出山之后的历史文献研究成果较多,但对于诸葛亮少年时代的史料记载却极为稀缺。“在刘备与诸葛亮相会之前,诸葛亮早年生活大致可分为三个时期:①童年时代在家乡琅琊。②父亲死后,跟随叔父来到豫章郡。③进入荆州地界,最终躬耕于南阳。”[①]目前诸葛亮自述“躬耕于南阳”现在的归属地是南阳还是襄阳,学界、政府尚在激烈争论之中,其躬耕于南阳之前成长之路更是由于史料难征,而造成了考证的困难。

随着20世纪80年代平顶山的平山武侯祠、诸葛遗墟以及《改正诸葛武侯祠记》等历史遗存的陆续发现,以潘民中、杨晓宇为代表的平顶山市一些相关领域专家学者对诸葛亮青少年时期寓居平顶山行迹进行了深入的研究讨论,其主要观点有:诸葛亮一家南下途中,到达“高阳华里”(即今平顶山诸葛庙一带),因战事阻塞前行道路,遂在此寓居。曾寓居滞留叶县(今平顶山,当时属南阳郡)一带,诸葛亮父祖卒于此,诸葛亮少年时代有三四年时间是在此地度过的。之后随其叔父诸葛玄前往荆州、南阳,其叔父诸葛玄去世后,才有躬耕南阳的经历。平顶山地方文化学者的相关研究成果主要收录在杨晓宇、

① 王刚,刘清:《诸葛亮早年心志及行迹的历史考察》,《史学月刊》,2017年第11期。

潘民中等主编的《少年诸葛亮与平山武侯祠》一书中,《平顶山历史人物志》中也收录了"蜀汉丞相诸葛亮"一节。这些成果为研究少年诸葛亮的成长之路增添了重要的佐证,也为全国诸葛亮研究的深入开展起到了积极的促进作用。

这些研究中有一个重要的材料,1994 年明代牛凤《改正诸葛武侯祠记》碑被发现于平山武侯祠旧址。河南省文物保护管理委员会当年下发《关于保护诸葛遗墟和碑刻文物的函》,指出要尽快对遗址和碑刻文物加以保护,做出规划方案,尽快组织有关专家学者进行考察和学术研究,拟定保护方案。据《叶县志陵墓》记载:"开皇断石幢系明代县令牛凤在《改正诸葛武侯祠》石碑中所记"。碑中所记"有断石幢在焉,刻文仅数十字,中云'此地有诸葛之旧坟墟高阳华里'。然后知侯之父若祖自琅琊避地曾寓于此而葬。躬耕南阳,尚在厥后",提及了碑刻中高阳的地名。据《平顶山市地名志》记载:"高阳县,古县名,因其境内有高阳山而得名。明嘉靖《南阳府志校注第三册》载有"昆阳外有高阳县,……此古城在首山、滍水间,疑即后魏高阳山。""据《民国二十五年重修襄城县县志》记载,由龟山南走约里余为象山,即古高阳山也。"[①]高阳古地名现已不存,但明代牛凤《改正诸葛武侯祠记》碑刻的发现以及这些文献的相互佐证,平顶山学者对文献的研究,引起当时学术界和诸葛亮文化研究学者对诸葛少年时期行迹的再次讨论,但最终亦无定论。

碑刻所提"诸葛亮武侯祠",也就是现平顶山卫东区诸葛庙地名的原址。由于平顶山市的厂矿开发和城区改建,武侯祠已经不复存在,"诸葛庙"地名也只是保留在了"建设路街道办事处诸葛庙社区"地名里,而明代牛凤《改正诸葛武侯祠记》碑刻,就保留在诸葛庙改造后的老市场街门面房后面的一个偏僻的小巷中。

20 世纪 90 年代后,平顶山本地学者对诸葛亮文化的研究陷入低谷,外地学者鲜有加入讨论,平顶山诸葛亮文化研究成果影响力明显不足。随着平顶山市"文化强市"战略的推进,近年来卫东区政府在诸葛遗迹保护、开发和管理方面做了大量的工作,例如在城建规划中融入诸葛亮文化元素,诸葛社区诸葛亮文化园已经设计好蓝图;积极通过媒体、学校推广弘扬传承诸葛亮文化;组织诸葛亮纪念地、遗址调研讨论会,成立了诸葛亮文化建设领导小组和诸葛亮

---

① 谢复初,申书亮:《河南省平顶山市地名志》,天津人民出版社,1992 年,第 207 页。

研究学会等,但是影响力和力度仍有待提高。

二、平顶山市诸葛亮文化研究的时代价值和地域价值

据初步统计,国内现存成都武侯祠、南阳武侯祠一类的大型武侯祠有十余座,以“诸葛”“武侯”“孔明”为名的遗存有超千处之多,甚至在韩国、日本及东南亚地区亦有分布。这充分说明诸葛亮在中国已经不仅是一位历史文化名人,更代表了一种文化现象。[①]

(一)古地新城,需要充分重视发掘保护历史文化物质载体

有记载以来,现平顶山城区所在地域在历史上从未有过行政建制,平顶山市是20世纪50年代因煤而兴的一座工业新城,位于河南省中部,郑州、洛阳、南阳三角之间。殷商时期,为应、桀部落。春秋战国时期,分属韩、魏、晋、郑、楚。秦朝统一后,平顶山境域属颍川郡、三川郡和南阳郡。宋元起至明清分属汝州、许州和裕州。中华人民共和国成立后,平顶山地区分属洛阳专区,许昌专区。直至1957年经国务院批准,设平顶山市为省辖市。平顶山市现辖舞钢、汝州两个县级市,叶县、郏县、宝丰县、鲁山县4县,新华区、卫东区、湛河区、石龙区4区以及新城区、高新区。[②]

平顶山地区是伏牛山文化圈的重要组成部分。伏牛山属秦岭山系,一山出三水,分属于长江、淮河、黄河流域。物华天宝、人杰地灵,是伏羲、炎帝、黄帝、嫘祖、仓颉、颛顼、帝喾、尧、舜、禹等中华上古圣贤的主要活动地带,处处彰显着伏牛山地区文化底蕴的深厚和文明程度的辉煌[③];这里也是很多历史大事件的发生地:现有新石器时代裴李岗文化、仰韶文化和龙山文化遗址;滍阳镇发掘出战国时期的古墓十余座;古时的平顶山地区也是群雄逐鹿的古战场,著名的“湛阪之战”和“昆阳之战”都发生在这一地区。虽然很多历史事件时间久远,但这些地方出土的文物证明着这块土地厚重的文化记忆。

平顶山市作为一个旧地新城,建设初期由于平顶山市经济开发也处于初期阶段,城市遗迹、文物、遗址没有得到足够保护,诸葛庙武侯祠、云潮寺等诸

① 谢辉:《在研究诸葛亮文化上继续深耕》,《光明日报》,2021年2月9日。

② 平顶山市地方史志编纂委员会:《平顶山市志》,河南人民版社,1994年,第128页。

③ 张清廉,于长立:《伏牛山文化圈刍议》,《平顶山学院学报》,2010年第1期。

葛遗迹等已被拆毁殆尽。牛凤《改正诸葛武侯祠记》碑保存在卫东区诸葛庙居委会市场街里面的原武侯祠遗址碑亭,但外人很难找到。

一个城市的文化记忆,首先需要物质性的载体,通过看得见、摸得着的物质载体,进而向人们揭示其精神内涵。在诸葛亮文化考察过程中我们也经常遗憾地看到,很多文献记载的建筑、实物在平顶山已经难寻踪迹,例如叶县牛凤、高凤二贤祠的损毁;甚至平顶山市政府旧址,是平顶山市城市最初的记忆,也随着城市经济建设大潮付之一"拆",令老平顶山人扼腕叹息。因此,作为平顶山文化工作者,应该更多关注地域文化研究,提升自己的话语影响力,为决策者提供科学建议,提升全社会的文化保护意识和文化传承意识,让平顶山市的后人感受到平顶山厚重的文化,寻找到自己的文化根基。

(二)文化强市,需要唤醒构建新时代平顶山人的文化认同与文化自信

平顶山市作为因煤而兴的新城,当前正处在转型发展时期。市政府明确提出"文化强市"的发展策略。如何做到文化强市?全国人大原副委员长许嘉璐在《漫谈文化强国战略》报告中说道:"考察文化有三种入口,一是文化保护,二是学术研究,三是百姓认同。"他认为其中"百姓认同"是最难做到的,百姓认同,实际上是优秀传统文化内化程度的体现,是优秀传统文化生活化的反映,是自身文化强不强的最重要的反映。

文化传承,除了物质载体的保护与发掘,其蕴含的精神性需要全社会的人来共同传承。几千年来,平顶山这片土地也孕育了诸多英雄豪杰、文人雅士,如:提出"官无常贵,民无终贱"的思想观念的墨子;运筹帷幄、决胜千里的张良;写出"年年岁岁花相似,岁岁年年人不同"千古名句的唐代诗人刘希夷;留下"用心读书、亲近正人"家训及长篇白话小说《歧路灯》的清代文学家李绿园等。孔子为施展政治抱负曾在此游历,黄庭坚、梅尧臣、陈与义等也曾留下优美诗歌,苏东坡也深爱此地安葬于此,明代著名文学家何景明、王尚䌹等曾在此中唱和赋诗。民间传说中的名人历史故事更是多得不胜枚举。

在现存对诸葛亮早年生活的研究中,值得注意的是诸葛亮的三次被迫迁徙:一是离开家乡琅琊,二是随叔父来到豫章郡,三是进入荆州地界。平顶山,境域曾属颍川郡、三川郡和南阳郡,是中原文化与楚文化的交界地带,与历史记载的诸葛亮躬耕地南阳地脉相连、文脉相通,诸葛亮少年时期的迁徙轨迹与平顶山地域有交集是合理的。明代牛凤碑《改正诸葛武侯祠记》中所说"躬耕南阳,尚在厥后"。提出诸葛亮当年在平顶山地区的活动在其"躬耕南阳"

之前。可以说少年诸葛亮几乎都是在辗转迁徙时期成长起来,父母早亡,祖父多病,弟妹年幼,未仕无俸,还要耕读学习。正是生活困苦和躬耕陇亩的磨砺,才造就了诸葛亮心思缜密、淡泊宁静而又坚韧不拔、甘于“鞠躬尽瘁,死而后已”的高贵品质。[①] 因此对诸葛亮早年心志及行迹进行更深入的历史考察,对诸葛文化研究传承,具有很高的研究意义和时代价值。平顶山诸葛文化研究,要做到“文化浸润城市、文化滋养人生”。应以平顶山少年诸葛亮文化研究为抓手,将诸葛亮思想精华融入社会主义核心价值观建设,推动本地民众对诸葛亮精神精髓的认同。在挖掘时代价值、推进城市建设中做一些有益探索,推动传统文化时代价值综合运用。

三、平顶山市弘扬传承传播诸葛亮文化策略

在习近平总书记大力提倡传承中华传统优秀文化的今天,平顶山市卫东区政府组织各界力量深耕诸葛亮文化研究,推动平顶山诸葛亮文化创造性转化正当其时。我们需紧跟时代步伐,抓住时代脉搏,深入研究诸葛亮文化在当代的传播、传承价值,从文化传播学和德育教育研究新视角开展诸葛亮文化的保护、传承和研究工作,讲好平顶山地域文化故事,传递平顶山人文化自信的声音,让诸葛亮文化精髓融入平顶山社会生活中,构建和谐美好的新平顶山城市形象。

(一)组建研究团队,提升平顶山诸葛亮文化研究的影响力

利用平顶山市地方高校的人才优势,广泛联系省内外专家,开展平顶山诸葛遗墟等相关遗存调查研究项目,出版系列高质量研究成果,举办国际研究论坛;对平顶山诸葛亮文化的研究,不能简单陷入求证的窠臼,去卷进诸葛亮故里、躬耕地之争,而是要在“诸葛亮文化”保护、研究、传承上有新作为、新思考、新认知。对诸葛亮文化本质、特点,诸葛亮思想形成原因和发展脉络,以及诸葛亮文化基本内涵如何凝练、怎样发展传承,进行更深入的研究。

(二)文化进校园,发挥少年诸葛亮文化思想德育功能

诸葛亮除了《出师表》等传世名篇之外,还留下了《与兄谨言子乔书》《与兄谨言子瞻书》《诫子书》《又诫子书》《诫外甥书》等一批告诫后辈的精神财

---

① 王刚,刘清:《诸葛亮早年心志及行迹的历史考察》,《史学月刊》,2017 年第 11 期。

富。如《诫子书》中云:“夫君子之行,静以修身,俭以养德,非澹泊无以明志,非宁静无以致远。夫学须静也,才须学也,非学无以广才,非志无以成学。淫慢则不能砺精,险躁则不能冶性。”至今仍闪烁着智慧的光芒。

平顶山市诸葛亮文化研究应结合时代发展特征与青少年德育现状,通过多种方式推进创新型转化,可以常态化举办诸葛亮专题系列进学校、进场馆,在平顶山市中小学乃至高校学生中开展诸葛亮品格形成研学品牌等,让诸葛亮文化“智慧、忠诚、廉洁、勤俭”等传统展现出新的时代意义与价值,让诸葛亮文化精神精髓以课程思政的形式融入学校德育教育内容,使青少年德育注入新内容,焕发新活力。

(三)增强文化认同,推动诸葛亮文化研究成果创造性转化与传播

弘扬中华优秀传统文化,既离不开对其精神内涵的深度发掘,更需要拓宽视野,利用平顶山市文化产业资源,将诸葛亮研究成果通过现代传媒手段进行有效传播。组织挖掘诸葛亮的传说,制作适合现代传播方式的诸葛亮文化传播产品,通过短视频、微信公众号等新媒体传播方式让更多受众了解诸葛亮与平顶山的文化渊源关系,让诸葛亮文化“火起来”。

利用平顶山地名名人文化资源,建议将老市场繁荣街改名为诸葛庙街,在店面中政府主导加入一些益智品牌店面、传统书籍店面等,突出诸葛庙街的特色,唤起民众对诸葛庙街地名的回忆,进而唤起民众对诸葛文化的推崇和敬意。

利用平顶山市曲艺文化资源,在地方曲艺展演中有意加入诸葛亮文化的内容、形式,增强营销职能和宣传手段,扩大诸葛亮文化的影响力,让诸葛亮文化在平顶山社会文化生活里“活起来”。

(四)发挥政府职能,打造平顶山市区特色文化旅游景观

在文化产业与旅游产业融合发展下,政府应切实发挥相关职能,成为建设诸葛亮文化旅游品牌主导者,推动诸葛亮文化建设的正常运行与运作,加强文化旅游资产的投入,提升城市文化品位。让走进平顶山的旅游者感受到平顶山市厚重的文化底蕴,让诸葛亮文化通过旅游品牌“走出去”。此外,建设诸葛亮文化博物馆,完善展陈体系,举办高水平的诸葛亮和三国文化专题展览;争取在平顶山地方志、平顶山博物馆中呈现更多真实有力的诸葛亮文化的文物和研究成果。

综上所述,要想在平顶山大地真正地立起诸葛亮文化品牌,必须要做到使

诸葛亮文化“活起来”，通过城市规划建设让诸葛亮文化在平顶山城市景观、人文景观、书籍等建立外在的多种形式，为平顶山文化自信厚植底蕴；把诸葛文化“融进去”，让平顶山处处感受诸葛亮文化的熏陶，为文化自信注入活力；让诸葛亮文化“走出去”，通过专家学者的研究、多渠道创新型传播，让诸葛亮文化“火起来”，为平顶山市文化自信增添底气，促进平顶山文化旅游事业发展。

（平顶山学院 袁桂娥 段 纳）

平顶山诸葛亮文化的创新性发展

平顶山市卫东区是智圣诸葛亮青少年时期的寓居地,诸葛亮文化是历史赋予该区的重要文化资源。为做好诸葛亮文化资源的整理、研究及开发,2018年,平顶山市卫东区政协组织专家学者、部分政协委员进行了为期四个月的专题调研。同年5月,专题调研组赴山东沂南县、南阳卧龙区、湖北襄阳襄城区及湖北荆州荆中区考察学习。其间,专题调研组多次召开座谈会、研讨会,进行反复论证,深感诸葛亮文化是高禀赋、大能量、强亲和力的中华优秀传统文化遗产,平顶山市卫东区诸葛庙社区的"诸葛遗墟"是一宗不可多得、弥足珍贵的文化资源,极具弘扬、开发价值。

一、沂南、南阳、襄阳、荆州的经验

(一)沂南:活化诸葛出生地文化资源,做强做大诸葛品牌文化事业和文化产业

沂南县起步作诸葛亮文化时,所凭借的不过三条文献记载而已。《三国志》卷三十五《诸葛亮传》:"诸葛亮字孔明,琅琊阳都人也。"郦道元《水经注》卷二十五《沂水》:"沂水又南与蒙水合,水出蒙山之阴。东流经阳都县南,东注沂水。"当地古志书言:"沂南县砖埠镇黄疃村隋文帝开皇九年时有诸葛庙一座,此庙久矣不存,唯留两抱粗银杏树一株。"

在20世纪八九十年代,山东各地市县竞打名人牌的文化氛围里,黄疃村民在银杏树旁重建诸葛庙三间,称"诸葛亮祠"。圈起周边数亩地,刻立有关诸葛亮家族的石碑数通,搜罗摆放几件当地出土的汉代文物,建成"诸葛亮出生地纪念馆"。吸引海内外诸葛后裔前来祭拜,并将黄疃村更名为"诸葛村"。现已成为山东省文保单位和临沂市十大旅游景观之一。

进入21世纪,沂南县在加快城镇化建设拉大县城框架中,依托"智圣诸葛亮出生地"这宗文化资源,在新城区建起占地数百亩的"智圣诸葛亮公园",包括诸葛亮铜像广场、回音壁、智慧桥、乾隆御碑亭、诸葛宗祠、八卦迷宫等景点。

近年来,沂南县已经成功举办了六届中国临沂诸葛亮文化旅游节,吸引了全国各地的大量游客,大力弘扬了诸葛亮文化,促进了文化旅游产业的大发展。引资数十亿开发“智圣旅游度假村”,建成仿汉风格智圣文化一条街,集餐饮娱乐、会议商务、养生理疗、生态旅游于一体。已顺利挂牌国家AAAA级景区。

地方历史文化资源有极强的文化膨胀力。只要找准切入点去一步一步做,使其活化,就不难有收获,见成效。其膨胀力也就会得到有效释放。

(二)南阳:不断充实丰富卧龙岗武侯祠文化内涵,引领南阳文化旅游产业大发展

南阳卧龙岗武侯祠是一处老名胜古迹,有1800多年历史。1963年被列为首批河南省重点文物保护单位,1996年被国务院列为全国重点文物保护单位,2008年被国家文物局评为首批国家二级博物馆。

老名胜古迹怎样适应新形势,焕发新精神?20世纪90年代以来,在诸葛亮躬耕地襄阳南阳之争推动下,硬件建设方面,在不断加大祠内文物的保护力度的同时,持续丰富祠内楹联、碑刻内容,将诸葛亮躬耕于南阳的真髓充分体现出来,让事实说话,增强观赏效果。软件建设方面,一方面不断举办诸葛亮文化研究的学术会议,建立学术支撑,扩大南阳卧龙岗武侯祠的影响;一方面持续提升导游员的讲解水平,准确、系统、透彻,富有时代气息,讲出智圣诸葛亮人格魅力和文化感召力,引来游人如织。

南阳的历史很悠久,南阳的历史名人辈出,南阳的名胜古迹很多,南阳的文化很厚重。但要说能够引领南阳文化旅游产业大发展的还是卧龙岗武侯祠。且不说高端人士到南阳首先要看的是卧龙岗武侯祠,但凡有一定文化品位的游客,凡知道诸葛亮这位先贤的游客,凡读过《三国演义》、看过三国影视作品的游客,来南阳不到卧龙岗武侯祠感受一下、体验一下的游客恐怕也不多。有点文化的人到南阳差不多都是冲着卧龙岗武侯祠而来的。

地方历史文化资源有很强的民俗亲和力。诸葛亮文化既是历史文化,也具有丰富的民俗元素。在老百姓心目中,诸葛亮是智慧的化身,是能够呼风唤雨的神人,是男女老幼共同崇拜的先圣。

(三)襄阳:用现代设施包装古隆中武侯祠景区,增强游客旅游的舒适度

襄阳市将古隆中武侯祠景区交给大公司“鄂旅投”经营。“鄂旅投”规划建起了仿汉建筑风格的大型游客集散中心,既有外貌的古色古香,又有内里的新潮现代。还对景区道路进行了系统整修,添置了景区大巴,给游客的进出提

供了极大的便利。游客来这里旅游,既可享受诸葛亮当年隐居此地时的青山绿水,体验其研学的明志致远,也不失现代生活的便捷舒适。

地方历史文化是有其历史穿透力的。现代旅游设施把1800年前诸葛亮的生活情趣和1800年后游客的生活场域沟通联系起来。游客从现代设施的集散中心抵达古隆中,仿佛是经时空隧道走近1800年前的诸葛亮。游客游罢古隆中回到集散中心,是从诸葛亮身边汲取中华优秀传统文化营养后返归1800年后的现代。在这一进一出中体察历史的穿透力,感受优秀传统文化的磁性,增强作为炎黄子孙的定力。

(四)荆州:立足高品位文化资源,多层面打造旅游景观

荆州古城是当年诸葛亮与关羽镇守之地。而今古城内外除"三国公园"外,以关羽为主题的景点还有"关帝庙""关羽祠"和"关公义园"等。景点占地不多,可都凝聚紧凑,主题极为鲜明。

关羽祠紧贴南城墙,高台之上仅一正殿两厢殿,端正庄严,突出的是关羽武财神的形象。关帝庙所在既是关羽镇守荆州10余年的府邸故基,也是关羽后代世居江陵的地方。殿宇分为仪门、正殿、三义楼和陈列楼等,共占地4500余平方米。正殿和三义楼分别供奉着关羽和桃园结义刘、关、张巨塑。庙内现存明万历年间栽植雌雄银杏两株(距今约六百多年),关羽青龙偃月刀、赤兔马槽等珍稀文物。荆州关帝庙已被列为国家三国旅游线重点游览胜迹。关公义园则位于荆州古城东南侧,紧邻护城河,规划用地面积228亩,项目总投资15亿元,以"义"为主题,以多种方式生动展现关公"义薄云天"的一生。8000平方米的关公纪念馆,大而不虚,内容充实。2014年该园入选国家优选旅游项目,2015年被评为湖北省第五批文化产业基地并纳入中国文化产业重点项目库。2016年6月17日,荆州关公义园正式开园。

一个好题目,由多个高手去写作,由于视角不同,立意有别,就可能会写出多篇好文章。而多篇好文章又会对读者产生集束效应。旅游开发也是一样。"它山之石,可以攻玉"。这次考察调研算是把"它山之石"采回。至于如何雕刻我们掌中"诸葛遗墟"这块璞玉?我们的建议仅供参考。

二、平顶山市诸葛庙村及诸葛武侯祠的现状

平顶山市卫东区诸葛庙村,是因纪念智星诸葛亮青少年时代生活、学习、

成才地而形成的古老历史文化村落，并有其父祖旧坟墟载于方志。从明代南京太常寺卿、乡贤牛凤捐资修建的诸葛武侯祠所留下的碑记中，我们可以认定，诸葛武侯祠和诸葛庙村早就存在了。诸葛庙村因庙而建，但诸葛庙，或者叫诸葛武侯祠，却逃不脱历史上的战火破坏与风雨侵蚀，有多次修葺重建。到了现代，平顶山矿区的开采，让本就破败的武侯祠雪上加霜，勘探队就住在祠内，许多建筑木料被当作灶柴烧掉。但也把平顶山武侯祠的名字传向四方，因为第一对矿井就名为诸葛庙矿，即现在的平煤二矿。随着平顶山市这座新兴能源工业城市的兴建，几十年来的风风雨雨，让诸葛庙飘摇不定，历年的城市建设、历次的文化浩劫，诸葛庙已经不见以往的踪影，仅仅剩余一通可以证明其历史沧桑的明代石碑，孤零零地竖立在原址，被诸葛庙村的老百姓自发保护着。

在长期的历史进程中，特别是自明初以来数百年间，平顶山诸葛庙村及其附近的村民，也有像牛凤那样的乡贤名宦，曾多次对诸葛武侯祠进行修建和悉心保护。尽管诸葛庙遗址和金鸡冢已经被湮没于繁华街道和高楼大厦之下，但老百姓还是把珍贵的牛凤碑保护了下来，并且沿袭了诸葛庙社区的名字。他们还专门成立了诸葛庙保护协会，轮流值守保护碑刻，这些都是难能可贵的。诸葛庙作为一座千年传统文化村落，到了今天彻底消失，固然可惜可叹，但也自有社会发展中的多种原因。而诸葛武侯祠的文化符号，却在平顶山人的记忆中，留有难以磨灭的印记。

三、平顶山市诸葛亮文化资源开发利用滞后的原因

平顶山诸葛武侯祠是诸葛亮最重要的纪念地之一，进入社会主义新时期之后，全国都在挖掘利用当地优秀传统文化，推动旅游业快速发展，近年又有党和政府号召全域旅游的大环境支撑，但平顶山市对其开发利用的步子，却迟迟难以迈开。究其原因，有以下几点：

其一，是对平顶山市诸葛武侯祠的文化价值认识不足，导致宣传不到位。有些人甚至至今还怀疑诸葛亮这位伟人在平顶山地区生活、学习、成才的真实性。在 2017 年 10 月 18 日召开的中国共产党第十九次全国代表大会上，习近平总书记提出了文化自信，并在政府工作报告中明确指出：“我们将大力持续发展文化事业和文化产业。”这里所说的文化自信，在国家的层面适用，在地方

的文化保护层面,也极具指导意义。我们不能对我们的文化瑰宝不自信,甚至妄加怀疑。

其二,由于对自己文化的不自信,直接导致对文化遗存保护的不力。历史上的多种原因,使诸葛武侯祠步步湮灭于岁月流逝当中。但在全国上下重视对优秀传统文化挖掘、保护、开发利用的今天,我们就责无旁贷了。现在仅存的可以证明诸葛武侯祠历史存在的牛凤碑,是多名市政协领导、委员和文史专家联名呼吁保护下来的。而近年发现的诸葛亮拜谒张良庙手迹石刻,是在地里翻出来三年后才为世人所知,这是证明诸葛亮在平顶山地区遗踪的又一个有力见证。最近区政协调研中发现,有一通光绪十四年(1888)的昆阳居士天爵马永禄所记诸葛庙碑因管理不善断为三截,至今残碑仍在诸葛遗墟前扔着。且不说该碑价值有多大,首先就应该把它拉到合适的地方保护起来。根据史料记载和诸葛庙宿老记忆,诸葛武侯祠原有十几通石碑,应该寻找线索,尽可能地寻找回来。

其三,对诸葛武侯祠和诸葛亮在平顶山的情况研究也远远不到位。可以说,多少年来,研究和保护都是在专家、学者、村民的个人努力下而为之,包括《少年诸葛亮与平山武侯祠》一书的编写与出版,是针对其系统组织的文化活动,这次调研说明区领导对平顶山诸葛亮文化的挖掘、研究、开发利用已经重视起来。这是一个好开端,如何加大组织、引导和扶持力度,今后还有许多工作要做。

我们现在需要做的,是抓住诸葛庙的历史踪迹,留住平顶山市诸葛亮文化的根脉,把它重新发扬光大。同时,也为打造一个不一样的、充满时代光彩的文化卫东注入深厚的历史文化内涵。

建议在诸葛亮文化的保护研究宣传方面:一是加大保护力度。诸葛庙原有石碑十余通至今仅存二通:牛凤碑和马永禄碑(已损坏),说明文物保护意识不强,制度没有得到落实。二是要加强对诸葛亮文化的研究。要引导成立诸葛亮文化研究会等社团组织,并为其开展工作提供经费支持,开展征文、楹联、影视剧创作等系列活动,使研究由自发、无序走向组织有序。三是加强宣传。结合百城建设提质工程,在全区城市建设中植入诸葛亮文化,提升城市区文化品位。如道路可更名为诸葛大道、游园可塑雕像等景观,宣传诸葛亮在平顶山寓居的故事,使其家喻户晓,深入人心。要“走出去”和“请进来”,走出去就是要参加全国性的诸葛亮文化研讨会,请进来就是要承办全国性的研讨会,增加文化认同感，提升卫东区的影响力。

四、平顶山诸葛亮文化资源创新性开发的建议

（一）指导思想

学习宣传贯彻党的十九大精神，秉承国务院华夏历史文化传承实验区要求，弘扬社会主义核心价值观，促进全域旅游、生态旅游建设，以诸葛亮文化为魂，知识产业为体，抢全域旅游先机，筑经济发展高地。

（二）总体建议

1. 留旧布新，异地重建。

2. 总体规划，分期实施。

3. 软件过硬，硬件超群。

4. 旅游精品，产业龙头。

（三）具体步骤

1. 留旧布新，异地重建

平顶山诸葛武侯祠虽然过去具有一定规模，但至今已经荡然无存。在其他地方，这一类历史名人纪念地，有许多也在长期的历史过程中消失殆尽，当地政府或企业，又在原来遗址上重建。甚至连遗址也弄不清的，只好选取附近大概地方恢复起来。

平顶山诸葛武侯祠，与其他地方都不一样，我们虽然还能确定原来遗址，但由于城市建设，高楼林立，街道纵横。若小打小闹，单纯从建祠角度，还能将就。但若从发展旅游产业角度，已经没有优势地理条件了。为弘扬诸葛亮文化，打造一个全新的诸葛亮文化旅游园区，就需要另选合适的地方异地重建。这就是“布新”。

那么，为什么还要“留旧”呢？有几个考虑：一是诸葛武侯祠是平顶山市的“根”，城市之根，文化之根，乡愁之根。二是诸葛庙村民的恋旧情怀，对诸葛武侯这个名垂宇宙的智星，所具有的那种崇敬之心和信仰之意。三是为大文化旅游格局考虑，原址今后也是整个诸葛亮文化园区游客必到的一个“亮点”。

2. 总体规划，分期实施

这个很容易理解。如果想把诸葛亮文化园区做强做大，就必须先有总体规划，在总体规划的基础上，招商引资，进行建设。考虑到引资速度和资金多

少，分期实施也就是必然的。实际上，较大的文化旅游景区都是这么做的。

关于选址问题，卫东区政协调研组在考察吸取外地相关建设经验、特色、结果和运行模式后，也对拟选地址北部区域进行了实地考察。有以下三处地方可供选择。

一是金牛山前，北环以北，平郏路以东，马棚山口以西的区域。这儿地势开阔，在月台和冯庄中间，背靠金牛山建祠，然后向周围扩大成为园区。从航拍地图看，上部山上如龙飞腾，很有气势。西边月台，与其他地方诸葛亮月台弹琴的故事不谋而合。下边石榴园、左边马棚山也可作为园区一个部分。所临的北环和平郏路，使园区交通便利。向北不远可直达谋圣张良故里在建的郏县张店文化游览区，把我国古代的两大伟人故里相连。西与山顶公园相呼应，东与高阳山接壤，可体察高阳华里的文化意蕴，南与蒲城店，门楼张国家和省级重点文物保护单位相牵。在整个卫东区域，沿山开发，环区旅游，形成全域文化生态旅游的大格局。

二是平顶山右边落凫山下寺沟附近，这儿的优势是附近有观山寺或云潮寺故址，是明代牛凤发现铭刻“此处有诸葛旧坟墟高阳华里”断石幢的地方，具有更多的文化信息。但也有不足之处：地势不开阔，没有扩展余地，很难形成规模，只能做山顶公园的一个陪衬景点。

三是金牛山东边接近高阳山的地方，山下有一山凹处，背风朝阳，前面也开阔。不足之处是离市区较远，交通不便。从兴建祠庙的角度，是个不错的选择，若从大旅游格局考虑则显欠缺。

无论哪个方案，都需要总体规划，然后分步进行建设。

3. 软件过硬，硬件超群

一个有影响的文化园区，必须要软件过硬。即结合历史史实，故事传说，民风民俗等，进行研究、布局和宣传。打出“智圣寓居地”的金字招牌，与新城区香山寺的“观音祖庭”遥相呼应。进行全国性学术研讨活动，各类文体赛事活动。出版平顶山诸葛亮文化研究的文集，文学创作作品；刻挂相关楹联诗词书法等。现代宣传手段的戏剧曲艺、电影电视、网络视频、实景演出等，都是打造知名景区的常用手段。

硬件超群，指在景区硬件打造方面，要出新意、出特色、出亮点，才能使硬件超过别处，吸引游客。如打造诸葛亮文化小镇，进行少年诸葛亮的影视拍摄，作品可以在园区天天播放，拍摄基地本身就是一个诸葛亮文化景点，可以接纳各地游客，也可以为新的拍摄活动反复利用；宁夏北镇、襄阳唐城等地，都有成功的经验可以参考。卫东辖区北部都是煤矿塌陷区，干别的不行，打造影视基地却是最佳选择。特别是金牛山前北环两边，都是打造影视基地的好地方。此外，在园区规划中，可以设置三国名人区、汉文化游览区、楚文化游览区、鹰城文化名人馆等，把诸葛亮文化园区纳入全国旅游黄金带。

4. 旅游精品，产业龙头

把前边三项做好了，这个旅游精品的目的就达到了。做成了诸葛亮文化园区这个精品，就自然会成为其他产业的龙头，卫东区也会成为全市文化产业的龙头，也当然催生食、宿、娱、购、游各类旅游产品。

总的来说，我们的建议，就是把卫东区的诸葛亮文化资源进行综合利用，合理规划。结合诸葛武侯祠的异地重建，深挖诸葛亮文化内涵，打造诸葛亮文化园区。最后达到依山开发，环区旅游，发展文化产业，振兴卫东经济的目的。在发展旅游方面，切记景点宜联不宜散，景区宜大不宜小，规划宜实不宜虚，建设宜快不宜迟的理念，早日实现卫东区全域旅游的大格局、大发展。

（平顶山市卫东区政协　宋战功、孙新举等）

平顶山诸葛亮文化与打造城市文化新名片

近年来，平顶山市以建立“卫东区诸葛亮文化研究会”为契机，大力弘扬诸葛亮文化精神，努力将其打造成城市文化的一张新名片。然而，这件事情要想做好，需要在修炼好内功的同时，还要注重打造其在国内外的影响和地位，需要扎实的学术支撑。为此，笔者不揣浅陋，将平顶山诸葛亮文化置于全国“诸葛亮文化圈”和平顶山文化符号体系两个维度加以阐述，以就教于方家。

一、平顶山诸葛亮文化在全国“诸葛亮文化圈”中的地位

文化圈（cultural sphere）是社会学与文化人类学描述文化分布的概念之一。它涉及的地域范围比文化区和文化区域更为广泛。这一概念首先是由德国文化人类学家莱奥·弗罗贝纽斯提出的。德国民族学家、地理学家弗里兹·格雷布纳在1911年出版的《民族学方法论》一书中使用文化圈概念作为研究民族学的方法论。他认为，文化圈是一个空间范围，在这个空间内分布着一些彼此相关的文化丛或文化群。从地理空间角度看，文化丛就是文化圈。

依据文化圈相关理论，笔者认为“诸葛亮文化圈”是具有学术支撑的。诸葛亮（181—234），字孔明，号卧龙，琅琊阳都（今山东省沂南县）人，三国时期蜀汉丞相，中国古代杰出的政治家、军事家、文学家、发明家。特别是他“鞠躬尽瘁，死而后已”的忠诚、敬业、勤勉、奉献精神，受到后世的无比敬仰和怀念。为此，自公元263年在陕西勉县定军山下为诸葛亮建庙后，四川、云南、贵州、湖北、河南、甘肃、湖南、山东、江苏、浙江、台湾等不少地方相继修建起一座又一座武侯祠。历史上究竟有过多少武侯祠，已经无法统计了。据有关地方志记载，清代云南有34座武侯祠，贵州省有18座，而四川省有40座。仅成都市一地历史上先后就有过8座。直到今天，全国保存下来的，被列为保护单位的武侯祠也在10座以上。全国各地的武侯祠或诸葛庙，构成了一个规模较大、影响深远的文化体系，具有相近的文化内涵，笔者将这一文化现象称为“诸葛亮文化圈”。既然称其为文化圈，就一方面需要该文化圈内经常举行学术层面

的研讨和交流，另一方面要通过参观考察相互借鉴，取长补短，共同服务于我国的社会主义文化建设。

诸葛亮青少年时期曾寓居平顶山，诸葛亮在平顶山的这段生涯对他思想的成长有着重要的作用，甚至毫不夸张地说，这是诸葛亮精神和智慧之根源。仅凭这一点，足可以认定平顶山诸葛亮文化在全国“诸葛亮文化圈”中占有重要地位。

二、诸葛亮文化在平顶山文化符号体系内的地位

（一）平顶山文化符号体系及其架构

文化符号，是指具有某种特殊内涵或者特殊意义的标示。文化符号是一个企业、一个地域、一个民族或一个国家独特文化的抽象体现，是文化内涵的重要载体和形式。比如，一提到中国文化，大家就会想到汉语、书法、北京故宫、天坛、长城、苏州园林、孔子、道教、兵马俑、丝绸、瓷器、京剧、少林寺、功夫、中医、针灸、中国烹饪等。那么，一提到平顶山文化，大家会想到什么呢？目前影响力较大的有鹰城文化（对应应国文化）、曲艺文化（中国曲艺名称、马街书会为代表的），实际上，除了这两个之外，还有尧山文化（与中华刘姓的始祖刘累有关）、叶公文化（叶姓始祖沈诸梁）、墨子文化、观音文化（香山寺—中原大佛）、汝瓷文化、三苏文化、叶县县衙文化等。然而，这些文化比较分散，也各具内涵，需要进行整合与理论升华，使其构成一个丰富、完整的系列，笔者将其称为文化符号体系。

平顶山文化符号体系可以由10部分构成，按照出现的先后顺序依次为尧山文化、应文化、叶公文化、墨子文化、诸葛亮文化、观音文化、汝瓷文化、三苏文化、叶县县衙文化、马街文化。按其内涵可归并为以下几类：

（1）寻根文化：包括尧山文化、应文化、叶公文化。

（2）思想与宗教文化：包括墨子文化、观音文化。

（3）文学与艺术文化：包括三苏文化、汝瓷文化、马街文化。

（4）政治文化：包括叶县县衙文化。

那么，诸葛亮文化该归入哪一类呢？笔者认为，归到哪一类都有些牵强，因为诸葛亮的“头衔”很多——军事家、政治家、外交家、文学家、书法家、天文学家、气象学家、心理学家、物理学家、发明家。既然如此，诸葛亮文化在平

顶山文化符号体系内应该居于什么位置呢？笔者认为，平顶山文化符号体系可以分为两大类：一大类是传统文化，上述四类属于传统文化的四个分支；另一大类可以称之为“古为今用文化”，诸葛亮文化就是这种文化的典型代表，具有丰富的当代意义和利用价值，下文将具体阐述。

（二）诸葛亮文化在平顶山文化符号体系内的特征

1. 诸葛亮文化与社会主义核心价值观具有高度的契合度

第一，诸葛亮的“忠诚”与爱国价值观的契合。诸葛亮在《兵要》一文中说：“人之忠也，犹鱼之有渊。鱼失水则死，人失忠则凶。”他还说：“士为知己者死，女为悦己者容，马为策己者驰，神为通己者明。”[①]简短的四句话，就把世间的忠诚比喻得十分贴切。诸葛亮的忠诚思想，主要体现在辅助刘备忠心耿耿、任劳任怨，辅佐后主专权不越位。诸葛亮自出草庐决心献身国家，为光复汉室、扶翼正统而奋斗，跟随刘备，为其出谋划策，帮助他占荆州、取益州、夺汉中。刘备在白帝托孤时对诸葛亮说：“如其不才，君可取之。”[②]但诸葛亮却说：“臣敢竭股肱之力，效忠贞之节，继之以死。”[③]后来的事实证明，直到诸葛亮病死在五丈原北伐前线，都一直在忠诚地辅佐后主刘禅，没有丝毫的不忠行为。两篇《出师表》更是体现了诸葛亮的忠诚，此忠诚之心，世间罕见。当今，“爱国主义教育是建设祖国的强大精神力量；是思想教育的核心”[④]。而诸葛亮的忠诚精神充分彰显了中华民族的爱国情怀，为当今中国培育国人爱国主义精神提供了很好的借鉴。

第二，诸葛亮的“勤政”与敬业价值观的契合。诸葛亮勤恳工作，任劳任怨。受命期间他事必躬亲，即便细微小事亦亲自过问处理。辅佐后主“恐托付不效，以伤先帝之明”，他十分明白“君以礼使臣，臣以忠事君。君谋其政，臣谋

---

① 段熙仲，闻旭初编校：《诸葛亮集》第3卷《便宜十六策·察疑第五》，中华书局，2020年，第98—99页。

② （晋）陈寿撰：（南朝宋）裴松之注《三国志》第35卷《蜀书·诸葛亮传》，中华书局，1999年，第682页。

③ （晋）陈寿撰：（南朝宋）裴松之注《三国志》第35卷《蜀书·诸葛亮传》，中华书局，1999年，第682页。

④ 孙英梅：《论爱国主义教育是思想教育的主旋律》，《沈阳大学学报》，1997年第2期。

其事。政者，正名也，事者，勤功也。君勤其政，臣勤其事”[①]的道理。因此，无论做什么事情，他都把自己放在适当的位置，勤勤恳恳地主动做好分内的工作。《成都府志》载：“九里堤在府城西北隅，其地洼下，诸葛武侯筑堤九里，以防冲啮。”在蜀期间，诸葛亮亲自视察火井，并改进火井煮盐技术。敬业是一种对待劳动和工作的敬畏态度和负责精神，它不仅是一种工作态度、职业能力和职业精神，还是一种人生观和哲学观，更是实现中华民族伟大复兴的动力之源。“鞠躬尽瘁，死而后已”这八个字恰如其分地体现了诸葛亮毕生的理想信念、价值追求和言行实践。尽管出师未捷身先死，可是他的这种敬业精神激励着中华民族一代又一代子孙为实现民族振兴和国家富强而奋斗不息、矢志不渝。

第三，诸葛亮的“诚信”与诚信价值观的契合。诸葛亮一生谨言慎行，诚信待人，对自己许下的诺言，都矢志不渝地践行。刘备白帝城托孤，诸葛亮做出“竭股肱之力，效忠贞之节，继之以死”的承诺，后来他实践了自己的诺言。对内，实现了蜀国的安定与繁荣；对外，北伐中原，兴复汉室；对上，效忠后主，报答先帝三顾之恩，永安托孤之情。诸葛亮至死的那一刻，都在履行报效蜀汉的誓言。诚信是国家的立国之基、个人的立身之本，是培育和践行社会主义核心价值观的重要内容之一，是每个公民必须树立和积极践行的价值标杆和行为准则。在培育和践行社会主义核心价值观的过程中，传播诸葛亮的诚信事迹，不仅有利于形成人与人之间相互信任、真诚相待、和谐相处的人际关系，还有利于良好社会风气的形成，推动整个社会精神文明的发展。

第四，诸葛亮的“仁爱”与友善价值观的契合。诸葛亮在治国上以爱民、安民为本，“在屯田劝农、兴修水利、扩大蜀锦生产规模、改善盐铁生产技术等方面，采取了一系列有效措施，收到了很大的成效”[②]，为蜀国百姓解决了诸多民生问题。诸葛亮平定南中后，实行屯田、兴修水利、开采盐铁等措施，并向当地的少数民族推广中原先进的文化和生产技术，对改变南中的文化面貌和生存状态产生了积极而深远的影响，深得西南少数民族百姓的拥戴。友善是构建和谐人际关系的纽带，是社会和谐发展的助推器，其价值构成要素主要包括

---

① 段熙仲，闻旭初编校：《诸葛亮集》第3卷《便宜十六策·君臣第二》，中华书局，2020年，第97页。

② 沈伯俊：《高风亮节，百代楷模——论诸葛亮的人格魅力》，《中华文化论坛》，2017年第12期。

"尊重、宽容、仁爱、互助"[①]等。诸葛亮治蜀期间,以仁爱对待百姓,从而赢得两川百姓乃至西南少数民族的尊敬与拥戴。诸葛亮的仁爱精神与当代友善价值观内涵高度契合,通过弘扬诸葛亮仁爱精神,有利于引导民众构建良好的人际关系,有利于化解社会心理矛盾,有利于改善不良的社会风气。

第五,诸葛亮的"公平"与公正价值观的契合。诸葛亮为政始终秉持着公平正义、明察秋毫、赏罚分明的原则。"尽忠益时者虽仇必赏,犯法怠慢者虽亲必罚,服罪输情者虽重必释,游辞巧饰者虽轻必戮;善无微而不赏,恶无纤而不贬。"[②]尽管刑法严格,但川中百姓无不心悦诚服。历史上著名的挥泪斩马谡,以及诸葛亮上表请罪,认为自己犯有知人不够、用人失察等罪责,要求自降三级。这不仅彰显出其公平正义、执法严明的工作作风,还达到了惩前毖后的目的,大大激励了北伐将士的士气。诸葛亮公正无私的施政特色与当今社会主义公正价值观的思想理念较为契合。公正,即公平、正义,是衡量一种社会制度安排是否正当合理的价值理念与尺度准则,是凝聚中国力量的重要源泉,是实现社会稳定的有力抓手。因此,在当下社会,我们需要公正这一价值导向,在全社会开展诸葛亮公正精神教育,有利于公正风气的弘扬和公正社会的构建。

第六,诸葛亮的"法治"与法治价值观的契合。诸葛亮认为,要想管理好国家,不能单靠仁德感化和教育,而应以定法度和明赏罚为主要依据。他说:"治国之政,其犹治家,治家者务立其本,本立则末正矣","故本者,经常之法,规矩之要"[③]。主张治国是法礼并用,威德并行。以商鞅之法,却不迷信其权威主义,取其理法,结合儒家教化,把刑罚与教化合而为一。陈寿评价诸葛亮说:"终于邦域之内,咸畏而爱之,刑政虽峻而无怨者,以其用心平而劝戒明也。"[④]历史学家范文澜在《中国通史》中说:"他(诸葛亮)所治理的汉国,在三国中是最有条理的一国。"法治是人类社会文明发展到一定历史阶段的重要标

① 黄明理,顾建红:《论"友善"核心价值观之内涵、特征及基本要求》,《社会主义核心价值观研究》,2017年第2期。

② (晋)陈寿撰,(南朝宋)裴松之注:《三国志》第35卷《蜀书·诸葛亮传》,中华书局,1999年,第694页。

③ 段熙仲,闻旭初编校:《诸葛亮集》第3卷《便宜十六策·治国第一》,中华书局,2020年,第96页。

④ (晋)陈寿撰,(南朝宋)裴松之注:《三国志》第35卷《蜀书·诸葛亮传》,中华书局,1999年,第694页。

志。诸葛亮的法治思想在一定程度上与当今法治价值观相对契合,在今天仍然具有一定的价值意义,传承和弘扬诸葛亮法治文化,如执法必严、违法必究的法治原则,法律面前人人平等的法律精神,以及德治与法治相结合的法治思想等,对当代社会主义法治建设具有重要的借鉴意义,同时对践行社会主义核心价值观又具有一定的促进作用。

2.诸葛亮文化精神的当代价值

第一,尚学精神。诸葛亮被后人誉为“智慧之化身”,这与他博览群书是分不开的。他学习经史和诸子百家,研究治国方略,密切关注现实,分析各派政治集团的斗争情况,精辟地提出了隆中对策,描绘了三分天下的宏伟蓝图。此外,他还广泛涉猎天文地理、医卜星相、兵器机械等书籍,并学用所有,研制成功了“木牛流马”“连弩”等,在军事上起到了重要作用。《诸葛亮集》收录了他关于理政、用人、治兵等上百篇,共计十万余言的文字,许多篇章至今仍闪烁着熠熠光辉。他的《诫子书》阐述修身养性、治学做人的深刻道理,是一篇充满智慧之语的家训,成为后世历代学子修身立志的名篇。

第二,廉洁精神。诸葛亮提出考察贤才的七种办法,即“知人之道有七焉”[①],其中一条便是“临之以利而观其廉”,并重用清正廉洁的官员,从而使社会风气好转。诸葛亮不仅倡廉治贪,而且身体力行,率先垂范。《三国志·诸葛亮传》记载:诸葛亮病重期间,向刘禅呈上一份关于家庭经济状况的奏表,“臣初奉先帝,资仰于官,不自治生。今成都有桑八百株,薄田十五顷,子弟衣食,自有余饶。至于臣在外任,无别调度,随身衣食,悉仰于官,不别治生,以长尺寸。若臣死之日,不使内有余帛,外有赢财,以负陛下”。这不仅是诸葛亮一生廉洁从政的真实写照,也是古代高级官员的一份家庭财产申报表。诸葛亮死后,丞相府清点财产,“及卒,如其所言”。身为蜀国丞相,他始终坚持以廉立身、以廉养身,“先理身,后理人”,以达到“理身则人敬”的崇高境界。

第三,节俭精神。诸葛亮明确提出“俭以养德”[②],并且付诸实践。诸葛亮在任丞相的27年时间里,要求蜀汉政府的各级官吏“清心寡欲,约己爱民”,制定了一系列政策措施杜绝铺张浪费。他提出:“夫作无用之器,聚无益之货,金银璧玉,珠玑翡翠,奇珍异宝,远方所出,此非庶人之所用也;锦乡纂组,绮罗绫

① 段熙仲,闻旭初编校:《诸葛亮集》第3卷《将苑·自勉》,中华书局,2020年,第111页。

② 段熙仲,闻旭初编校:《诸葛亮集》第1卷《诫子书》,中华书局,2020年,第65页。

毂，玄黄衣帛，此非庶人之所服也；雕丈刻缕，伎作之巧，难成之功，妨碍农事，辎出入，袍裘索，此非庶人之所饰也；重门画兽，墙数仞，冢墓过度，竭财高尚，此非庶人之所居也"[①]。在日常生活中，诸葛亮处处勤俭节约，以身作则。他作为一国丞相，出则"乘素舆"，戴则"葛巾"。生活简朴，不讲排场，其家人也过着清贫的生活，"蓄财无余，妾无副服"[②]。他倡导丧事从简，"遗命葬汉中定军山，因山为坟，冢足容棺，殓以时服，不须器物"[③]，这在厚葬之风盛行的汉魏时期是难能可贵的。

综上所述，诸葛亮文化精神所具有的9个方面的特征，涵盖了当代中国政治、法律、经济、社会、治学、治家等各个方面，堪称是一部弥足珍贵的"精神宝库"和"大百科全书"。因此，将其称为"古为今用文化"是十分恰当的。

三、平顶山诸葛亮文化的特点

平顶山的诸葛亮文化以"诸葛遗墟"为主要代表和核心。诸葛遗墟位于今平顶山市卫东区诸葛庙社区，大众路中段中原商场楼后。这一地区历史上归叶县管辖。据旧《叶县志》记载，此地称"诸葛遗墟"，并非诸葛亮葬于此，而是平顶山下原有隋开皇二年的石碑，云及此地有诸葛氏之坟墓。隋朝与三国时期相去较近，所载之事可信度较高。据碑载，当时山下稍西有诸葛庙，东有金鸡冢。诸葛氏祖籍琅琊，汉灵帝中平六年(189)，诸葛亮随祖父、父亲、叔父、兄弟，为躲避青州徐州黄巾起义的冲击，走上了出徐州、入豫州、望荆州的道路，来到平顶山下。这里属豫州颍川郡昆阳县境，是青、徐、兖诸州通往荆州的大道所必经。因长途跋涉，诸葛亮父祖染病在身，被迫在平顶山下暂时居住下来。继而诸葛亮父祖病逝，遂葬于此。之后，诸葛亮随其叔父诸葛玄按礼制规定的时间为父祖庐墓3年。汉献帝兴平元年(194)，诸葛亮随其叔父诸葛玄迁居荆州。也就是说，诸葛亮少年时代有7年(8至14岁)是在平顶山下度过的。

---

① 段熙仲，闻旭初编校：《诸葛亮集》第3卷《便宜十六策·治人第六》，中华书局，2020年，第100页。

② 段熙仲，闻旭初编校：《诸葛亮集》第1卷《又与李严书》，中华书局，2020年，第57页。

③ （晋）陈寿撰，（南朝宋）裴松之注：《三国志》第35卷《蜀书·诸葛亮传》，中华书局，1999年，第689页。

这就是平顶山下有“诸葛遗墟”的由来。为了纪念这位伟大的历史人物，自隋代起这里已有修祠祭祀活动，到明代洪武、嘉靖年间又对庙宇进行了两次重修。原诸葛武侯祠有正殿、东西配殿，由于历史变迁，东西配殿毁于新中国成立前，正殿毁于1969年（基根尚存）。现有明代嘉靖年间《改正诸葛武候祠记》石碑一通，立于诸葛庙原址。诸葛遗墟于2001年12月被公布为市级文物保护单位。

河南省文物主管部门曾向平顶山市发出专函（豫文物字〔1994〕第4号）指出：“诸葛遗墟及明代石碑，对于诸葛亮少年时代的生活、学习及以后思想形成和发展脉络、三国旅游线路的建设，具有重要的意义。”学术界普遍认为：诸葛遗墟是目前国内唯一的少年诸葛亮遗迹，具有较高的历史价值和研究价值。

依据诸葛亮在平顶山的人生经历，可以把平顶山诸葛亮文化的特点总结如下：

第一，孝文化精神。诸葛亮为父祖守墓，恪守孝道，这应该是诸葛亮一生中最早被后人称道的精神品质，堪称诸葛亮精神之根。这种孝后来演化为忠诚精神，可以这样说，孝是忠的基础，忠是孝的结果，忠是孝的扩大，孝是忠的浓缩。一个人在家能孝顺父母，在朝就能忠于君主、忠于国家。

第二，爱国报国精神。诸葛亮自比管仲、乐毅两位春秋战国名将，立志报效国家，立功沙场。8至14岁是一个人人生观、价值观确立的重要阶段，诸葛亮在平顶山的7年间，看到了黄巾起义之后东汉政权的一蹶不振，以及随之而来的民生凋敝，民不聊生。他内心的爱国心和报国感被充分激发出来，奠定了其后诸葛亮六出祁山、九伐中原、“鞠躬尽瘁，死而后已”的思想基础。

第三，科技创新精神。平顶山是墨子故里，墨子不仅是著名的思想家，也是卓越的科学家，在数学、力学、光学、声学以及机械制造等领域都取得了重大成绩。诸葛亮除了是著名的军事家、政治家之外，还是位中国古代罕见的发明家，他的发明品很多，木牛流马、诸葛连弩、孔明锁、搭桥枪、地雷、孔明灯等。这种发明思想深受墨子精神的影响，而发明体现了鲜明的科技创新精神。

四、打造平顶山诸葛亮文化社会影响的策略

当前，平顶山诸葛亮文化在全国的影响还不够大，除了进一步加大宣传之外，还需要在打造和推介策略上大做文章，寻找突破口。如前文所述，寓居平

顶山的经历是诸葛亮精神和智慧的根源，那么平顶山诸葛亮文化就要主打“诸葛亮精神之源”这张牌，在诸葛亮文化园建设方面，突出强调孝文化、爱国报国精神以及科技创新精神这些“诸葛亮精神之源”的特色，并深入挖掘其文化内涵，汲取当代价值。只有这样，才能在全国形成特色与品牌，进而提升其社会影响力。

前文所述，平顶山文化符号体系中的10个文化符号，分布在城区的只有应文化和诸葛亮文化，观音文化只能算半个，因为它包括新华区的香山寺和鲁山县的中原大佛。而且应文化和观音文化也分布在平顶山主城区的西部，东部的城市文化主要以诸葛亮文化为主。平顶山市卫东区建立诸葛亮文化研究会，可谓是恰逢其时。有理由坚信，在充分研究论证的基础上合理规划，分步实施，加大宣传力度，创新建设思路，挖掘诸葛亮文化内涵，弘扬诸葛亮文化精神，大力发展文化旅游产业，一定能把诸葛亮文化打造成为平顶山市乃至全国一张靓丽的、有广泛影响的名片！

（河南城建学院　戴克良）

6

附　录

附录一 平顶山诸葛亮文化文献资料

诸葛遗墟

诸葛遗墟在县北平山下，有一断石幢云此地有诸葛之坟墟高阳华里。今山下少西有诸葛庙，东有金鸡冢，疑此即孔明父祖葬处。盖孔明本琅琊人，避地而西，盖自其父祖已然，其居南阳必自孔明始也。此断幢岁月实隋文帝开皇二年物。此时去三国时未远，言必得其真，故据而书之。

（选自明嘉靖《南阳府志·叶县·陵墓》）

诸葛亮

诸葛亮，本琅琊人，徙于顺阳之石峡口，结庐而隐。寻，徙入南阳之卧龙岗。今裕州石峡口有小茅庵，唐时石记犹存。又尝寓于新野之野白岗，庄宅基址今为玉皇庙，古井尚在。南阳卧龙岗碑阴载新野地五顷，佃户张某佃种，亦先贤之遗迹也。又唐县有诸葛庄，武侯之远田也，曾犁出古碑，在县西桐寨铺东，去南阳庐六十里。又尝居叶县之平山下，见存隋开皇二年断石幢云："此地有诸葛之旧坟，在高阳华里。"今山下少西有诸葛庙，东有金鸡冢，疑冢即孔明父祖葬处。盖孔明从琅琊避地而西，自其父祖已然，居南阳则自孔明始也。此断幢既为隋时物，则去三国未远，当必得其真，故据而书之。

（选自《中州杂俎》）

改正诸葛武侯祠记

牛 凤

嘉靖丁亥秋，余自太仆转南京太常卿，便道还家，行视田墅，始谒武侯祠下，见其屋老而坏，且怪其与昭烈俱南面，无复君臣分。询土人，云，如是有年矣。及考旧志，洪武十八年民萧田重修，记不知其所始，慨然久之。遂捐金币，属乡耆徐行合众力作新之。不期月，庙貌完矣。撤去昭烈、关、张之像，独象侯祠中，专其祠以符其名，人心允惬，观者胥悦。既而游观山寺，有断石幢在焉，刻文仅数十字，中云："此地有诸葛之旧坟墟高阳华里。"然后知侯之父若祖自琅琊避地，曾寓于此而葬焉。躬耕南阳，尚在厥后。祠而祀之，信有由然。再考石幢岁月，盖隋文帝开皇壬寅物，去先主见武侯于隆中之岁三百一十六，其居此地而葬，必先十余年，是以坟墟犹存。今距开皇壬寅年余九百六十一，世远坟没，不知其处，固不足怪。所幸祠宇不废，断石幢仅存，岂偶然哉！盖侯之为人，论者举侪于伊吕，古今贤达，悉以为然，无异议焉。是人品之高，勋烈之盛，光昭汗青，脍炙人口者，奚俟吾言。顾以吾邑有高阳华里之迹，实为侯父祖之故墟，湮灭无闻，以至今日，良可悼惜。吾生千百年之后，得有所据，故托之坚珉，以图不朽，又以资论世君子云。

（选自清《叶县志·艺文志》）

诸葛坟墟

诸葛坟墟：在县北平顶山下。有隋开皇二年断石幢云：此地有诸葛之旧坟墟。隋去三国未远，言必有据。今山下稍西，有诸葛庙，东有金鸡冢，疑即武侯父祖葬处，盖武侯本琅邪人，避地而西，或自其前世已寓于叶，居南阳则自武侯始，未可知也。

（选自清《叶县志·冢墓》）

诸葛亮

诸葛亮,字孔明,琅琊人。汉末避乱寓居南阳。昭烈帝三顾于草庐,乃出,佐昭烈成帝业。后封武乡侯。其祖父曾流寓叶县北平顶山下,有隋开皇二年断石幢可考。

(选自清《叶县志·流寓》)

诸葛武侯庙

诸葛武侯庙:在平顶山下少西。据断石碣云:旧有诸葛遗墟,今止有庙。明洪武中里人萧田重修。县东北三十里西湖村,亦有诸葛庙。咸丰八年重修。

(选自清《叶县志·祠宇》)

诸葛故址

牛　凤

峰头高望两南阳,遵养当年寓此邦。
山麓断幢题姓字,道周荒草没行藏。
卧龙一去风云散,粱父重吟感慨长。
墟畔至今存古庙,衣冠犹侍汉中王。

(选自清《叶县志·艺文志》)

昆阳怀古

刘青黎

滍水悠悠雉堞荒，汉家遗迹问微茫。
衣冠司隶余图画，虎豹军容冷战场。
寺老人来寻断碣，雪晴鸦聚噪枯杨。
浇寒买得村帘酒，指点兴亡话夕阳。

（选自清《叶县志·艺文志》）

昆阳八景歌

吕柳文

问津渡口水淙淙，停车曾叹道难容，今犹万派尽朝宗。
玩龙龙现畏真龙，龙亦含笑返苍穹。诸葛遗墟委杉松，
石坛晻霭寒云封。澧水长桥卧玉虹，晓霞倒映玻璃红。
王乔恋阙朝九重，双凫时趁五更风。讲台传经汉马融，
阅武人误女从戎。嗟彼蛾眉饰冶容，谁云狐媚总罴熊。
欧阳第宅草茸茸，不见香尘车马踪，沙尘黯淡春花中。
石门嘉遁俯幽宫，千年踪迹谁与同，琴歌无声鹤唳空。

（选自清《叶县志·艺文志》）

牛凤传

牛凤，字西唐，正德辛未进士，授吏部验封司主事。与王晋溪议事，持正不挠。晋溪初未以为然，逾月，乃曰："初谓君太执，今始知大有干局也。"遂倚重焉。时黔国公卒，子当袭爵，大赂冢宰，求免入朝。凤执法不从，几被中伤。正德十四年，上将南幸，是时，宁王宸濠，久蓄异谋，制下人情汹汹。凤与同官上疏乞留，忤上意，廷仗三十。嘉靖初，录用言官，加四品服俸，累官南京太常卿。致仕，筑室城南昆水之澳，作《交远堂记》以见志。二十四年，终于家。上遣官赐祭。后乡人以凤之德宜配汉高文通，于石门山建二贤祠祀之。子沈度、沈裕自有传。祀乡贤。

（选自清《叶县志·人物志·乡贤》）

附录二 诸葛亮青少年时代行迹考

诸葛亮前半生钩沉

潘民中

诸葛亮54岁的一生截然划分为前27年和后27年两个阶段。人们对其后半生的27年,即从汉献帝建安十二年(公元207年,这一年诸葛亮27岁)接受刘备三顾,纵论天下大势,许以出山驰驱,至蜀后主建兴十二年(公元234年,这一年诸葛亮54岁)第五次北伐,病逝五丈原,已经作了充分的研究。而其前半生27年的情况如何?由于资料匮乏,至今仍模糊不清。本文试就有限的史料作些考证、推断、勾勒,以求教于方家。

根据今天可以见到的史料,诸葛亮的前半生27年大致分为三个阶段。第一阶段是在琅琊阳都家居时期。第二阶段是离乡避难时期。第三个阶段是定居南阳躬耕陇亩时期。在这三个阶段中,第二阶段始于何时,终于何时,避难于何地,是关键问题。

诸葛亮是什么时间离开琅琊阳都故里,避难于他乡的?史书没有留下明确的记载。我们只能从当时的一些背景材料来推定,《三国志·诸葛谨传》载"汉末避乱江东"。诸葛谨是诸葛亮的胞兄,他们应该是同时离开家乡的。"汉末"是个笼统的时间概念,一般指汉灵帝中平年间(184—189)和汉献帝初平年间(190—194)。这十年先有黄巾起义,后有董卓之乱。大乱所及地区的士人,四散逃难。打开《三国志》,有关避难的记载不绝于书。如《张昭传》:"彭城人,汉末大乱,避难扬土。"《邓芝传》:"义阳新野人,汉末入蜀。"《王烈传》:"颍川人,会董卓作乱,避地辽东。"《崔琰传》:"清河东武城人,徐州黄巾贼攻破北海,寇盗充斥,于是东下寿春,南望江湖。"《邴原传》:"北海朱虚人,黄巾起,将家属入海。以黄巾方盛,遂至辽东。"诸葛亮的家乡琅琊郡属徐州,诸葛亮的父亲诸葛珪官泰山郡丞,泰山郡属兖州。徐州、兖州是黄巾起义发动最充分的八州中的两州。在中平元年(184)黄巾初义时已出现了"州郡仓卒失据,二千石长吏皆弃城遁走”的景象。“自黄巾之后,盗贼群起,杀刺史二千石者,往往而是。”诸葛珪的任所泰山郡以“多盗贼”著称。后来,曹操的父亲就是在泰山被杀害的。中平五年(188)“冬十月,青徐黄巾复起,寇郡县。”应该说,至迟在这一年,诸葛亮的父亲诸葛珪,放弃泰山郡丞的官位,带着家小,同弟弟诸葛玄一道加入了避难行列离家漂泊,这一年,诸葛亮八岁。弃官避难在当时不是个别现象。前有莒长赵昱,“会黄巾作乱,委官还家。”后有荀彧“董卓之乱,求出补吏,除亢父令,遂弃官归。”伊阙都尉张承“乃解印绶间行归家,与兄范避地扬州。”诸葛珪的弃官避难是可以想见的。关于第二阶段的终止时间,人们已作过一些研究,认识比较一致,即建安二年(197)诸葛亮定居荆州南阳躬耕陇庙。这一年诸葛亮十七岁。柳春藩《三国史话》等就是这样说的。下面研究避难于何地。

诸葛亮避难异乡的生活经历与其叔父诸葛玄关系至为密切。今天所能见到的有关诸葛玄的史料有以下两条。

《献帝春秋》:初,豫章太宗周术病卒,刘表上诸葛玄为豫章太守,治南昌。汉朝闻周术死,遣朱皓代玄。皓从扬州刺史刘繇求兵击玄,玄退屯西城,皓入南昌。

《诸葛亮传》:亮早孤,从父玄为袁术所署豫章太守,玄将亮及弟均之官。会汉朝更选朱皓代玄。玄素与荆州牧刘表有旧,往依之。

裴松之在注引《献帝春秋》后言:“此书所言,与本传不同。”比较二者的不同,明显在于署置诸葛玄为豫章太守的主事者不同。《诸葛亮传》称是袁术,《献帝春秋》载是刘表。如果诸葛玄是由袁术署置为豫章太守的,那么诸葛玄、诸葛亮就会像大多数徐州士人一样是避难于袁术所盘踞的扬州。诸葛玄的豫章太守若是由刘表署置的,那么诸葛玄、诸葛亮叔侄的避难地就会是刘表控制的荆州。《资治通鉴》在叙及诸葛亮事时取陈寿《诸葛亮传》“袁术署置”说,“刘繇自丹徒将奔会稽;许劭曰:会稽富实,策之所贪,且穷在海隅,不可往也。不如豫章,北连豫壤,西接荆州,若收合吏民,遣使贡献,与曹兖州相闻,虽有袁公路隔在其间,其人豺狼,不能久也,足下受王命,孟德、景升必相救济。繇从之。”“刘繇使豫章太守朱皓攻袁术所用太守诸葛玄。玄退保西城。及繇溯江西上,驻于彭泽,使笮融助皓攻玄。”《通鉴考异》分析说:“袁晔《献帝春秋》云刘表上玄领豫章太守。范晔《后汉书·陶谦传》亦云刘表所用。而陈志《诸葛亮传》云术所用。按许劭劝繇依表,必不攻其所用矣,今从《亮传》。”观许劭所言并无“劝繇依表”的意思,只是淡淡地说“足下受王命,孟德,景升必相救济。”不能以此来佐证诸葛玄之任豫章太守为袁术所用。袁术的名声很糟,有根底的士人皆不愿受其署置。如河内张范“避地扬州,袁术备礼招请,范称疾不往。”陈郡何夔“避乱淮南,后袁术至寿春,辟之,夔不应”就是明证。诸葛玄为汉司隶诸葛丰之后,世代名门,其兄诸葛珪曾任汉泰山郡丞,按礼是不会轻易接受有篡逆之心的袁术私相署置的。再者,从初平四年(193)袁术占据扬州州治寿春到兴平二年(195)使孙策略地江东之前,其势力并未达到江南,江南诸郡均在朝廷任命的扬州刺史刘繇控制之下。即使豫章太守出缺,袁术也难以署置。另外,孙策渡江即攻刘繇于曲阿。若诸葛玄为袁术所置,当诸葛玄受到刘繇攻击时,身为袁术属将,或者仍打着袁术旗号的孙策绝对不会坐视不救,袁术更不会无动于衷。

我们仔细研究上面所引两条史料不难发现,除相互矛盾之处外,还有共同认可的东西,这就是诸葛玄与刘表的关系十分深厚,《诸葛亮传》称“玄素与荆州牧刘表有旧”,《献帝春秋》言“刘表上诸葛玄为豫章太守”。既然诸葛玄与刘表的关系深厚是没有异议的,那么我们就能够推定在天下大乱的形势下,诸葛玄、诸葛亮叔侄的避难地很大成分上是刘表控制的荆州。关于这一点事实上陈寿在《上〈诸葛亮集〉表》中已说得比较明白,“亮少有逸群之才,英霸之器,遭汉末扰乱,随叔父玄避难荆州。”荆州是汉末士人避难相对集中的地方。据《三国志》载:“赵俨,颍川阳翟人,避乱荆州”;“裴潜,河东闻喜人,避乱荆州”;“伊籍,兖州山阳人,避乱荆州依刘表”;“司马芝,河内温县人,避乱荆州”。《和洽传》记载了和洽分析士人避难荆州的心理,“和洽,汝南西增人也。袁绍在冀州,遣使迎汝南士大夫。洽独以‘冀州土平民强,英杰所利,四战之地。本初乘资,虽能强大,然豪雄方起,全未可必也。荆州刘表无他远志,爱人乐士,土地险阻,山夷民弱,易依倚也。’遂与亲旧俱南从表。”与刘表无什么关系的人还纷纷涌向荆州,何况与刘表关系深厚的诸葛氏家族呢?

观此,我们可以知道,正是在诸葛玄避难于荆州的情况下,豫章太守周术死,刘表抓住时机举诸葛玄任豫章太守。豫章郡虽不属刘表之荆州管辖,但其北、西、南三面为荆州属郡所包围。在群雄竞逐的形势下,谁不每时每刻都在觊觎着扩大自己的地盘?况且,从荆州顺水而下至豫章,交通极为便捷,在其他方面还没反应过来时，诸葛玄已到豫章上任是情理中事。

诸葛亮从八岁随家人离开家乡，避难于荆州，到十七岁从豫章返回荆州定居南阳，这十年间依据其居住地之不同又分为三个阶段。其一是落脚于豫州颍川郡与荆州南阳郡毗连地区高阳山下时期，其二是移住南阳郡堵阳县时期，其三是随叔父诸葛玄至豫章时期。

今河南平顶山市中心原有一处村落名诸葛庙街。村以庙名，在原村西旷野上有一座庙宇诸葛武侯祠。祠因该地有诸葛遗墟而建。关于"诸葛遗墟"的记载见隋开皇二年（582）经幢。开皇二年距诸葛亮生活的年代不远，想必言之有据，现存明嘉靖二十一年（1542）南京太常寺卿牛凤《改正诸葛武侯祠记》碑言之凿凿。"既而游观山寺，有断石幢在焉。刻文仅数十字，中云'此地有诸葛之旧坟墟，高阳华里。'然后知侯之父若祖自琅琊避地（荆州）曾寓此而葬焉。躬耕南阳，尚在厥后，祠而祀之，信有由然。再考石幢岁月，盖隋文帝开皇壬寅物，去先主见武侯于隆中之岁三百一十六，其居此地而葬，必先十余年，是以坟墟犹存。"今平顶山市东郊北山古代称高阳山，北魏至隋曾在这里置高阳县。两汉时期这里是颍川与南阳的交接地区。诸葛亮八岁随家人流落至此，其父祖死于是地。《诸葛亮传》所言"亮早孤"，即指此。叔父诸葛玄带着他们兄弟生活。大约到兴平元年（194），诸葛亮十四岁，随诸葛玄移居南阳郡之堵阳县（今南阳市方城县），有遗迹存焉。治南阳地方史的王振中先生有专文论述。《通鉴》将诸葛玄任豫章太守系于兴平二年（195），自然诸葛亮也于这一年随诸葛玄到了豫章任所。

要之，诸葛亮八岁以前在家乡琅琊阳都度过了童年；八岁至十七岁避难荆州，其间在颍川、南阳毗连地区的高阳山下寓居七年，度过少年时代；十七岁至二十七岁定居南阳躬耕陇亩，度过了青年时代。

（转引自杨晓宇、潘民中、杨尚德主编：《少年诸葛亮与平山武侯祠》，香港天马图书有限公司 1996 年版）

诸葛亮"卧龙"之号出龙山

杨晓宇

陈寿在《三国志·蜀书·诸葛亮传》中说:"时先主(刘备)屯新野,徐庶见先主,先主器之,谓先主曰:诸葛孔明者,卧龙也,将军岂愿见之乎?"裴松之注:"刘备访世事于司马德操,德操曰,此间自有伏龙凤雏。"诸葛亮作为刘备的开国军师,蜀汉丞相,受到后世敬仰。但是,诸葛孔明的"卧龙"之号由何而来,却令人茫然难识。

诸葛亮7岁丧父,15岁丧叔,到公元207年27岁时,才被徐元直、司马德操荐与刘备。27岁之前,他尚是一位心怀大志而不为时用的山野耕夫,"躬耕陇上,尝为梁父吟",只在少数山隐才子里边有些名气,"卧龙"之号,也只有少数几个人知道。近年来,国内史学界一批学者把目光放在诸葛亮青少年时代及其成长过程中,综其研究成果,笔者认为,诸葛亮卧龙之号,应出自平顶山市境内的大小龙山,而非湖北襄阳隆中或南阳卧龙岗,其理由有以下几点。

一是诸葛亮躬耕地,尽管襄阳、南阳各执一说,但躬耕于南阳,出自诸葛亮《出师表》,此表为《三国志》书中录记,谅不会有错。只是南阳为东汉五都之一,辖地甚广,现在的卧龙岗,实为因"诸葛卧龙"之号而名之。查南阳典史,汉之前并无卧龙岗地名记载,东汉张衡之《南阳赋》,极尽南阳风土人情,山川名胜之描写,亦不见有"卧龙"的文字。而在今平顶山市区内,原有诸葛武侯祠并碑文,其村亦名诸葛庙村,后建市而成为诸葛庙街,碑文明记"此处有诸葛旧坟墟高阳华里……躬耕南阳,尚在厥后"。诸葛亮青少年时代在平顶山下度过,已为史学界所论证认可。

二是诸葛亮出山之前,少数几位挚友多为颍川郡人,如徐庶、司马德操等,这似可以成为诸葛亮青少年生长于平顶山一带的佐证,因当时颍川与南阳所辖之接合部,就在今平顶山市一带。在军阀混战、兵荒马乱之时,人们都想找一个安身之所,平顶山一带正是许宛和洛宛大道中间地带,形成了战争死角,或许能寻得一时平静,诸葛叔侄在此安居正有此意,而颍川名士为避董卓之乱,弃家南下,主要有两个原因:一为避乱求存,二为寻求明主,当时刘备、刘表均为汉室宗亲,代表着所谓的正统,又辖有襄阳一隅,因而吸引了大量北方名流。颍川有志之士南下,有了与诸葛亮会面交友的机会,更有一同携手南去的可能，诸葛亮与徐元直、司马德操正是这样到南阳的。

三是若依以上情况而论，诸葛亮有很长一段时间是在平顶山下度过的。是平顶山的山水哺育了这一伟大历史人物，使他在此间学习兵法韬略，等待出仕机会。周围汉张良、韩信的英名轶事、昆阳古战场的古歌雄风，都使这一少年英豪得到陶冶与感化，促其思想形成。因而一心匡扶汉室，而蔑视那些所谓的乱臣贼子，这就是诸葛亮为什么不去事曹操而唯独接受刘备的邀请之原因。由此可见，平顶山地区是诸葛亮真正的成才之地。

四是平顶山北有擂鼓、落凫二山，都与汉代有着不解之缘，再西就是大、小龙山，与中间火珠山三山并立，呈二龙戏珠之势，传说为观音大士布道之所。上有香山佛寺。关于为什么建寺于火珠山，传说是因为大、小龙山与火珠山之方位与西方佛教圣地暗合，因此被僧人选中，也就是为什么有“神州处处有香山，唯此香山得真梵”的说法，人喻“虽东海之陀崖，三晋之五台，亦不能夺是山之胜概”。香山寺的历史及成因，足以证明在东汉及至更早，大、小龙山已盛名远播。那么，羽扇纶巾，年少英俊的诸葛亮，在读书求学之余，躬耕龙山而心怀天下，视自己如潜龙在田，审时度势，盼望能早得明君，亢然飞天，去干一番惊天动地的大事业，故为“卧龙”名号，一为激励自己，二为引人注意，也就在情理之中了。

（转引自《平顶山日报》1995 年 3 月 1 日）

诸葛亮少年成才的社会文化环境

杨晓宇

在中国历史上，提起蜀汉丞相诸葛亮，可以说是无人不知，无人不晓，而有关他草庐对、火烧博望、草船借箭、七擒孟获、六出祁山、智收姜维等演义故事，更增添了他的神秘色彩，加上有关石头城、八卦阵、七星坛的遗迹传闻，简直是前无古人、后无来者，令人敬畏有加，奉若神明。从诸多的诗文楹联中，也可看出这一点。无怪乎诗仙李白称刘备三顾孔明为“鱼水三顾合，风云四海生”，诗圣杜甫称“诸葛大名垂宇宙”，“功盖三分国，名存八阵图”。宋代名相王安石称孔明之死为“汉日落西南，中原一星黄”。爱国诗人陆游称诸葛亮为“出师一表千载无，远比管乐盖有余”“孔明千载尚如生”。古代著名学者毛宗刚评其为“历稽载籍，贤相林立，而名高万古者莫如孔明。其处而弹琴抱膝，居然隐士风流，出而羽扇纶巾，不改雅人深致。在草庐之中，而识三分天下，则达乎天时；承顾命之重，而至六出祁山，则尽乎人事。七擒八阵，木牛流马，既已疑鬼疑神之不测；鞠躬尽瘁，志决身残，仍是为臣为子之用心。比管、乐则过之，比伊、吕则兼之，是古今贤相中第一奇人”。由以上所列，我们可以看出，历朝历代都对诸葛亮崇拜有加。那么，诸葛亮又是怎样成为这样一位奇人呢?

翻阅史籍，我们找不到有关诸葛亮成才的丝毫记载。正史《三国志·诸葛亮传》中，只记载了诸葛亮籍贯和祖、父、叔、弟的名字，而对其青少年时代的情况，只说“玄卒，亮躬耕陇亩，好为《梁父吟》。身长八尺，每自比于管仲、乐毅，时人莫之许也。惟博陵崔州平、颍川徐庶元直与亮友善，谓为信然”；“时先主(刘备)屯新野，徐庶见先主，先主器之，谓先主曰：‘诸葛孔明者，卧龙也，将军岂愿见之乎?’”可以说，这段文字，已是记刘备三顾之时或三顾之前诸葛亮的一段近况，而从时间推断，诸葛亮受顾出山时已是二十七岁的壮年，也就是说，在《三国志》中，对诸葛亮青少年时代的情况也是避而不谈的，其原因，笔者认为有以下几点：一、陈寿在整理著述《三国志》时，缺少这方面的第一手资料，在当时信息交流极困难的条件下，为慎重起见，对青少年时代的情况采取回避态度；二、即使当时有一些诸葛亮青少年时代的有关传闻，如裴松之所注《三国志》中的资料，或不及辨别真伪，或认为不符合实情而舍弃不用。所以，后来一些有关诸葛亮青少年时代的传闻，多出现在小说演义之中，很难作为史料证据;三、诸葛亮青少年时代,确实隐居山野而不为世人所闻,只是在皇叔三顾之后,才突然星耀空野,惊世骇俗。他出山伊始,就创造了一连串奇迹,走出了三分大业的第一步。而有关他的往事,好像人们来不及细谈深究似的,连谋士如云的曹孟德,也对这一突然在面前冒出来的“山野村夫”一无所知;四、诸葛亮本人从不提自己的身世,这也是这一古代著名贤相的又一个不解之谜。可以说,历代出将入相者,没有一个像诸葛亮这样从不提过去的,即使在给后主的《出师表》中,也只以“臣本布衣,躬耕于南阳”一笔带过,虽有文集传世,却从中找不到青少年时代的蛛丝马迹。也许,是往事不堪回首吧!因为从《三国志》中的只言片语看,诸葛亮少年时代可以说是极辛酸艰难的,早丧父母,又失叔父,无依无靠,流落异乡,窘迫之况可想而知。

但是,诸葛亮毕竟是一位叱咤风云的历史伟人,毕竟是一位智慧超人、韬略卓绝的天下奇才,而这雄才大略能在受顾出山之后马上付诸战争实践,一鸣惊人,再鸣骇世,可以说不是偶然的,而是他多年厚积薄发的结果,因此,他聚才积智的青少年时代,应该是研究诸葛亮的一个重要方面。

从近年史学界有关诸葛亮研究的进展情况看,许多史学工作者已经把注意力转到了诸葛亮的青少年时代。有关诸葛亮青少年时代生活过的遗迹,也渐渐被发现和得到史学界的肯定。如平顶山诸葛武侯祠、诸葛父祖旧坟墟、金鸡冢、叶县西湖村诸葛庙、方城小史店石峡口诸葛遗迹等,这些都为更进一步研究诸葛亮青少年时代提供了新的有力证据。许多专家学者都对此进行了研究探讨,而且有不少新的发现新的见解。笔者不再对此进行赘述,而只就诸葛亮青少年成才的社会与文化环境进行简要探讨。

首先,谈一下诸葛亮青少年时代成才的社会环境。我们知道,东汉末年,军阀混战,为有势力的名门士族提供了一个施展抱负、扩大地盘甚至问鼎帝位的好时机,可说是“世乱英雄起四方,有兵就是草头王”的混乱时代。而下层劳动人民却不堪水深火热、饱尝离乱之苦和自然灾害的煎熬,当时的黄巾农民大起义就是在此情况下暴发的。黄巾起义被各地军阀镇压之后,统治者之间互相争夺地盘的历史帷幕也跟着拉开了。这就是从十八路诸侯讨董卓,继而各路诸侯反曹操,最后是魏蜀吴三分天下,互相争战不息的三国分立局面。在这样大规模的军阀混战和权势倾轧中,老百姓受苦是肯定的,即使一些势力较小的士族阶层和官职卑微的汉末官吏,也只能是这场经年累月战争的牺牲品。诸葛亮即生于这样一个家庭。其祖上诸葛丰,曾做过汉朝司隶校尉,有过一个时期的荣耀，在山东琅琊阳都也算得上是一个名门望族。到他父亲诸葛珪任泰山郡丞，还是个颇有势力的地方官。就在诸葛亮三岁左右，母亲早逝。黄巾二次起义，兵乱青徐，泰山郡亦受其害。无奈，诸葛珪与诸葛玄兄弟只好收拾家当，带着一家老小，去投靠旧友刘表。这时候的诸葛亮，也只有八岁左右。一家人走到中原颍川与南阳交界的平山之下，得到南阳战事频发的消息，只好暂且留身此地。不料秋冬风寒，老父亲一病身亡。诸葛兄弟只好葬了父亲，按制守孝。不久诸葛珪也因病去世，托孤弟弟照顾子女。几年后，南阳战事稍定，诸葛玄才带着诸葛亮兄弟姐妹到襄阳。恰好豫章太守去世，刘表就推荐诸葛玄治南昌。不料诸葛玄命运不济，汉帝另封朱皓上任。刘表当时外受曹操威胁，内受蔡氏钳制，本人又软弱而多疑，便顾不得诸葛玄的死活。因此，诸葛玄一气之下，只好回到平山脚下，落脚谋生，兼养育诸葛亮兄弟。也有诸葛玄一气病故，诸葛亮带叔父回平山故宅尽孝守孝一说。不管何种原因，其遗墟足以证明，诸葛亮青少年时代，是在平山(今平顶山市)一带。明南京太常寺卿、叶人牛凤在其《改正诸葛武侯祠记》碑文上说：

嘉靖丁亥秋，余自太仆转南京太常卿，便道还家，行视田野，始谒武侯祠下，见其屋老而坏，且怪其与昭烈俱南面，无复君臣分。询土人，云，如是有年矣。及考旧志，洪武十八年民萧田重修，记不知其所始，慨然久之。遂捐金币，属乡耆徐行合众力作新之。不期月，庙貌完矣。撤去昭烈、关、张之像，独象侯祠中，专其祠以符其名，人心允惬，观者胥悦。既而游观山寺，有断石幢在焉，刻文仅数十字，中云：“此地有诸葛之旧坟墟高阳华里。”然后知侯之父若祖自琅琊避地，曾寓于此而葬焉。躬耕南阳，尚在厥后。祠而祀之，信有由然。再考石幢岁月，盖隋文帝开皇壬寅物，去先主见武侯于隆中之岁三百一十六，其居此地而葬，必先十余年，是以坟墟犹存。今距开皇壬寅年余九百六十一，世远坟没，不知其处，固不足怪。所幸祠宇不废，断石幢仅存，岂偶然哉！盖侯之为人，论者举侪于伊吕，古今贤达，悉以为然，无异议焉。是人品之高，勋烈之盛，光昭汗青，脍炙人口者，奚俟吾言。顾以吾邑有高阳华里之迹，实为侯父祖之故墟，湮灭无闻，以至今日，良可悼惜。吾生千百年之后，得有所据，故托之坚珉，以图不朽，又以资论世君子云。

嘉靖二十一年岁次壬寅秋七月既望西唐牛凤记。

碑文之记，料来不虚。明嘉靖年间《南阳府志·卷六·陵墓·叶县》条下也有这样的记载：

> 诸葛遗墟在县北平山下，有一断石幢，云此地有诸葛之坟墟高阳华里。今山下稍西有诸葛庙，东有金鸡冢。疑此即孔明父祖葬处。盖孔明本琅琊人，避地而西，盖自其父祖已然，其居南阳必自孔明始也。此断幢岁月实隋开皇二年物。此时去三国时未远，言必得其真，故据而书之。

以上情况说明，诸葛亮虽然出身汉代官宦士族之家，但由于家道中落，身逢离乱，自幼就目睹了黄巾起义的社会动荡，稍大又身经父母双亡、随叔离乡背井之苦，千里迢迢为生计奔走的艰苦磨难。至少年时代，亲历了叔父赴任不果和在刘表处的冷遇，可以说，他有着同龄人一般不会有的经历，更有着同龄人根本不可能有的感受，对于社会上的兵荒马乱，明争暗斗、人情世故、亲亲恨恨，已是明了于心，他是一个过早成熟的孩子。正因如此，在其叔父抑郁身亡之后，他才能勇敢地挑起躬耕陇亩，养育弟弟的重担，并且能广结当地才士豪杰，多方面求师学艺，精熟了三韬六略、奇门遁甲、天文地理、阴阳八卦。更重要的是身在山野，放眼世间，研究天下形势，胸怀复汉大志，为后来与刘备见面授“三分”大计打下了基础，设下了辉煌一生的伏线，一遇机会，就如卧龙突起，大展宏图。由此，我们可以这样认为，诸葛亮受到刘备三顾出山辅佐明君以成大业不是偶然的，而少年成才更不是偶然的。是他在汉末这一特定的社会环境条件下，经过社会风风雨雨的不断磨砺而取得的，是当时社会铸造了这一伟人，使他创造出了一系列无与伦比的旷世奇迹。

其次，是文化环境。造就一代伟人，离不开特定时代、特定地域的文化环境，诸葛亮青少年时代成才也是这样。尽管现在我们还没有更多证据来证明诸葛亮师从何人，或者师从哪家哪派，但是，我们可以从诸葛亮的一生透视其身上所具有的文化特质，从他的所作所为认识他的文化源流，捕捉闪现于他足迹间的文化信息。

在汉代初期，为了给人民以休养生息，统治者奉行无为而治的指导思想，安定社会，发展生产，出现了文景盛世，这种指导思想就是黄老思想。黄老思想到陆贾时，形成了系统的唯物主义理论体系，认为自然的天不是神秘不可知的，而是“在天者可见，在地者可量，在物者可纪，在人者可相”（《新语·道基》），自然界变化自有其规律，“张日月，列星辰，序四时，调阴阳，布气治性，次置五行，春生夏长，秋收冬藏，阳生雷电，阴成雪霜”（同上）。“知天者，仰观天文；知地者，俯察地理”。故当时的知识分子，均以天文地理为必修，增添了学术文化的科学唯物之风，摆脱了宗教迷信思想的束缚。到贾谊《六术》与《道德说》问世，更把社会中的种种对立矛盾现象进行了深入细致的观察研究。即使汉武帝时董仲舒唯心主义观点成为统治阶级的主要思想之后，唯物主义思想和黄老道学的积极成分依然在中下层知识分子中有一席之地。

到了东汉末年，社会动荡不安，原来形成的“罢百家、尊儒术”的传统观念又开始崩溃，西汉统治者建立起的一套封建秩序被打乱，禁锢人们思想的枷锁被打破，先秦及汉初时的百家学说又重新显示出巨大的生命力。尤其是道、墨、法等先秦显学，受到了知识界的普遍重视。诸葛亮正是生长在这个时期，特别是在平顶山地区较长一段时间内，都是连通荆楚与中原的通道，历来为科学文化繁荣之邦，曾是中原文化与楚文化交流的连接点，也产生过墨翟那样的伟大思想家，张良那样的军事家，又是闻名中外的昆阳之战古战场。东汉刘秀所封的云台二十八将，有七位就出生成长在这里。也有李膺、高凤那样的名儒名宦名隐士，知识分子人数众多，思想驳杂，历代不乏名人奇士，自然也给这个聪颖好学的年轻人提供了多方面学习的机会，提供了进步的思想、道德和观念。无穷无尽的政治、军事、思想、技艺等知识营养，从多方面哺育着这一少年英豪。与颍川、南阳两地的名士有机会接触交流，更使他如虎添翼、如龙得水，其中不乏知心有为之士成为平生好友，如崔州平、徐元直辈。再者，在曹操、袁绍、董卓等混战中原时，平顶山地区介于曹、刘两大势力集团的接合部，十余年没有大的战争，也为诸葛亮在这里潜心学习提供了安定的环境条件，一方面使他可以安居乐业，躬耕自养，由少年成长为青壮年；一方面使他四方游历，拜师学艺，成为当地饱学之士。可以说，诸葛亮在青少年时代成才的过程中，受老子、墨子和韩非法家思想影响最大最多。

说他受道家影响，是因为整个社会当时存在崇道风气，而且道家《易学》思想博大精深，变化无穷，对少年诸葛亮当然会有吸引力。他在《诫子书》中，对家人提出的要求相当严格：“夫君子之行，静以修身，俭以养德，非澹泊无以明志，非宁静无以致远。”这种处世态度，也是他出山前的修为。“不求闻达于诸侯”,躬耕隐居,养精蓄锐,达则兼济天下,隐则洁然一身,如无道家清静无为思想影响,是很难在当时社会条件下直到二十七岁出山的,而且,若无刘备三顾之情,或许世上根本就不会有叱咤风云的诸葛亮。在对世俗功利方面,他虽“受赐八十万斛”,却“蓄财无余,妾无副服”。不为财缚,不为物累,无声色之好,也是道家修为的“内功”。这些虽是后来的事,但与他青少年时代的学习和思想形成不无关系。再者,是他精通《易》学,熟谙八卦变化与天地造化,使天文地理、四季回复之理,相生相克、福祸比倚的辩证思想融入自己的政治、军事和思想实践之中,创立了八阵图。即便是他的“卧龙”之号,也带有潜龙在田与亢龙飞天的易学讦语含义,是他青少年时代怀才不遇,等待时机,盼望有朝一日风云起,腾空直上九万里的思想映现。《易经》是道家的经典,八卦是道家的象征,阴阳五行是道家的重要学说。诸葛亮受道家思想文化影响是显而易见的。但作为名门之后的诸葛亮,当然也有浓重的儒学影响。他从小受其父、祖、叔叔熏陶,自然也有儒学思想的根基,忠君至孝,修身齐家治国平天下,即是儒学风范。在他身上,儒道相融,选优择用,形成自己的独特世界观,修炼成与一般人不同的思想境界,这就是诸葛亮高于旁人的地方。别人问其志向,他笑而不答,自比管、乐,逍遥洒脱,即说明了他的这一点。

说他受法家影响,是因为法家学说为王者之学,诸葛亮胸怀大志,自比管仲、乐毅,自然要学法家思想,学习管仲、韩非的治国之术,学习吕尚、乐毅、孙子的治军之策。从诸葛亮出山之后的一生中,法制思想可以说从没放弃过,挥泪斩将、上疏自贬、功过清楚、赏罚分明,即可以看出这一点,而他所创造的一系列的军事奇迹,也与他秉公执法,严以军纪分不开。

说他受墨家影响,是因为平顶山地区为墨家思想的产生地,墨翟里籍所在地,而墨学由显学而退入民间后,墨家弟子多以奇工巧匠为职业,秘密传道,成为民间组织。诸葛亮生长在这方土地上,有着极易接触墨家弟子的可能,也有着学习墨家学说的得天独厚条件。从他在出山之后的军械制造应用上看,那木牛流马,一弩十矢等,可从中窥出一些端倪。至于诸葛亮的知识是从哪里学的,当时拜谁为师,得到过谁的指点与真传,还有待于今后的研究。

此外,他还有古代隐者的思想,躬耕陇亩,隐居山林。但他并非消极地隐居,而是要择木而栖,待时而动,遇明君而佐。正如唐川礼先生所讲:“他的躬耕,初期是迫不得已,继而是暂时蓄伏以待机遇。”他不愿随便投靠,若不然,就不是自比管仲、乐毅的诸葛亮了。

总的说，青少年时代的诸葛亮，在学习军事知识和治国韬略方面，是受过奇人传授的，绝不可能无师自通。但他的整个思想形成过程，整个青少年时期成才过程，是受到了当时社会环境和文化思想的影响，也是无可辩驳的事实。怀逸群之才，成英霸之器，都是时代的造就，而绝不是别的什么。

（转引自杨晓宇、潘民中、杨尚德主编：《少年诸葛亮与平山武侯祠》，香港天马图书有限公司1996年版）

平顶山诸葛遗墟及其价值

张西庆

诸葛亮(181—234),字孔明。以其超人的才智、崇高的品德、卓越的历史功绩,被誉为中华民族智慧的化身。后世人为志其勋烈,全国各地遍筑祠宇、四时典祀。平顶山市也有一诸葛祠并“诸葛遗墟”,因属珍贵历史遗迹而具有保护和开发价值。现就笔者考证结果阐述如下。

一、诸葛遗墟

平顶山诸葛遗墟是诸葛亮及父祖的坟墟所在,也是他祖孙三代曾经生活过的地方,是诸葛亮的第二故乡。

据《三国志·蜀志·诸葛亮传》载:诸葛亮祖籍山东琅琊郡(今山东省沂南县),乃汉司隶校尉诸葛丰之后。其父诸葛珪,字君贡,曾任泰山郡郡丞。“亮少孤”,叔父玄为豫章(江西南昌)太守时,“玄将亮及亮弟均至官”。不久,玄丢官而投荆州刘表。玄死,“亮躬耕垄亩”。后经徐庶推荐,刘备三顾茅庐,为刘备定“三分”之策、创立蜀汉基业。《三国志》对其少年时代只有寥寥数语,其他典籍均不见载。

近来,笔者阅读史学专家们所撰关于研究诸葛亮的论文数十篇,许多专家认为,“诸葛亮父母早亡,其兄妹由其叔父诸葛玄抚养……公元193—194年,曹操两次领兵攻打徐州,‘所过多所残戮’,徐州遭到严重破坏。诸葛亮兄妹难以在家生活下去。此时袁术(应为刘表,笔者)邀玄担任豫章郡太守,诸葛瑾与继母留家乡,诸葛亮及其姐弟就随叔父去豫章。不久,朝廷委派太守来豫章,诸葛玄只得出走……辗转到襄阳……此时诸葛亮十五岁。”对此说法本人实不敢苟同。

《叶县志·艺文志》有《诸葛故址》古诗一首,其中云:“峰头高望两南阳,尊养当年寓此邦。山麓断幢题姓字,道周荒草没行藏。卧龙一去风云散,梁父重吟感慨长……”,说明诸葛亮到南阳前曾在叶县平顶山下隐居过。《叶县志·地舆志·诸葛坟墟》条记述更为明白:“在平顶山下,有隋开皇二年(582)断幢云:‘此地有诸葛之旧坟墟。’隋去三国未远,言必有据。今山下稍西有诸葛庙，东有金鸡冢，疑即武侯父祖葬处……”诸葛庙及诸葛父祖墓冢在《叶县志·县境山川村镇图》和《诸葛遗墟图》中都有明确的标示，与《武侯祠大观》一书出入很大。《武侯祠大观》一书对诸葛珪之死无从说起，才想当然以“溘然辞世”以应《三国志》中“亮少孤”语。《武侯祠大观》还说亮祖籍沂南县诸葛镇有亮祖母墓，反为平顶山下亮祖父墓作了注脚。

诸葛亮之父、祖何以葬于平顶山下？有两通古碑给了我们很大启示。

一通是隋代开皇二年立的所谓“断幢”，一通是明代牛凤《改正诸葛武侯祠记》碑。据后通碑文所述，牛凤捐资改正武侯祠后，在附近观山寺见到隋代断幢，刻文仅数十字，中云：“此地有诸葛之旧坟墟高阳华里。”他经过考证得出结论：“侯之父若祖自琅琊避地，曾寓于此而葬焉。躬耕南阳，尚在厥后。”牛凤，身为天启进士，官居南京太常寺卿，精通经史，曾有不少诗文传世。他掌握的图书文献定然不少。更加之当时武侯祠中石碑林立，资料丰富，正如他在碑文中自我庆幸说的，这些资料使“吾生千百年后得有所据”。

牛凤与《武侯祠大观》一书共认诸葛氏一家是因“避难”离开琅琊的，这一点非常重要。但是，牛凤只道出了避难寓居地，而未说明避难时间和原因。“大观”一书虽说明了避难的时间与原因，但不符合历史事实。

笔者认为，要澄清诸葛氏一家避难的时间和原因。必须从东汉末年特定的历史环境来分析。

公元184年年底，张角领导的黄巾大起义被东汉统治集团联合镇压后，公元188年黄巾余部重整旗鼓，再次横扫黄淮流域。特别是青、徐黄巾由三十万很快发展到“百万之众”，而且“兵皆精悍”。他们高举“黄天太平”的旗帜，坚信“汉行已尽，黄家当立”，以殊不畏死，父兄歼殪，子弟群起”(《三国志·陶谦传》)的战斗决心，“杀刺史两千石者，往往皆是。”大批官僚，豪强地主，身家破亡而避难者达百余万户，被称为“北方客人”。诸葛氏乃汉代官宦世家，其父诸葛珪又是黄巾军活动中心地区泰山郡的郡丞，当然是起义军打击对象。无可奈何花落去，诸葛氏一家自然也加入了避难的“北方客人”之列。离开故乡琅琊的时间当在是年。当时诸葛亮年仅七岁。

诸葛一家避难何方。如前所述，诸葛玄与荆州牧刘表有旧，欲往投之，便沿陈宛古道西南而下。到叶县平顶山下，为当时占据南阳郡的孙坚势力所阻，被迫滞留，“没行藏”于“荒草”之中。后来亮之父、祖为疾疫所染，这才“溘然辞世”，葬尸平顶山下。直到公元193年，才离开此地到荆州，“躬耕南阳，尚在厥后”。

可惜《改正诸葛武侯祠记》没有点出诸葛坟墟的具体位置，笔者遍访周围十几个街道、村庄，终于得到线索。优越路市民张怪的老伴讲：他公爹在世时常说他家地南头的大土堆叫金鸡冢。山南坡侯家村侯木虎、黄楝树80岁老人吴玉川都认定金鸡冢在张怪家地南头。另据附近居民、商户反映：1992年春，顺优越路埋地下水管时，在一丈深处出现一汉砖墓穴。笔者将《叶县志》所载方向、距离与群众提供情况对照，正应金鸡冢的位置，值得进一步考察验证。

诸葛祖墓何以“金鸡冢”名之？

笔者曾走访下牛村退休老教师郭天才。郭说：他的父亲郭维周乃叶县名儒，精通经史及诸子百家。20世纪40年代军阀汤恩伯驻叶期间，地方派别的斗争激烈。郭老先生以学识渊博，为人正直，在叶县颇具影响，遂被认为有“共党嫌疑”。为安身自保，被迫离乡背井，隐居平顶山下诸葛祠中，以教书为名，潜心研究历史，著书自娱。曾著有《诸葛遗墟考》等，因条件所限，未能发表。先生死后，遗著均失战乱中。郭老先生当年的学生李军正、王文法、李桂芝等人回忆：先生曾说过冢前有一石，名“金鸡石”，两端微翘如卧鸡，又似枕形，叩击声响如木鱼，所以又叫鸡枕石、鸡更石、金鸡枕等。李栓说：“前几年有人从祠中将一刻着字的石块（状若此石）搬到文化宫展览，今日不知去向。”八十五岁老人田世怀听说鸡更石一侧确实刻有“诸葛武侯定更枕”字样。大营村民张金山则听祖父传说，诸葛祠旁有一菜园，主人王朋（吴玉川说叫王道）翻地种菜，挖出一石，光滑如枕，便置之草棚下，既当石凳坐，又当枕头用。后听到“鸡更石”诸多传说，认为是块宝石。为了取宝，用铁锤将石击碎，致使宝石灭迹。古籍载武侯石枕者颇多。盛弘著《襄阳记》说在襄阳武侯祠，“齐建武中（494—497），有人修井，曾得一石枕，高一尺二寸，长九寸，献晋安王。”郦道元《水经注》及鲍坚《南雍州记》都有诸葛石枕的记载。笔者认为，平顶山鸡更枕——武侯枕，可能是古人根据诸葛石枕的传说，在诸葛父祖墓葬处刻设的纪念物。久而久之，墓与石联名一体，“金鸡冢”也就因此而得名。

二、平顶山武侯祠

武侯祠在市中心诸葛庙街西侧，占地面积六亩多。祠因“诸葛遗墟”而建。原山门上悬一匾曰“诸葛遗墟”。山门外西侧有一奇特石碑，传称“望京碑”。

碑高一米,园额,后有一小洞,刮风天气,有鸟鸣声从中传出。碑座高约一米半,四周浮雕人物群像,颇有艺术价值。20世纪40年代石碑失踪,然后碑座又失。门里殿三间,高两丈许,青砖青瓦,五脊六兽,四角微翘,殿内四柱支梁,中有诸葛武侯彩塑坐像。头戴纶巾、身着八卦衣,右手执羽扇,左臂弯曲,肘下层叠书籍,左右二童子侍立。田世怀和退休老教师李军政说:武侯像后,上悬一金字大匾曰“儒者气象”。殿内雕梁画栋,四壁彩绘。后壁画二十四孝图。东山脊檩头下画白云藏龙,西山脊檩头下画巨石猛虎。此乃取典于《周易》,“乾卦”中有“云从龙,风从虎”语。“从龙”意为暂时隐居,尚未显露头角的英雄人物。“从虎”意为伴随帝王创立基业。这正是诸葛亮生平的写照。所以东山墙画他的家世出身,西山墙画的是他的军事生涯,有“三顾茅庐”“草船借箭”和“空城计”等故事。殿前古井一眼,习称诸葛井。至今井水清冽甘甜,供人们饮用。门侧古柏一株,枝叶可入药,前院石碑林立。后院大杨树林中也有不少古碑。今除明代牛凤所立一通碑外,其余毁失殆尽。《叶县志·八景歌》有“诸葛遗墟委杉松,石坛映霭寒云封”句,说明清代武侯祠已有相当规模,苍松翠柏,云蒸雾绕,奇石异草相映成趣,故被列为叶县八景之一。

武侯祠的来历由牛凤《改正诸葛武侯祠记》得知。该碑文曾为《叶县志》《南阳府志》《中州文献录》《古今图书集成》等全文收录,足见其历史价值。牛凤所见武侯祠为明洪武八年(1375)所重修。当时殿中尚有刘备、关羽、张飞塑像。牛凤立碑动机是因他在附近曾见有隋代开皇二年的“断幢”上刻有“此地有诸葛之旧坟墟高阳华里”语,认为此祠非同一般,实属历史珍迹,以告后人,注意保护。经过考证,他认定隋代已有此祠。笔者认为,该祠初建至少可溯至北魏。因为北魏孝文帝太和元年(477)曾在此置高阳县。对此,《魏书·地形志》《北周·地理志》《南阳府志》及《襄县志》均有记载。著名历史学家,复旦大学谭其骧教授则明确指出“古高阳县治在今平顶山市境内”——今诸葛庙街东三里大营村。华里者,里之美称。“高阳华里”即华夏英杰诸葛亮高阳故居之意。李清老人曾听祖上说诸葛庙村原名就叫高阳华里。王文法、李桂芝等人回忆:当年郭维周老师不止一次给学生讲高阳华里的来历,如同前说。而高阳县从设置到撤销不满五年,由此可以肯定:以“高阳华里”命名地名,只能在这五年之中。晚诸葛亮二百年,“诸葛遗墟”不至泯灭,以此命名“高阳华里”,建祠立庙定有其充分根据。

附近黄楝树村(现新华路)也有诸葛亮的遗迹。村里有个陈家坟(现帘子布厂俱乐部处)，坟里有棵两围粗的古楝树，据吴玉川、吴干才老人讲，1956 年初级社时这棵黄楝树才被除去。传说诸葛亮儿时就在这一带放马，经常把马拴在黄楝树上，自己坐在树下读书。为了纪念诸葛亮，寄情于物，历代以黄楝树作为村名。在黄楝树西南不远处，有一大水坑，常年清水不竭，传说是诸葛亮经常饮马的地方，故名饮马坑。随着帘子布厂建设的发展，饮马坑现已被填平灭迹。

除此以外，笔者认为尚有政治背景值得考虑。北魏孝文帝是位了不起的改革家。他五岁即登皇帝位，十九岁亲政后，雄心勃勃，急于统一中原，于是着手进行了一系列的改革。从说汉话、学汉文、着汉服、从汉姓，到承袭先进的汉族文化传统，政治制度，飞速向封建转化。他本人就精通“五经三义”，“史传百家，无不读涉。”对历代汉族“名君贤臣”推崇备至。为完成统一大业，他连已立为太子的亲生骨肉都因为阻止改革而处死，对有统治才干的汉族知识分子却破格重用。对其二百年前兼有“事君之节”“开国之才”“治人之术”“立身之道”的全才，“大名盖天地”的诸葛亮，自然是钦敬不已，顶礼膜拜了。况且在文治武功方面，他与诸葛亮确有近似之长。于是在东宛古大道旁诸葛遗墟处为诸葛亮建祠立庙，既能显示其对汉族文化的尊崇，从而进一步收买拉拢汉族知识分子为自己的政权服务，又能炫耀自己的武功，增强自己的威慑力量。因此，可以认为平顶山下武侯祠是北魏孝文帝改革的产物。

三、研究、开发诸葛遗墟的意义

诸葛亮作为卓越的政治家、军事家驰名中外，其实在经济、文化上也算得上一位巨匠。他曾发明过木牛流马、弩机、札马钉、诸葛鼓、行军锅等。近几年来，诸葛亮的经营谋略思想又成为中外学者竞相研讨的热门课题之一。但有关其少年时代的资料奇缺，成为研究诸葛思想渊源的一个难关。若能将他寓居平顶山下这段历史空白填补起来，无疑有助于对诸葛亮思想渊源的探讨。诸葛遗墟证明诸葛亮的青、少年时代是在平顶山下度过的。这是一个人成长的关键时期，由于诸葛亮出身书香门第，官宦之家，受教育的条件比较好，加上他天资过人、少有逸群之才，英霸之器，而少年坎坷，更使人过早地成熟。他没有在平顶山下这几年的刻苦攻读，阅历时势，就不可能在二十来岁就“知名当世”，二十七岁垄中对策，揭开“三国鼎立”的历史帷幕。应该说在平顶山已奠定了广博的知识基础，甚至可以说，他的“匡国之志”“治国之术”在平顶山下已开始酝酿萌发。另外，诸葛亮与常人一样对其少年故土应有特殊的感情，何况平顶山又是埋葬父、祖尸骨的地方，以此推知，诸葛亮隐居“躬耕”处就在稍近的南阳，而非更远的襄阳。

改革开放以来，人们意识到文化旅游业的开发往往能带动经济的发展。充分利用地方历史文化优势，成为不少有识之士出奇制胜的高招。山东潍坊经济是伴随风筝而腾飞的，被国内外经济界誉为“风筝经济”。开封修建了“宋城一条街”，还有许多厂家的产品以“龙亭”“铁塔”为牌号，使古都开封经济焕发了青春。曹操一首《短歌行》，给伊川、汝阳两家“杜康”酒厂安上了腾飞的翅膀。宝丰酒也是靠着深厚的历史底蕴发展起来的。三国鼎立时间虽然不长，但在中国经济、文化发展史上都占着辉煌的一页。三国文化遗址、重要历史人物活动多集中在许昌、南阳两地，使他们在开发三国旅游业方面有得天独厚的优势，并已初见成效。平顶山位居其间，这里诸葛遗墟作为三国两个文化中心的中间环节，它的开发将使许昌、南阳的三国文化景点连为一体，形成纵贯全省三国旅游文化长廊。

“诸葛遗墟”的开发对平顶山市意义更为重大。人所共知，平顶山是座新兴工业城市，因建市特晚，历史文化未及开发，以“文化的贫困”显得枯燥乏味。“诸葛坟墟”“武侯祠”都是珍贵历史遗迹，景观规模不大，位置极佳。开发投资少，时间短，效益高。若能修复，必将以画龙点睛之势，为平顶山市锦上添花。愿卧龙在平顶山早日腾飞。

（转引自杨晓宇、潘民中、杨尚德主编：《少年诸葛亮与平山武侯祠》，香港天马图书有限公司 1996 年版）

诸葛亮躬耕地及迁徙路线考

程有为

最近几年,汉魏史学界兴起一个"诸葛亮躬耕地问题"讨论热。不少学界同人在讨论中认为,诸葛亮躬耕地在今襄阳城西隆中。丁宝斋同志则说,诸葛亮躬耕于襄阳隆中,"在古今中外史学界,是一个没有疑议的问题",他还列举了此说的六条根据,似乎颇为确凿。但认真加以思索,就发现此说尚有不少疑窦,而躬耕地问题上的"南阳说"亦非无根之谈。在此就襄阳隆中说提出几个令人生疑的问题,并略抒浅见,以求教于方家。

一、历史文献记载是否一致

丁宝斋同志说:"历代史籍文献记载诸葛亮躬耕地在襄阳隆中是始终一致的。"对于这种说法,笔者实难苟同。试问:如果史籍文献(特别是较早的文献)记载始终一致,何以有清代和今日的论争?为了详细说明这个问题,须将一些主要文献记载加以梳理和分析。

历史文献关于诸葛亮躬耕地的记载,大体可分为三个时期,每个时期的记载又各有其特点。

第一个时期是三国西晋时期。蜀汉建兴五年(227)诸葛亮上刘禅《出师表》中自述"臣本布衣,躬耕于南阳"。诸葛亮自述其生平事迹,绝对不会有误,因而这是关于其躬耕地的最早也最为可信的记载。此处所谓南阳,当指汉末的南阳郡。但躬耕所在的县邑乡里,则语焉不详。西晋初的泰始十年(274),陈寿《上〈诸葛氏集〉表》言:诸葛亮"遭汉末扰乱,随叔父玄避难荆州,躬耕于野,不求闻达"。成书于西晋初年的陈寿《三国志·诸葛亮传》称:诸葛玄卒,亮躬耕陇亩,好为《梁父吟》"。西晋初的这两处记载,均未明言躬耕的具体地点。盖陈寿或因故不便言明,或因对此知之不详,不愿强为之说。及至西晋末永兴年间(304—306),李兴(一作李安)替刘弘写的《祭诸葛丞相文》曰:"天子命我于沔之阳,听鼓鼙而永思,庶先哲之遗光。登隆山以远望,轼诸葛之故乡";"昔尔之隐,卜惟此宅"。此文涉及诸葛亮的"故乡"和"隐居"之"宅",其地名则有"隆山",其地望则为"沔之阳"。沔乃汉水之别称。古代地名通例，以水北为阳，水南为阴，沔之阳即指汉水以北。文中未言南渡汉水，因而隆山和住宅当在汉水北。总之，三国西晋时期文献关于躬耕地的记载，只说明在汉水以北的南阳郡境内，但简略不详。

第二个时期是东晋南北朝时期。东晋初王隐《蜀记》为李兴的《祭诸葛丞相文》作注解说："晋永兴中，镇南将军襄阳郡守刘弘至隆中，观亮故宅，立碣表闾"。此文始出现"隆中"这一地名，言此地有诸葛亮故宅。其后襄阳人习凿齿的《汉晋春秋》说："亮家于南阳郡之邓县，在襄阳城西二十里，号曰隆中"。习氏首次明确说诸葛亮的家在南阳郡的邓县隆中，其方位在东晋时的襄阳城西20里处。隆中既属邓县，邓县又属南阳郡，这样就把襄阳隆中的"家""宅"与诸葛亮自述"躬耕于南阳"联为一体。习氏的《襄阳记》中又写道："襄阳有孔明故宅"。南朝宋人盛弘之的《荆州记》则言："襄阳西北十里许，名为隆中，有孔明宅"。梁人殷芸《小说》也说："襄阳郡有诸葛孔明故宅"。二者基本沿袭前人成说，但微有异辞。北魏郦道元《水经·沔水注》继而言："沔水又东径隆中，历孔明旧宅北。亮语刘禅云：'先帝三顾臣于草庐之中，咨臣以当世之事'即此宅也。"郦氏明确指出，隆中在汉水南，隆中诸葛亮故宅即草庐，亦即刘备三顾之地，从而将故宅、草庐、三顾处统一起来。约在南北朝末期成书的《荆州图副》亦言："邓城旧县西南一里，隔沔有诸葛亮宅，是刘备三顾处"。这也是因袭前人成说。总之，东晋南北朝时期的文献，多记载襄阳隆中有诸葛亮故宅，或言即躬耕处，亦即刘备三顾处。诸葛亮躬耕于襄阳隆中说，就出现于这一时期。实肇端于习凿齿，完善于郦道元。但二人均仅下论断而不言根据，其疑一也；三国西晋时人不能明言，而东晋南北朝人却语之甚详，其疑二也。而且这一时期的记载也有互相抵牾之处。论隆中方位则有襄阳西与襄阳西北两说，言隆中距襄阳里数则有10里与20里之异。习凿齿《汉晋春秋》以"南阳"为郡名，而殷芸《小说》却以"南阳"为墟名。因而仅就这一时期历史文献记载而言，也不能说始终一致。

第三个时期是唐宋时期。这一时期的碑刻诗文可以说是南阳说与襄阳隆中说并存。

持南阳说者，如唐代沈迴《武侯庙碑铭并序》云："伊昔武侯，蹶足南阳，退藏于密，不曜其光。"吕温《诸葛武侯庙记》言："胥宇南阳，坚卧不起"。裴度《蜀丞相诸葛武侯祠堂碑铭并序》云："公是时也，躬耕南阳，自比管乐，我未从虎，时称卧龙。"胡曾《南阳咏史诗》云："世乱英雄百战余，孔明方此乐耕锄。

蜀王不自垂三顾,争得先生出草庐。"汪遵《南阳》亦云:"陆困泥蟠未适从,岂妨耕稼隐高踪。若非先生垂三顾,谁识草庐一卧龙。"刘禹锡《陋室铭》云:"南阳诸葛庐,西蜀子云亭。"此外,还有杜甫《武侯庙》曰"不复卧南阳",许浑《南阳道中》云"不知谁学武侯耕",等等。

持襄阳隆中说者,如李吉甫《元和郡县图志》之山南道襄阳县载:"诸葛亮宅在县西北二十里。"苏轼《隆中诗》云:"谁言襄阳野,生此万乘师。"曾巩《隆中》诗亦云:"孔明方隐时,息驾隆中田。"

唐宋时期的文人对诸葛亮躬耕地望没有什么创见,一部分人因袭三国西晋时的南阳说,另一部分人则沿用东晋南北朝的襄阳隆中说,于是形成了两说并存的局面。此外,还有将这两说加以折中的。如唐人孙樵《刻武侯碑阴》曰:"曩蟠南阳,时人不与仲、毅伍",又曰:"盖激备隆中以天下托"。宋人刘光祖《祭诸葛亮文》言:"维诸葛公,矫矫犹龙,躬耕南阳,高卧隆中。"

考察宋代以前关于诸葛亮躬耕地望的文献记载,不难看出,三国西晋时期的记载概言躬耕于汉水以北的南阳郡境内,其特点是简略不详;东晋南北朝的记载,始言躬耕地在汉水以南的襄阳隆中,其特点是具体而有异。唐宋时期南阳与襄阳隆中两说并存,明显有因袭前人的特点。要之,历代文献并非一致记载诸葛亮躬耕地在襄阳隆中。早期文献记载的歧义及语焉不详,是引起后世争讼不已的主要原因。

二、今襄阳隆中汉代是否属南阳郡邓县管辖

丁宝斋同志说:"先秦两汉至宋、齐时的邓县,在今襄樊市北郊邓城遗址,古邓县境土是跨汉水的,隆中属其辖境。"[③]这句话本身即有误。前引《荆州图副》说邓城旧县西南一里隔沔,有诸葛亮宅,明明说诸葛亮宅在邓城的旧县西南一里,而不是说在南北朝后期的邓城县西南一里,显然当时的邓城县旧县(或即邓县)不在一地。丁宝斋同志不详察"邓城旧县"四字的含意,将南北朝后期的邓城县与旧县(或即邓县)混淆为一,从而得出先秦两汉至宋、齐时的邓县都在邓县遗址的结论,岂不失于疏谬。至于说古邓县境土跨汉水,更显得证据不足,值得商榷。

最早提出汉代南阳郡邓县境土跨越汉水的是东晋襄阳人习凿齿。他在《汉晋春秋》中写道:"(诸葛亮)家于南阳之邓县,在襄阳城西二十里,号曰隆

中。”邓县城在汉水北，隆中在汉水南，隆中又属邓县管辖，邓县境土自然跨越汉水了。习凿齿作出了这个结论，但又未说出任何根据，不免有穿凿附会之嫌。更可怪的是，《读史方舆纪要》卷十九注引“习凿齿曰：‘秦兼天下，自汉（水）以北为南阳郡，自汉（水）以南为南郡，汉（代）因之’”。此处是引习氏《襄阳记》之文。同一习氏，一则言汉水以南的隆中地区属汉水以北的南阳郡邓县管辖，一则言汉代南阳郡与南郡以汉水为界，自相矛盾如此，无异于自破其说，实难令人遵信。

隆中地区在汉代是否属于南阳郡邓县管辖，是诸葛亮躬耕襄阳隆中说能否成立的关键，必须分辨明白。下面分两个方面予以说明。

第一，关于秦汉时期南阳郡与南郡的分界，正史与一些古地理书记之甚详。试举几例：

《路史·国名记丁》引萧梁任昉《地记》云：“汉江之北为南阳，汉江之南为南郡者是。”

《史记·秦本纪》昭襄王三十五年，“初置南阳郡”。张守节《正义》曰：“今邓州也。前已属秦，秦置南阳郡，在汉水之北。”

《晋书·地理志》“荆州”条：“及秦，取楚鄢郢为南郡，……以楚之汉（水）北立南阳郡。汉高祖……分南郡江夏郡……及置十三州，因旧名为荆州，统南郡、南阳……七郡。”

《元和郡县图志》卷二十一“襄阳”云：“秦兼天下，自汉以北为南阳郡，今邓州南阳县是也；汉以南为南郡，今荆州是也。后汉建安十三年，魏武帝平荆州，置襄阳郡。”

《资治通鉴》卷五“周赧王四十三年”：“秦置南阳郡”。胡三省注曰：“凡山南、水北皆谓之阳。……秦置南阳郡，以在南山之南，汉水之北也。”

从以上史料可以看出，秦置南郡与南阳郡，是以汉水为分界的。汉高祖刘邦时，将南郡一分为二，置江夏与南郡。后设十三州，南阳、南郡、江夏均属荆州。从秦以迄东汉末建安十三年（218）以前，南阳郡与南郡，一直以汉水为分界，未见边界更改的记载。

诸葛亮躬耕陇亩是建安十二年以前的事，建安十三年曹操攻占荆州后，设置襄阳郡，更改行政区划，已与诸葛亮躬耕地问题无直接关系。《宋书·州郡志》“襄阳公相”条云：“魏武平荆州，分南郡编以北及南阳之山都立，属荆州。”可见曹操设襄阳郡，除了以原南郡北部地区作为襄阳郡的辖区外，还将原属南阳郡的山都县也划归襄阳郡管辖。众所周知,隆中地区正位于襄阳至山都的通道上。如果隆中地区在建安十三年以前属于南阳郡邓县管辖,曹操就不会将汉水西南的山都县划归襄阳郡,而将汉水南的隆中这一块地方留给汉水北的南阳郡邓县,使襄阳郡越过南阳郡的辖区而管辖山都县。但是上引史料却没有说曹操将南阳郡邓县的隆中地区也划归襄阳郡。由此可知,汉水南的隆中地区在东汉建安十三年以前,属南郡管辖,而不属南阳郡邓县管辖。

在交通不便的古代,高山大河往往是行政区划的天然分界。汉水已属较宽的江河,看不出当时把汉水南的一小块土地划归汉水北的郡县管辖的必要。如果真有这种特殊需要,文献理应有所记载。但是披览文献,未发现这方面的记载。

第二,汉代南阳郡邓县有无可能管辖隆中地区,还与隆中与邓县城之间的距离远近有关,因而必须弄清汉代邓县城的准确方位。

据荆州楚地理专家石泉先生《古邓国、邓县考》所述,关于先秦时期的邓国与秦汉时期的邓县的地理方位,至少有四种说法:一是穰邓说,古邓国在汉代的穰县,即今河南邓州市;二是襄樊西北说;三是襄樊正北说;四是襄樊东北说。诸说并存,莫衷一是。虽然石泉先生倾向于襄樊西北说,即古邓国与邓县位于今襄樊市西北邓城村,但学术界尚无别人深入研讨这个问题,此说仍为一家之言,尚未成为定论。在这四说中,唯襄樊西北说所指的邓城,离隆中较近,其他三说所指的邓县地望,均距隆中颇远,因而不大可能管辖隆中地区。

据历史文献记载,邓国南鄙有鄾,是一个较大的邑聚。鄾在汉水以北,位于邓国南部边界附近。据《后汉书·郡国志》记载:“邓有鄾聚”。可见汉代邓县仍有鄾聚,位于县南边界地区。因而邓县难以再跨越汉水,领有隆中地区。

总之,根据文献记载,汉水在从山都到襄阳段流向由西往东,它是汉代南郡与南阳郡的天然分界。习凿齿说法自相矛盾,不足凭信。汉代邓县究竟在何处,学界仍众说纷纭,尚难论定。因而隆中地区汉代是否属南阳郡管辖,尚难骤下结论,有待于进一步研探。

三、诸葛亮迁徙路线如何

诸葛亮躬耕地望也与其迁徙路线有关。要解决其躬耕地问题也须弄清其迁徙路线与迁徙原因。

诸葛亮祖居琅琊阳都县，他的父亲诸葛珪官至泰山郡丞，母亲章氏先逝，父亲也于初平三年(192)去世。兄诸葛瑾已至弱冠之年，可自谋生计，诸葛亮与其弟诸葛均尚难自立，由叔父诸葛玄抚养，因而诸葛亮离乡背井，不惶宁居，一是为躲避战乱，二是不得不随诸葛玄的任所变换而迁徙。

关于诸葛玄的身世，史书记载甚少。《三国志·诸葛亮传》说："亮早孤，从父玄为袁术所署豫章太守，玄将亮及弟均之官。"而《献帝春秋》却说："初，豫章太守周术卒，刘表上诸葛玄豫章太守，治南昌，汉朝闻周术死，遣朱皓代玄。皓从扬州太守刘繇求兵击玄，玄退屯西城，皓入南昌。建安二年正月，西城民反，杀玄，送首诣繇。"

笔者以为，陈寿《三国志·诸葛亮传》所记较可信，《献帝春秋》所言有误。刘繇为汉朝廷诏书所命的扬州刺史，而《献帝春秋》却称他为扬州太守。扬州为州，不为郡。州只应有刺史或牧，不当有太守，郡方有太守之职。称刘繇为扬州太守，是一个常识性的错误。而且豫章郡属扬州，不属荆州。刘表为荆州牧，无权举荐豫章太守。当时袁术领扬州，诸葛玄的豫章太守之职当为袁术所署。

对于郡太守这样的重要官职，袁术是不轻易署任的。据《三国志·孙讨逆传》记载，孙坚受袁术之命攻刘表身亡，其子孙策又于"兴平元年，从袁术"。袁术"初许策为九江太守，已而更用丹阳陈纪"。后来袁术"遣策攻(庐江太守陆)康，谓曰：'前错用陈纪，每恨本意不遂。今若得康，庐江真卿有也。'策攻康，拔之，术复用其故吏刘勋为太守。策益失望"。后袁术又"用故吏琅琊惠衢为扬州刺史"。孙坚孙策父子前仆后继，有大功于袁氏，袁术不用孙策为郡守，却署任诸葛玄为郡守，诸葛玄当为袁术故吏，与袁术关系至为密切。由此推测，袁术在南阳时，诸葛玄当已追随于他，若此说不误，则初平三年(192)诸葛珪死后，诸葛亮及其弟诸葛均当被诸葛玄接至南阳郡鲁阳(今河南鲁山)，生活于袁术军中。后来又随诸葛玄经陈留而至淮南。

《三国志·诸葛亮传》称，诸葛亮叔父诸葛玄被袁术署为豫章太守后，"将亮及亮弟均之官。会汉朝更选朱皓代玄。玄素与荆州牧刘表有旧，往依之"。《资治通鉴》汉献帝兴平二年记载："刘繇使豫章太守朱皓攻袁术所用太守诸葛玄，玄退保西城。及繇溯江西上，驻于彭泽，使(笮)融助皓攻玄"。"融到，诈杀皓，代领郡事。繇击退融，融为民所杀，诏以太仆卿华歆为豫章太守"。袁术于初平四年(193)领扬州，署任诸葛玄为豫章太当在此后。兴平二年

(195)诸葛玄遭受朱皓攻击,弃南昌退保西城,刘繇又使笮融助朱皓攻之。诸葛玄无法在豫章立足,被迫前往荆州,投奔刘表。《三国志·诸葛亮传》言,诸葛玄"素与荆州牧刘表有旧,往依之"。陈寿《上诸葛亮集表》亦言,诸葛亮"遭汉末扰乱,随叔父玄避难荆州"。《献帝春秋》说:"建安二年正月,西城民反,杀玄,送首诣(刘)繇。"当有误。但诸葛玄投奔刘表后,死于建安二年(197)或稍后,是可能的。

诸葛玄因与刘表有旧交情,故在被逐之后前往荆州,依靠刘表。但诸葛玄是袁术的故吏,刘表又与袁术有仇恨,因而对诸葛玄的待遇不会亲热。诸葛玄死后,诸葛亮与刘表无直接关系,生活无着,不得不离开襄阳,躬耕陇亩,以足衣食。或为叔父诸葛玄行丧礼,而离开州城。

刘表领有荆州近20年,前期颇有作为,败孙坚,逐袁术,服张绣,平定张羡之乱,"南收零、桂,北据汉川,地方数千里,带甲十余万"(《三国志·刘表传》)。又开立学官,博召儒雅,北方士人为避战乱而归之者以千数。但刘表为人,"外貌儒雅,而心多疑忌"(同上),对贤士虽厚待而不重用,智者献谋也不采纳。晚年二子争立,各结党援。袁绍、曹操官渡相持,刘表许诺帮助袁绍而实不至,也不援佐曹操,欲保江汉间,坐观时变。既疑忌刘备,又囚禁韩嵩,逐渐弄到众叛亲离的地步。荆州的远见卓识之士早已看出刘表不能久保荆州,曹操平定北方之后,必然率军南下,荆州必先受兵,因而人无固志,不少士人离开荆州。早在建安元年,张绣的谋主贾诩"往见(刘)表,表以客礼待之"。诩曰:"表,平世三公才也,不见事变,多疑无决,无能为也。"(《资治通鉴》卷六十二)后来终于劝张绣离刘表投靠曹操。"颍川杜袭、赵俨、繁钦避乱荆州,刘表俱待以宾礼。钦数见奇于表,袭喻之曰:'吾所以与子俱来者,徒欲全身以待时耳,岂谓刘牧当为拨乱之主而规长者委身哉!子若见能不已,非吾徒也,吾与子绝矣!'钦慨然曰:'请敬受命!'及曹操迎天子都许,俨谓钦曰:'曹操东必能匡济华夏,吾知归矣!'遂还诣操,操以俨为朗陵长。"(同上)其他智士尚且如此,诸葛亮对时势极为明察,自然不会长久滞留荆州,坐等战祸及身。所以在官渡之战曹操取得决定性胜利前后,诸葛亮是完全有可能离开荆州,北迁南阳,以避兵燹的。

总之,笔者认为,诸葛亮在其父诸葛珪去世后,可能随叔父诸葛玄到达南阳郡鲁阳袁术军中,后随袁术经陈留到达淮南。诸葛玄被袁术署为豫章太守,诸葛亮也随之到达豫章。及诸葛玄被朱皓驱逐,至荆州投奔刘表,诸葛亮也随同前往。不久诸葛玄死，刘表颓败之势已显，荆州渐转安为危，诸葛亮可能北渡汉水。

四、诸葛亮在南阳宛县躬耕有无可能

丁宝斋同志说："东汉末年，南阳宛县一带战乱频繁，……刘备三顾茅庐时，宛县属曹操的地盘，他决不会到曹操的占领区自投罗网。"这种说法也是不能令人信服的。

要说明南郡在建安年间是否战乱频仍，宛县一带是否属曹操占领区，需要阐明南阳郡的政治形势和曹操的军事行动，请看下表：

建安年间南阳郡大事与曹操军事行动年表

建安年间	南阳郡大事	曹操军事行动
元年	九月，张济自关中引兵攻穰城，死，族子张绣带领其众，屯宛。张绣附于刘表	
二年	正月，曹操征张绣，至宛，绣降，复叛，战于宛、舞阴，绣奔穰，刘表合 十一月，曹操再征张绣，至宛，拔湖阳，擒刘表将邓济，克舞阴	正月，曹操始征张绣 十一月，曹操再征张绣
三年	三月，曹操三征张绣，围之于穰，刘表救之，曹操与张绣、刘表军战于安众，大破之	三月，曹操三征张绣
四年	十一月，张绣率众投奔曹操	八月，曹操进军黎阳，九月还许，复屯兵官渡
五年		正月，曹操击破刘备，还军官渡 二月，袁绍进军黎阳，曹操解白马之围，斩颜良、文醜，官渡之战开始
六年	九月，刘备投奔刘表，屯兵新野	四月，曹操破袁绍仓亭军 九月，曹操败刘备于汝南

续表

建安年间	南阳郡大事	曹操军事行动
七年	九月,刘表使刘备北侵至叶,曹操遣夏侯惇、于禁拒之	正月,曹操进军官渡 五月,袁绍死,九月,曹操渡河击袁谭、袁尚
八年		二月,曹操攻黎阳,败袁谭等,追至邺 八月,曹操击刘表,军西平,十月,返黎阳
九年		正月,曹操北渡黄河,四月,拔邯郸 八月,平定邺城,十二月,进军平原
十年		正月,曹操斩袁谭,平冀州 八月,征乌桓,斩赵犊,十月,还邺
十一年		正月,曹操征高干,三月,拔壶关 八月,东征“海贼”管承,至淳于,凿渠,准备征三郡乌桓
十二年		二月,曹操自淳于还邺,远征乌桓
十三年	七月,曹操南征刘表,经宛、新野,直指荆州	正月,曹操还邺 七月,南征刘表,九月,兵至新野 十二月,赤壁之战开始

(此表依据《资治通鉴》制)

由上表可知,在建安元年至建安十三年(196—218)赤壁之战前的13年中,除建安元年张济入南阳、攻穰城,建安二、三年曹操三次征张绣外,南阳郡近10年无大的战事。从建安四年(199)官渡之战拉开序幕到建安十三年赤壁之战前,曹操亲自统率军队与袁绍决战,灭其余孽,北征乌桓,东征“海贼”,意在平定北方,无暇南顾。他与比自己力量强大得多的政敌袁绍周旋,常感兵力不足,粮草无继,不可能与刘表再起战端,使自己处于腹背受敌的危险境地。因而南阳郡近10年大体平安无战事。

至于说宛县当时属曹操占领区,也没有多少事实根据。

建安元年张济引军进入南阳,攻打穰城,身中流矢而死,张绣代领其部众。张绣所部为一支游军,在南阳郡没有根基,军需无着,不得不依附刘表,刘表也借助张绣的力量抵御曹操,如后来的刘备然。史籍载有张绣听从贾诩之谋与刘表联合的事实。曹操征张绣,张绣不敌,常依靠刘表,刘表也出兵救援。因而在建安元年至四年张绣驻军南阳郡时,南阳可以说仍是刘表的势力范围,而不许曹操染指。

建安四年十一月,张绣采用贾诩之计,率军至官渡降曹,被封为列候。这时曹操曾派部分军队占领南阳郡部分地方。据《三国志·杜袭传》记载,"太祖(曹操)以(杜袭)为西鄂长"。西鄂县位于宛县正北。次年刘表平定长沙、零陵、桂阳之后,力量大增,"出步骑万人""攻西鄂",杜袭被迫"帅伤痍吏民决围,……徙至摩陂营"。摩陂在今河南省郏县东南,汉代不属南阳郡。由此可见,曹操确曾占领过南阳郡部分地方,但很快被刘表夺回。

建安六年,刘备屯兵新野。不久,刘表"使(刘备)拒夏侯惇、于禁于博望"(《三国志·先主传》)。博望在宛县东北,今属方城县。次年,"刘表使刘备北侵,至叶,太祖遣(李)典从夏侯惇拒之"(《三国志·李典传》)。叶县位于南阳郡东北,与颍川郡交界处。建安八年,曹操对袁谭、袁尚兄弟施行缓兵待变之计,扬言南伐刘表,引军屯驻"西平"(《三国志·武帝纪》)。西平也不在南阳郡境内。由此可知,除南阳郡东北部少许县城短期被曹操占领外,南阳郡大部分地区(当然包括南阳郡中部的宛县)长期处于刘表的控制之下。

就连一些赞同襄阳隆中说的同志也不同意"宛城是敌占区"的说法。如孙文青《诸葛亮故居确在襄阳》一文说:"曹操南击张绣,一度占领该地(指南阳宛县——笔者注)。但不久操败于绣,绣又降表,南阳又归表所有。直到后来绣又投操,操擒刘琮,南阳才与新野、博望、邓县为操所有。中间实有很长一段时间是在刘表管辖之中。因而不能据此就说宛城一直是敌境。"

还有同志说,今南阳市汉代称宛,不称南阳,因而诸葛亮自述"躬耕于南阳"不可能指今南阳市。对于这种观点,笔者也难苟同。

众所周知,古代州郡治所,均可以州郡名代称。东汉末刘表为荆州刺史(牧),移治襄阳,人们多以荆州代称襄阳。以此理推之,以南阳作为郡治宛县的代称,又有何不可?而且宛县在汉代并非只称宛,不称南阳。如《汉书·地理志》记载:"南阳郡……县三十六:宛。注曰:'莽曰南阳。'"既然宛县在西汉末王莽时就以南阳称之,东汉末以南阳代称宛县就不足为怪了。《三国志》中也有多处以南阳代称宛县。怎么能说汉代宛县不称南阳呢?因而诸葛亮自言"躬耕于南阳"这个"南阳"也包括宛县(今南阳市)在内。

基于上述理由，笔者以为，诸葛亮在南阳宛县一带躬耕，刘备前往三顾，并不是不可能的。

清代汪介人《中州杂俎》卷八《人纪》三记载："诸葛亮，本琅琊人，徙于顺阳之石峡口，结庐而隐，寻徙入南阳之卧龙岗。今裕州石峡口有小茅庵，唐时石记犹存。又尝寓于新野之野白岗，庄宅基址今为玉皇庙，古井尚在。南阳卧龙岗碑阴载新野地五顷，佃户张某佃种，亦先贤之遗迹也。又唐县有诸葛庄，武侯之远田也，曾犁出古碑，在县西桐寨铺东，去南阳庐六十里。又尝居叶县之平山下，见存隋开皇二年石幢云：'此地有诸葛之旧坟，在高阳华里。'今山下少西有诸葛庙，东有金鸡冢，疑冢即孔明父祖葬处。盖孔明从琅琊避地而西，自其父祖已然，居南阳则自孔明始也。此断幢既为隋时物，则去三国未远，当必得其真，故据而书之。"

《中州杂俎》成书时代晚，记载未必全部符合历史真实。但其中有些记载，也见于别的文献，而且所引石刻，多为隋唐时物，当有一定的参考价值。

关于顺阳石峡口小茅庵，唐代石记（碑刻）至清代尚存，当非后世作伪。石峡口今属方城县，在南阳市东北。

叶县平山下的诸葛旧坟墟，在今平顶山市内。该市卫东区妇幼保健站，为诸葛庙旧址。此庙 1958 年尚存。庙门悬"诸葛遗墟"四字。主殿门口东侧立有石碑一通，上刻明代人牛凤所撰《改正诸葛武侯祠记》。此碑至今犹存。碑文曰："既而游观山寺，有断石幢在焉。刻文仅数十字，中云：'此地有诸葛之旧坟墟，在高阳华里。'……再考石幢岁月，盖隋开皇壬寅物。"笔者推测，此坟可能是诸葛玄的坟墓。若诸葛玄葬于此，诸葛亮当在此地居住过。

总之，东晋南北朝时期的文献有一些诸葛亮居住于襄阳隆中的记载，但襄阳隆中作为诸葛亮躬耕地与刘备三顾处，根据尚嫌不足，且存在不少疑窦。为避战乱，诸葛亮多次迁徙，他在荆州、南阳的居住地未必仅一处。诸葛亮躬耕地在汉水北的今南阳地区，不仅有可能，而且有一定根据，难以轻易否定。因而对诸葛亮躬耕地问题不能急于下结论，应该继续进行深入地探讨。

（转引自杨晓宇、潘民中、杨尚德主编：《少年诸葛亮与平山武侯祠》，香港天马图书有限公司 1996 年版）

附录三 《三国志·蜀书·诸葛亮传》[1]

诸葛亮字孔明，琅邪阳都人也。汉司隶校尉诸葛丰后也。父珪，字君贡，汉末为泰山郡丞。亮早孤，从父玄为袁术所署豫章太守，玄将亮及亮弟均之官。会汉朝更选朱皓代玄。玄素与荆州牧刘表有旧，往依之。玄卒，亮躬耕陇亩，好为《梁父吟》。身长八尺，每自比于管仲、乐毅，时人莫之许也。惟博陵崔州平、颍川徐庶元直与亮友善，谓为信然。

时先主屯新野。徐庶见先主，先主器之，谓先主曰："诸葛孔明者，卧龙也，将军岂愿见之乎？"先主曰："君与俱来。"庶曰："此人可就见，不可屈致也。将军宜枉驾顾之。"由是先主遂诣亮，凡三往，乃见。因屏人曰："汉室倾颓，奸臣窃命，主上蒙尘。孤不度德量力，欲信大义于天下，而智术浅短，遂用猖獗，至于今日。然志犹未已，君谓计将安出？"亮答曰："自董卓已来，豪杰并起，跨州连郡者不可胜数。曹操比于袁绍，则名微而众寡，然操遂能克绍，以弱为强者，非惟天时，抑亦人谋也。今操已拥百万之众，挟天子而令诸侯，此诚不可与争锋。孙权据有江东，已历三世，国险而民附，贤能为之用，此可以为援而不可图也。荆州北据汉、沔，利尽南海，东连吴、会，西通巴、蜀，此用武之国，而其主不能守，此殆天所以资将军，将军岂有意乎？益州险塞，沃野千里，天府之土，高祖因之以成帝业。刘璋暗弱，张鲁在北，民殷国富而不知存恤，智能之士思得明君。将军既帝室之胄，信义著于四海，总揽英雄，思贤如渴，若跨有荆、益，保其岩阻，西和诸戎，南抚夷越，外结好孙权，内修政理；天下有变，则命一上将将荆州之军以向宛、洛，将军身率益州之众出于秦川，百姓孰敢不箪食壶浆以迎将军者乎？诚如是，则霸业可成，汉室可兴矣。"先主曰："善！"于是与亮情好日密。关羽、张飞等不悦，先主解之曰："孤之有孔明，犹鱼之有水也。愿诸君勿复言。"羽、飞乃止。

刘表长子琦，亦深器亮。表受后妻之言，爱少子琮，不悦于琦。琦每欲与亮谋自安之术，亮辄拒塞，未与处画。琦乃将亮游观后园，共上高楼，饮宴之

---

① （晋）陈寿：《三国志》（第三册），黄山书社，2015 年，第 863—886 页。

间，令人去梯，因谓亮曰："今日上不至天，下不至地，言出子口，入于吾耳，可以言不？"亮答曰："君不见申生在内而危，重耳在外而安乎？"琦意感悟，阴规出计。会黄祖死，得出，遂为江夏太守。俄而表卒，琮闻曹公来征，遣使请降。先主在樊闻之，率其众南行，亮与徐庶并从，为曹公所追破，获庶母。庶辞先主而指其心曰："本欲与将军共图王霸之业者，以此方寸之地也。今已失老母，方寸乱矣，无益于事，请从此别。"遂诣曹公。

先主至于夏口，亮曰："事急矣，请奉命求救于孙将军。"时权拥军在柴桑，观望成败。亮说权曰："海内大乱，将军起兵据有江东，刘豫州亦收众汉南，与曹操并争天下。今操芟夷大难，略已平矣，遂破荆州，威震四海。英雄无所用武，故豫州遁逃至此。将军量力而处之：若能以吴、越之众与中国抗衡，不如早与之绝；若不能当，何不案兵束甲，北面而事之！今将军外托服从之名，而内怀犹豫之计，事急而不断，祸至无日矣！"权曰："苟如君言，刘豫州何不遂事之乎？"亮曰："田横，齐之壮士耳，犹守义不辱，况刘豫州王室之胄，英才盖世，众士仰慕，若水之归海，若事之不济，此乃天也，安能复为之下乎！"权勃然曰："吾不能举全吴之地，十万之众，受制于人。吾计决矣！非刘豫州莫可以当曹操者，然豫州新败之后，安能抗此难乎？"亮曰："豫州军虽败于长坂，今战士还者及关羽水军精甲万人，刘琦合江夏战士亦不下万人。曹操之众，远来疲敝，闻追豫州，轻骑一日一夜行三百余里，此所谓'强弩之末，势不能穿鲁缟'者也。故兵法忌之，曰'必蹶上将军'。且北方之人，不习水战；又荆州之民附操者，逼兵势耳，非心服也。今将军诚能命猛将统兵数万，与豫州协规同力，破操军必矣。操军破，必北还，如此则荆、吴之势强，鼎足之形成矣。成败之机，在于今日。"权大悦，即遣周瑜、程普、鲁肃等水军三万，随亮诣先主，并力拒曹公。曹公败于赤壁，引军归邺。先主遂收江南，以亮为军师中郎将，使督零陵、桂阳、长沙三郡，调其赋税，以充军实。

建安十六年，益州牧刘璋遣法正迎先主，使击张鲁。亮与关羽镇荆州。先主自葭萌还攻璋，亮与张飞、赵云等率众溯江，分定郡县，与先主共围成都。成都平，以亮为军师将军，署左将军府事。先主外出，亮常镇守成都，足食足兵。二十六年，群下劝先主称尊号，先主未许，亮说曰："昔吴汉、耿弇等初劝世祖即帝位，世祖辞让，前后数四，耿纯进言曰：'天下英雄喁喁，冀有所望。如不从议者，士大夫各归求主，无为从公也。'世祖感纯言深至，遂然诺之。今曹氏篡汉，天下无主，大王刘氏苗族，绍世而起，今即帝位，乃其宜也。士大夫随大王久勤苦者，亦欲望尺寸之功如纯言耳。”先主于是即帝位，策亮为丞相曰：“朕遭家不造，奉承大统，兢兢业业，不敢康宁，思靖百姓，惧未能绥。於戏！丞相亮其悉朕意无怠，辅朕之阙，助宣重光，以照明天下，君其勖哉！”亮以丞相录尚书事，假节。张飞卒后，领司隶校尉。

章武三年春，先主于永安病笃，召亮于成都，属以后事，谓亮曰：“君才十倍曹丕，必能安国，终定大事。若嗣子可辅，辅之；如其不才，君可自取。”亮涕泣曰：“臣敢竭股肱之力，效忠贞之节，继之以死！”先主又为诏敕后主曰：“汝与丞相从事，事之如父。”建兴元年，封亮武乡侯，开府治事。顷之，又领益州牧。政事无巨细，咸决于亮。南中诸郡，并皆叛乱，亮以新遭大丧，故未便加兵，且遣使聘吴，因结和亲，遂为与国。

三年春，亮率众南征，其秋悉平。军资所出，国以富饶，乃治戎讲武，以俟大举。五年，率诸军北驻汉中，临发，上疏曰：“先帝创业未半而中道崩殂，今天下三分，益州疲弊，此诚危急存亡之秋也。然侍卫之臣不懈于内，忠志之士忘身于外者，盖追先帝之殊遇，欲报之于陛下也。诚宜开张圣听，以光先帝遗德，恢弘志士之气，不宜妄自菲薄，引喻失义，以塞忠谏之路也。宫中府中，俱为一体，陟罚臧否，不宜异同。若有作奸犯科及为忠善者，宜付有司论其刑赏，以昭陛下平明之理，不宜偏私，使内外异法也。侍中、侍郎郭攸之、费祎、董允等，此皆良实，志虑忠纯，是以先帝简拔以遗陛下。愚以为宫中之事，事无大小，悉以咨之，然后施行，必能裨补阙漏，有所广益。将军向宠，性行淑均，晓畅军事，试用于昔日，先帝称之曰能，是以众议举宠为督。愚以为营中之事，悉以咨之，必能使行陈和睦，优劣得所。亲贤臣，远小人，此先汉所以兴隆也；亲小人，远贤臣，此后汉所以倾颓也。先帝在时，每与臣论此事，未尝不叹息痛恨于桓、灵也。侍中、尚书、长史、参军，此悉贞良死节之臣，愿陛下亲之信之，则汉室之隆，可计日而待也。臣本布衣，躬耕于南阳，苟全性命于乱世，不求闻达于诸侯。先帝不以臣卑鄙，猥自枉屈，三顾臣于草庐之中，咨臣以当世之事，由是感激，遂许先帝以驱驰。后值倾覆，受任于败军之际，奉命于危难之间，尔来二十有一年矣。先帝知臣谨慎，故临崩寄臣以大事也。受命以来，夙夜忧叹，恐托付不效，以伤先帝之明，故五月渡泸，深入不毛。今南方已定，兵甲已足，当奖率三军，北定中原，庶竭驽钝，攘除奸凶，兴复汉室，还于旧都。此臣所以报先帝而忠陛下之职分也。至于斟酌损益，进尽忠言，则攸之、祎、允之任也。愿陛下托臣以讨贼兴复之效；不效，则治臣之罪，以告先帝之灵。若无兴德之言，则责攸之、祎、允等之慢，以彰其咎。陛下亦宜自谋，以咨诹善道，察纳雅言，深追先帝遗诏。臣不胜受恩感激，今当远离，临表涕零，不知所言。”遂行，屯于沔阳。

六年春，扬声由斜谷道取郿，使赵云、邓芝为疑军，据箕谷，魏大将军曹真举众拒之。亮身率诸军攻祁山，戎陈整齐，赏罚肃而号令明，南安、天水、安定三郡叛魏应亮，关中响震。魏明帝西镇长安，命张郃拒亮，亮使马谡督诸军在前，与郃战于街亭。谡违亮节度，举动失宜，大为郃所破。亮拔西县千余家，还于汉中，戮谡以谢众。上疏曰：“臣以弱才，叨窃非据，亲秉旄钺以厉三军，不能训章明法，临事而惧，至有街亭违命之阙，箕谷不戒之失，咎皆在臣授任无方。臣明不知人，恤事多暗，《春秋》责帅，臣职是当。请自贬三等，以督厥咎。”于是以亮为右将军，行丞相事，所总统如前。

冬，亮复出散关，围陈仓，曹真拒之，亮粮尽而还。魏将王双率骑追亮，亮与战，破之，斩双。七年，亮遣陈式攻武都、阴平。魏雍州刺史郭淮率众欲击式，亮自出至建威，淮退还，遂平二郡。诏策亮曰：“街亭之役，咎由马谡，而君引愆，深自贬抑，重违君意，听顺所守。前年耀师，馘斩王双；今岁爰征，郭淮遁走；降集氐、羌，兴复二郡，威镇凶暴，功勋显然。方今天下骚扰，元恶未枭，君受大任，干国之重，而久自挹损，非所以光扬洪烈矣。今复君丞相，君其勿辞。”

九年，亮复出祁山，以木牛运，粮尽退军，与魏将张郃交战，射杀郃。十二年春，亮悉大众由斜谷出，以流马运，据武功五丈原，与司马宣王对于渭南。亮每患粮不继，使己志不申，是以分兵屯田，为久驻之基。耕者杂于渭滨居民之间，而百姓安堵，军无私焉。相持百余日。其年八月，亮疾病，卒于军，时年五十四。及军退，宣王案行其营垒处所，曰：“天下奇才也！”

亮遗命葬汉中定军山，因山为坟，冢足容棺，敛以时服，不须器物。诏策曰：“惟君体资文武，明睿笃诚，受遗托孤，匡辅朕躬，继绝兴微，志存靖乱；爰整六师，无岁不征，神武赫然，威震八荒，将建殊功于季汉，参伊、周之巨勋。如何不吊，事临垂克，遘疾陨丧！朕用伤悼，肝心若裂。夫崇德序功，纪行命谥，所以光昭将来，刊载不朽。今使使持节左中郎将杜琼赠君丞相武乡侯印绶，谥君为忠武侯。魂而有灵，嘉兹宠荣。呜呼哀哉！呜呼哀哉！”

初，亮自表后主曰：“成都有桑八百株，薄田十五顷，子弟衣食，自有余饶。至于臣在外任，无别调度，随身衣食，悉仰于官，不别治生，以长尺寸。若臣死之日，不使内有余帛，外有赢财，以负陛下。”及卒，如其所言。

亮性长于巧思，损益连弩，木牛流马，皆出其意；推演兵法，作八陈图，咸得其要云。亮言教书奏多可观，别为一集。

景耀六年春，诏为亮立庙于沔阳。秋，魏镇西将军钟会征蜀，至汉川，祭亮之庙，令军士不得于亮墓所左右刍牧樵采。亮弟均，官至长水校尉。亮子瞻，嗣爵。

《诸葛氏集》目录：

开府作牧第一	权制第二	南征第三
北出第四	计算第五	训厉第六
综核上第七	综核下第八	杂言上第九
杂言下第十	贵和第十一	兵要第十二
传运第十三	与孙权书第十四	与诸葛谨书第十五
与孟达书第十六	废李平第十七	法检上第十八
法检下第十九	科令上第二十	科令下第二十一
军令上第二十二	军令中第二十三	军令下第二十四

右二十四篇，凡十万四千一百一十二字

臣寿等言：臣前在著作郎，侍中领中书监济北侯臣荀勖、中书令关内侯臣和峤奏：使臣定故蜀丞相诸葛亮故事。亮毗佐危国，负阻不宾，然犹存录其言，耻善有遗，诚是大晋光明至德，泽被无疆，自古以来，未之有伦也。辄删除复重，随类相从，凡为二十四篇。篇名如右。

亮少有群逸之才，英霸之器，身长八尺，容貌甚伟，时人异焉。遭汉末扰乱，随叔父玄避难荆州，躬耕于野，不求闻达。时左将军刘备以亮有殊量，乃三顾亮于草庐之中；亮深谓备雄姿杰出，遂解带写诚，厚相结纳。及魏武帝南征荆州，刘琮举州委质，而备失势众寡，无立锥之地。亮时年二十七，乃建奇策，身使孙权，求援吴会。权既宿服仰备，又睹亮奇雅，甚敬重之，即遣兵三万人以助备。备得用与武帝交战，大破其军，乘胜克捷，江南悉平。后备又西取益州。益州既定，以亮为军师将军。备称尊号，拜亮为丞相，录尚书事。及备殂没，嗣子幼弱，事无巨细，亮皆专之。于是外连东吴，内平南越，立法施度，整理戎旅，工械技巧，物究其极，科教严明，赏罚必信，无恶不惩，无善不显，至于吏不容奸，人怀自厉，道不拾遗，强不侵弱，风化肃然也。

当此之时，亮之素志，进欲龙骧虎视，苞括四海，退欲跨陵边疆，震荡宇内。又自以为无身之日，则未有能蹈涉中原、抗衡上国者，是以用兵不戢，屡耀其武。然亮才，于治戎为长，奇谋为短，理民之干，优于将略。而所与对敌，或值人杰，加众寡不侔，攻守异体，故虽连年动众，未能有克。昔萧何荐韩信，管仲举王子城父，皆忖己之长，未能兼有故也。亮之器能政理，抑亦管、萧之亚匹也，而时之名将无城父、韩信，故使功业陵迟，大义不及邪？盖天命有归，不可以智力争也。

青龙二年春，亮帅众出武功，分兵屯田，为久驻之基。其秋病卒，黎庶追思，以为口实。至今梁、益之民，咨述亮者，言犹在耳，虽《甘棠》之咏召公，郑人之歌子产，无以远譬也。孟轲有云："以逸道使民，虽劳不怨；以生道杀人，虽死不忿。"信矣！论者或怪亮文彩不艳，而过于丁宁周至。臣愚以为咎繇大贤也，周公圣人也，考之《尚书》，咎繇之谟略而雅，周公之诰烦而悉。何则？咎繇与舜、禹共谈，周公与群下矢誓故也。亮所与言，尽众人凡士，故其文指不得及远也。然其声教遗言，皆经事综物，公诚之心，形于文墨，足以知其人之意理，而有补于当世。

伏惟陛下迈踪古圣，荡然无忌，故虽敌国诽谤之言，咸肆其辞而无所革讳，所以明大通之道也。谨录写上诣著作。臣寿诚惶诚恐，顿首顿首，死罪死罪。泰始十年二月一日癸巳，平阳侯相臣陈寿上。

乔字伯松，亮兄瑾之第二子也，本字仲慎。与兄元逊俱有名于时，论者以为乔才不及兄，而性业过之。初，亮未有子，求乔为嗣，瑾启孙权遣乔来西，亮以乔为己嫡子，故易其字焉。拜为驸马都尉，随亮至汉中。年二十五，建兴六年卒。子攀，官至行护军翊武将军，亦早卒。诸葛恪见诛于吴，子孙皆尽，而亮自有胄裔，故攀还复为瑾后。

瞻字思远。建兴十二年，亮出武功，与兄瑾书曰："瞻今已八岁，聪慧可爱，嫌其早成，恐不为重器耳。"年十七，尚公主，拜骑都尉。其明年为羽林中郎将，屡迁射声校尉、侍中、尚书仆射，加军师将军。瞻工书画，强识念，蜀人追思亮，咸爱其才敏。每朝廷有一善政佳事，虽非瞻所建倡，百姓皆传相告曰："葛侯之所为也。"是以美声溢誉，有过其实。景耀四年，为行都护卫将军，与辅国大将军南乡侯董厥并平尚书事。六年冬，魏征西将军邓艾伐蜀，自阴平由景谷道旁入。瞻督诸军至涪停住，前锋破，退还，住绵竹。艾遣书诱瞻曰："若降者，必表为琅邪王。"瞻怒，斩艾使。遂战，大败，临阵死，时年三十七。众皆离散，艾长驱至成都。瞻长子尚，与瞻俱没。次子京及攀子显等，咸熙元年内移河东。

董厥者，丞相亮时为府令史，亮称之曰："董令史，良士也。吾每与之言，思慎宜适。"徙为主薄。亮卒后，稍迁至尚书仆射，代陈祗为尚书令，迁大将军，平台事，而义阳樊建代焉。延熙十四年，以校尉使吴，值孙权病笃，不自见建。权问诸葛恪曰："樊建何如宗预也?"恪对曰："才识不及预，而雅性过之。"后为侍中，守尚书令。自瞻、厥、建统事，姜维常征伐在外，宦人黄皓窃弄机柄，咸共将护，无能匡矫，然建特不与皓和好往来。蜀破之明年春，厥、建俱诣京都，同为相国参军，其秋并兼散骑常侍，使蜀慰劳。

评曰：诸葛亮之为相国也，抚百姓，示仪轨，约官职，从权制，开诚心，布公道；尽忠益时者虽仇必赏，犯法怠慢者虽亲必罚，服罪输情者虽重必释，游辞巧饰者虽轻必戮；善无微而不赏，恶无纤而不贬；庶事精炼，物理其本，循名责实，虚伪不齿；终于邦域之内，咸畏而爱之，刑政虽峻而无怨者，以其用心平而劝戒明也。可谓识治之良才，管、萧之亚匹矣。然连年动众，未能成功，盖应变将略，非其所长欤！

附录四　诸葛亮年谱

辛酉汉孝灵帝光和四年

是岁侯生

按:建兴十二年甲寅秋,丞相亮卒于军,时年五十四,则知为辛酉年生。

皇子协生,即献帝。

壬戌光和五年

是岁,以灾异博问得失,议郎曹操上书切谏。

癸亥光和六年

初,巨鹿张角以妖术分遣弟子转相诳诱,遂置三十六方,大方万余人,小方六七千,〔方〕犹将军也。各立群帅,讹言:“苍天已死,黄天当立。”以中常侍为内应,约明年甲子内外具起。

甲子中平元年

春,角弟子唐周上书告之,诏三公、司隶案验有事角道者,诛杀千余人,下冀州逐捕。角等驰敕诸方,一时具起,皆著黄巾,故谓“黄巾贼。”帝诏群臣会议,大赦天下党人。

昭烈(刘备)得河东关羽、同郡张飞,并以壮烈为之御侮。

夏五月,昭烈举义兵,率其属从校尉邹靖讨黄巾贼有功。

乙丑中平二年

廷尉崔烈为司徒,因傅母入钱五百万,时人谓之铜臭。

丙寅中平三年

前太尉张延为宦人所谮,下狱死。

丁卯中平四年

大司农曹嵩为太尉。

戊辰中平五年

太常刘焉建议以刺史威轻,宜改置牧伯。侍中董扶私谓焉曰:“益州有天子气。”焉乃求为益州牧。州任之重自此始。

己巳中平六年

灵帝崩，皇子辨即皇帝位。

大将军何进谋诛宦官不成，为张让、段珪所杀。袁绍勒兵捕诸宦官，无少长奚诛之。召董卓将兵诣京师，卓废帝立陈留王协。袁绍奔冀州。

昭烈起兵讨董卓。

黄巾二次起义，山东诸州震惊。

是年，侯父诸葛珪为泰山郡丞，与弟玄携全家躲避战乱，投靠刘表。至平山脚下，因南阳战乱阻隔，停留等待。不久，侯父、祖相继去世，葬于平山脚下。玄携侯及姐、弟结庐守孝。

庚午汉孝献帝初平元年侯年十岁

董卓自为太尉，加鈇钺、虎贲；卓旋为相国。

关东诸郡起兵讨董卓，推袁绍为盟主，卓迁帝长安。

是岁，昭烈领平原相，以关羽、张飞为别部司马。刘表为荆州刺史。

辛未初平二年

董卓自为太师。

袁术遣孙坚击刘表于襄阳，表将黄祖部曲射杀坚。坚子策年十七，欲复仇，至寿春见术。术以策父兵千余还策，表为怀义校尉。

壬申初平三年

王允使吕布杀董卓，卓将校求赦不许。武威贾诩劝李傕、郭汜、樊稠、张济为卓报仇，大战长安中。允被杀，李傕等并自为将军。

癸酉初平四年

曹操攻徐州牧陶谦。初，操父嵩避难琅琊，为谦别将士卒所杀。操引兵击谦，坑杀男女数十万，攻其三县皆屠之，鸡犬亦尽。

甲戌兴平元年

陶谦卒，众推昭烈领徐州牧。

是年，侯14岁，诸葛玄得以与故交刘表信息相通，应刘表邀请到襄阳任用。携侯及姐弟四人，踏上了南下之路。

《三国志》："玄素与荆州牧刘表有旧，往依之。""从父玄将亮及亮弟均之官。"

乙亥兴平二年

李傕、郭汜共斗，烧宫殿，帝幸弘农，长安城空四十余日。

侯早孤，从父玄为袁术所署豫章太守，将侯及侯弟均之官。会汉更选朱皓代玄。玄素与荆州牧刘表有旧,往依之。玄卒,侯寓南阳襄、邓间。

丙子建安元年

车驾至洛阳,曹操自领司隶校尉,录尚书事。迎天子迁都于许,操自为司空,行车骑将军事。

袁术攻昭烈以争徐州。吕布袭下邳,昭烈败走归曹操。操表昭烈为镇东将军,旋表为豫州牧,使东击布。

丁丑建安二年

袁术自称天子。袁绍自为大将军。

是年,侯从父玄署豫章太守,会汉更选朱皓代玄。

侯与弟携叔归平山。玄病卒,葬玄于平山之下父祖坟茔。

是年,汉献帝从长安李傕手中逃出,迁到了曹操的许县。

侯与弟守孝平山。

戊寅建安三年

侯与徐元直、孟公威、石广元游学,三人为学务于精熟,侯独观其大旨。每晨夕从容,抱膝长吟。

曹操擒吕布于徐州,昭烈从操归许,表为左将军。

己卯建安四年

初,车骑将军董承、偏将军王服、越骑校尉种辑称帝衣袋中密诏,与昭烈共诛曹操。会操遣昭烈击袁术,昭烈遂杀徐州刺史车胄,东海郡县多叛操从昭烈。

袁术死。

庚辰建安五年侯年二十岁

董承事泄,操杀承等。自击昭烈,拔下邳,昭烈还袁绍军。是年关羽斩绍将颜良,解白马之围。曹操表羽为汉寿亭侯。羽尽封操所赐,拜书告辞,奔昭烈于袁军。

辛巳建安六年

曹操击昭烈于汝南。昭烈遣麋竺、孙乾与刘表相闻。表待以上宾,益其兵,使屯新野。

是年春,侯携徐元直拜谒平山北留侯祠,在张良故里留下石刻:“亮携元直,建安六年春,踏贤宗,观地势不严,然清静秀逸,乃龙凤之地。拜留侯,仰其像不威,然运筹帷幄,决胜千里,成帝王之师。吾辈叹之、敬之、效之。”后迁南阳。

壬午建安七年

袁绍自军败，惭愤发病，呕血死。

癸未建安八年

孙权西伐黄祖，讨山越，奚平之。

甲申建安九年

曹操破袁尚于冀州，自领益州牧。

乙酉建安十年

曹操破袁谭于青州，斩之。

丙戌建安十一年

荆州豪杰归昭烈者日益众。表疑其心，阴御之，使拒夏侯惇、于禁等于博望。昭烈设伏，自烧屯伪遁。惇等追之，伏发大败。

丁亥建安十二年

时昭烈屯新野，因徐庶诣侯草庐，凡三往乃见。

后帝禅生于荆州。

戊子建安十三年

罢三公官，置丞相、御史大夫，曹操自为丞相。

曹操杀太中大夫孔融。

曹操南征刘表。刘表卒，子琮降曹操。昭烈走当阳，侯奉命使吴，与周瑜、鲁肃等破曹操于乌林赤壁。以侯为军师中郎将。

己丑建安十四年

孙权分南岸地给昭烈。昭烈南征，武陵等四郡皆降。使侯驻临烝，督零陵、桂阳、长沙三郡，调其赋税，以充军实。

庚寅建安十五年

孙权以妹妻昭烈。昭烈自诣求都督荆州。

昭烈以庞统为治中，与侯并为军师〔中郎将〕。

吴周瑜卒。

辛卯建安十六年

曹操以丕为丞相副。

益州别驾张松劝刘璋迎昭烈。璋遣军议校尉法正将四千人来迎，使讨张鲁。昭烈自将数万人入蜀，侯与关羽镇荆州。

壬辰建安十七年

刘璋杀张松，敕关戍勿通昭烈，昭烈怒斩璋将杨怀、高沛，进据涪城。

孙权徙治秣陵，作石头城，改秣陵为健康〔建业〕。

癸巳建安十八年

昭烈举兵向雒，刘璋诸将皆败退，遂围雒城。

曹操攻孙权。孙权率众御之，相守月余，操还。

曹操自立为魏公，加九锡。

甲午建安十九年

庞统中流矢卒。

侯留关羽守荆州，自率张飞、赵云溯流西上，克巴东。分遣赵云从外水克江阳、犍为；张飞定巴西、德阳。张鲁使马超救璋，超降，遂围成都，刘璋降。昭烈自领益州牧，以侯为军师将军，署左将军府事，治成都。

曹操杀皇后伏氏，灭其族及二皇子。

乙未建安二十年

孙权以昭烈既得益州，使诸葛瑾求荆州诸郡。昭烈不许，闻曹操将攻汉中，因与权和。分荆州以湘水为界，长沙、江夏、桂阳以东属权，南郡、零陵以西属昭烈。

曹操破汉中，张鲁降。

丙申建安二十一年

曹操自进号魏王。

丁酉建安二十二年

昭烈进讨汉中，遣陈式等绝马鸣阁道。魏徐晃击破之，急书发益州兵。侯以从事杨洪策遂发兵。

吴鲁肃卒。

戊戌建安二十三年

曹操自将击昭烈，至长安。昭烈次于阳平关。与张郃、夏侯渊相拒。侯居守，足食足兵。

己亥建安二十四年

昭烈自阳平南渡沔水，营于定军山。夏侯渊来征地，昭烈使黄忠秉高鼓噪攻之，斩渊。

昭烈遂有汉中，群臣上表汉帝，请立为汉中王。

关羽率众攻曹仁于樊，仁使于禁、庞德屯樊北。八月大霖雨，汉水溢，禁等七军皆没。羽乘船攻之，斩庞德，囚于禁，自许以南往往遥应，羽威震华夏。曹操遣使劝孙权蹑其后，权使吕蒙取江陵。羽闻即走，南还西保麦城，潘璋与朱然断羽走道，获羽及其子平，皆遇害。

尚书令法正卒。

庚子建安二十二年（魏曹丕黄初元年）

正月，曹操自长安还至洛阳，卒，子丕嗣。

十月，曹丕自称帝，改元黄初，废汉帝为山阳公。

辛丑后汉昭烈皇帝章武元年（魏黄初二年）

曹丕篡汉，蜀中犹称建安二十六年，及传言汉帝已遇害，汉中王发丧制服，追谥曰“孝愍帝”。

夏四月，汉中王即帝位于武担之南，改元章武。以侯为丞相，假节，录尚书事。六月，立子禅为皇太子。帝耻关羽之殁，留侯辅太子，自率军东下，敕张飞率万人自阆中会江州。飞临发为下张达、范疆所害。

孙权遣使称臣于魏，魏封权为吴王。

壬寅章武二年（魏黄初三年吴黄武元年）

二月，帝自秭归率诸将进军至猇亭，为陆逊所败，由步道还鱼复，改名永安。

张飞既卒，以侯领司隶校尉。

冬，诏侯营南北郊于成都。

癸卯章武三年夏五月后帝建兴元年（魏黄初四年吴黄武二年）

帝不豫。二月侯自成都至永安。三月帝病笃，托孤于侯。以尚书李严为副。

四月癸巳，帝崩于永安宫，年六十三。侯奉丧还成都，留李严镇永安。五月，梓宫至成都，谥曰昭烈皇帝。太子禅即位，年十七。封诸葛亮为武乡侯。

遣尚书郎邓芝固好于吴，吴王孙权与和亲通好。

魏华歆、王朗、陈群、许芝等各有书与侯，欲使称藩。侯皆不答，作《正议》以绝之。

甲辰建兴二年（魏黄初五年吴黄武三年）

侯开府，领益州牧。事无巨细，皆决于侯。

侯务农殖谷，闭关息民。

乙巳建兴三年(魏黄初六年吴黄武四年)

春三月,侯率众南征四郡,杀雍闿,擒孟获,四郡皆平。十二月,侯还成都。

丙午建兴四年(魏黄初七年吴黄武五年)

侯治兵讲武,以俟北征。

五月,曹丕卒,子叡立。

丁未建兴五年(魏太和元年吴黄武六年)

春三月,侯将北伐,上疏云云。屯汉中,营沔北阳平、石马。

侯子瞻生。

戊申建兴六年(魏太和二年吴黄武七年)

侯扬声由斜古道取郿,使赵云、邓芝为疑军,据箕谷,身率诸军攻祁山。南安、天水、安定三郡皆应,关中响震。前军马谡违侯节度,败于街亭。侯收谡诛之,乃拔西县千余家还汉中,上疏请自贬三等。帝以侯为右将军,行丞相事。

十一月,复上表出师。曹真使郝昭等守陈仓。侯出散关围陈仓,相拒二十余日,粮尽而还。魏将王双来追,侯击斩之,还汉中。

己酉建兴七年(魏太和三年吴黄龙元年)

春,侯遣陈式攻武都、阴平。魏郭淮率众欲击式。侯自出至建威,淮退遁,遂拔二郡。诏侯复为丞相。

冬,侯徙府营于南山下原上,筑汉、乐二城。

孙权称帝,改元黄龙,遣使来告。侯遣卫尉陈震往贺,权与震盟,共交分天下。

庚戌建兴八年(魏太和四年吴黄龙二年)

秋,魏曹真请由斜谷欲攻汉中。叡使司马懿等溯汉水由西城,张郃由子午谷与真会。侯闻之,次于城固、赤坂以待之。表进江州都护李严骠骑将军,赴汉中。会大雨三十余日,道绝,真等皆还。侯使魏延入西羌,破郭淮于阳溪。侯留严汉中,署留府事。

辛亥建兴九年(魏太和五年吴黄龙三年)

春,侯复率诸军围祁山,始以木牛运,大败司马懿。获甲首三千级,玄铠五千领,角弩三千一百张。侯承李平指以粮尽退军,斩其追将张郃。

八月,侯表废都护李平,徙梓潼郡。

壬子建兴十年(魏太和六年吴嘉禾元年)

侯休士劝农,于黄沙作流马木牛毕。秋旱,侯教兵讲武。

癸丑建兴十一年(魏青龙元年吴嘉禾二年)

冬,侯使诸军运米集斜谷口,治斜谷邸阁。

是岁,南夷刘胄反,将军马忠破平之。

甲寅建兴十二年(魏青龙二年吴嘉禾三年)

春二月,侯由斜谷出,始以流马运。

三月,山阳公薨于魏。魏人谥曰孝献皇帝,葬禅陵。

四月,侯率师由斜谷伐魏,遣使约吴同时大举。侯自郿军于南。司马懿引军渡渭,背水为阵,以拒之。侯屯五丈原,以前者粮运不继,使己志不得伸,乃分兵屯田,为久驻之计。与懿相持百余日。侯数挑战,懿坚壁不出,乃遗懿巾帼妇人之服。

八月,丞相亮疾,卒于军,年五十四。遗命长史杨仪、司马费祎、护军姜维等为退军节度。司马懿追之,仪反旗鸣鼓,若将向懿者。懿惧不敢逼,入谷然后发丧。军还成都,葬汉中定军山,冢足容棺,敛以时服,谥曰忠武侯。

炎兴元年

诏为故丞相亮立庙于沔阳。

是秋,钟会至汉川,祭侯之墓,令军士不得于侯墓所左右刍牧樵采。

(此年谱由杨晓宇、张玉华据清代张澍《诸葛忠武侯年谱》增删而成)

附录五 平顶山市卫东区区情简介

平顶山市卫东区位于平顶山市区东部，是平顶山市中心城区之一，总面积101.06平方公里，辖12个街道，34个社区、24个行政村，常住人口31.6万。卫东区深入学习贯彻习近平新时代中国特色社会主义思想，深入推行“得法、得当、得力”的工作方式，积极践行“五化”“五账”工作法、一线工作法，强力推进“经济强区、宜居市区、和谐城区、生态绿区”四区建设，统筹打造“实力卫东、魅力卫东、平安卫东、健康卫东”四个卫东，全力创建“资源型城市转型发展样板区”，先后荣获全国和谐社区建设示范城区、全国文化先进区、全国科技进步先进区和河南省文明城区等20多项国家级和省级荣誉。

卫东区产业特色彰显。聚焦现代物流、循环经济、尼龙装备、电子半导体等主导产业，加快载体平台建设，产业转型呈现蓬勃发展态势。携手香港汇恒集团共建12.13平方公里的平顶山国际物流康养园区，着力打造全省区域性物流枢纽和智慧康养新城。整合全市现有汽车市场资源，启动建设平顶山大鹰城（新能源）东部汽车产业园。上徐摩米科技创新园致力于打造区域尼龙装备制造基地。靠大联大平煤神马集团，建设平顶山工业静脉产业园，逐步打造“许平南新型功能材料工业长廊”重要节点；全力推进电子半导体产业园建设，做大做强硅材料产业集群和尼龙产业集群的腰部支撑点。特色商业区迈入全省一星级服务业“两区”行列，万达广场、丹尼斯百货、东城茂等一批商业综合体强势入驻。

卫东区投资环境优越。有着便利的交通，连接京广、焦枝两大铁路干线的孟宝铁路穿区而过，国家大型铁路货物编组站平顶山东站坐落辖区，平顶山—宁波港海铁联运“沿江班列”连通海上“丝绸之路”，兰南、宁洛等高速公路环绕周边，沙河复航在即，形成了铁路、公路、水路“三位一体”的综合交通枢纽。有着浓厚的创新创业氛围，引进摩米创新工场建设运营平顶山市科技大市场，拥有国家高新技术企业达到19家，市级以上研发平台突破25家，各类市场主体3.5万多家。有着良好的营商环境，叫响落实“只要企业决定干，剩下事情我们办”的服务承诺，全力打造以“亲”“清”政商关系为要义的法治环境，以“一件事一次办”为核心的政务环境，以减税降费为代表的政策环境，以诚信公平为标志的市场环境，以生态宜居为目标的城市环境，全力让广大创业者投资放心、发展安心、生活舒心。

跋

《诸葛亮与平顶山》主体是由参加“纪念诸葛亮诞辰1840周年学术研讨会”的专家学者提交的学术论文编撰而成。

纪念诸葛亮诞辰1840周年学术研讨会，于2021年5月25日(农历辛丑年四月十四日)在诸葛亮青少年时期寓居地之一的今河南省平顶山市卫东区举行，研讨会由卫东区政协主办，平顶山市卫东区诸葛亮文化研究会、平顶山学院、河南城建学院承办，河南省高校人文社科重点研究基地平顶山学院伏牛山文化圈研究中心、平顶山汇恒城市发展公司、河南万平建筑工程有限公司、宝丰酒业有限公司、平顶山市衬衫大世界协办。

开幕式由卫东区政协副主席宋战功主持，卫东区政协主席陈永斌致辞，卫东区政协常委、诸葛亮文化研究会会长王骞报告研讨会筹备情况，平顶山市一级巡视员、诸葛亮文化研究会荣誉会长侯红光莅会并讲话。研讨会分上下两场进行，上场由河南城建学院纪委书记、诸葛亮文化研究会顾问刘守勇主持，诸葛亮文化研究会名誉会长杨晓宇研究员点评；下场由平顶山学院党委副书记、诸葛亮文化研究会顾问袁桂娥教授主持，诸葛亮文化研究会荣誉会长潘民中教授点评。

会议共收到论文20余篇，主要内容包括平顶山诸葛亮文化资源的挖掘与整理研究、诸葛亮文化及其传播研究、平顶山诸葛亮文化资源的价值与创造性转化研究等方面。

与会专家对平顶山市卫东区诸葛亮寓居地进行了多方面论证，大家一致认为，在汉刻、隋幢、明碑、清志与现当代史学家的研究成果佐证下，对诸葛亮少年时代随父祖寓居平顶山下，即今卫东区诸葛庙一带的历史脉络是清晰可信的。他从一个8岁孩童成长为人号卧龙、胸怀雄才大略的青年，其成才道路是复杂曲折的，与平顶山地区深厚历史文化土壤的滋养也是分不开的。平顶山市这块热土，不但是智圣诸葛亮的寓居地、父祖的卒葬地，更是这一贤臣良相耕读习艺的成才地。

潘民中教授《平顶山诸葛遗迹之研究》《诸葛亮的文化魅力与平顶山诸葛

武侯祠的来由及价值》两篇文章，对平顶山地区的诸葛亮遗址和诸葛武侯祠的由来，进行了系统的考证和研究。在经过大量史料梳理的基础上，得出了诸葛亮一家是在汉灵帝中平五年(188)为躲避青徐黄巾起义军的冲击，南下投奔荆州途中寓居于平顶山下，诸葛亮的父祖卒葬于此的有力结论；并认为，诸葛亮文化是最具亲和力的雅俗共赏文化，其生平业绩与文化魅力同存共荣，具有深厚的历史内涵与重要价值。名人胜迹是一个地方重要的文化资源。“名人一顾，万世荣光”。智圣诸葛亮在卫东区地面上居然生活过七八年，受此地文化滋养而成大器！我们更应加以重视。

袁桂娥、段纳两位教授的《文化自信视域下平顶山诸葛亮文化研究与创造性转化策略研究》一文，从平顶山市诸葛亮文化研究现状谈起，认为诸葛遗墟、明代牛凤《改正诸葛武侯祠记》碑、“诸葛亮拜谒张良庙石刻”等文物、遗迹的发现，引起了国内对诸葛亮早年迁徙生活轨迹的讨论、关注和重视。要想在平顶山大地真正立起诸葛亮文化品牌，必须要做到使诸葛亮文化“活起来”，把诸葛亮文化“融进去”，推诸葛亮文化“走出去”，让诸葛亮文化“火起来”，为平顶山市文化自信增添底气，促进平顶山文化旅游事业发展。

杨晓宇研究员《漫谈平顶山市的文化之根——兼论诸葛亮寓平时间及诸葛玄卒葬地》《三国文化旅游线上的重要节点——平顶山》两篇文章，前文认为丰富多彩的诸葛亮文化是这座古地新城的文化之根。并以大量的史料为佐证，证明诸葛亮少年即随家人流寓颍川南阳交界的平山之下结庐耕读。其父祖相继离世后与叔父诸葛玄生活；其后，随诸葛玄去襄阳数年，因诸葛玄出仕豫章仕途多舛，病逝后归葬平山坟茔。诸葛亮兄弟为从父守制行孝，并寻找名师，对中国传统文化的精华兼收并蓄，成就一代奇才，应在建安六年后方离开平山。故诸葛亮寓居平顶山应分为汉灵帝中平六年(189)至献帝兴平元年(194)；建安二年(197)后至建安六年(201)两个阶段，共计近十年左右；后文论述了诸葛亮与平顶山的寓居地关系、系统介绍了平顶山市十大诸葛亮文化遗存，建议充分加以利用，把平顶山市打造为三国旅游线上的一颗璀璨明珠。

王冰博士的《元明清时期平顶山地区学者对诸葛亮文化的弘扬和传播——以廼贤、牛凤、王尚絅和李绿园为例》认为，元明清时期平顶山地区的廼贤、牛凤、王尚絅、李绿园等著名学者，深受诸葛亮文化熏陶，身体力行宣传弘扬诸葛亮的思想与文化。如在诗文中赞美诸葛亮吟咏抒怀高尚士风，彰显诸葛亮忠贤的思想；在小说的情节中着力描写和渲染诸葛亮的军事功绩，灵活运用与诸葛亮有关的词语和故事等,使诸葛亮文化更加深入人心。诸葛亮与我们平顶山有着深厚的渊源,弘扬其精神文化,推进社会文明进步,是我们当代本地学者义不容辞的责任。

王宝郑馆长在《诸葛亮寓居平顶山史实及诸葛武侯祠文化考论》一文中引述大量历史文献及资料实证,证明了诸葛亮青少年时期和其父祖辗转迁徙,长时间生活于平顶山南麓的事实。认为诸葛亮寓居平顶山的时间当在十年左右;牛凤发现的诸葛之旧坟墟至少在隋代就已经闻名于世;平山诸葛武侯祠是本地民众为纪念诸葛亮在此生活过而兴建的祠庙;平顶山堪称诸葛亮的第二故乡。

王俊刚副教授的《诸葛亮平顶山寓居与隐士心态》认为,诸葛亮在平顶山寓居的经历,是他凝结隐士心态的关键;多年来,史学界通过对牛凤《改正诸葛武侯祠记》研究,认定诸葛亮青少年时期曾寓居平顶山下,并且应在建安初期前后。在此时期或此前,诸葛亮很有可能已经结识甚或师学当世大隐、颍川名士司马徽。其他如许由、巢父、接舆、荷蓧丈人、长沮、桀溺、张良、樊英、高凤、延笃等平顶山周围的颍川名隐,对其隐士心态的形成,都产生过不同影响。

戴克良博士结合城市文化建设撰写的《弘扬诸葛亮文化精神,打造城市文化新名片》一文,对平顶山市以建立"卫东区诸葛亮文化研究会"为契机,大力弘扬诸葛亮文化精神,努力将其打造成城市文化的一张新名片的努力加以充分肯定。建议将平顶山诸葛亮文化置于全国"诸葛亮文化圈"和平顶山文化符号体系。认为诸葛亮在平顶山的经历是其精神和智慧根源,要深入挖掘其文化内涵,汲取当代价值,才能在全国形成特色与品牌,进而提升其社会影响力。

有的专家学者把诸葛亮文化与社会现实紧密结合进行研究。卢华东教授的《习近平用典中的诸葛亮文化》一文,从诸葛亮自身的高尚道德特质和精神践行方面展开论述。对习近平总书记讲话用典中的诸葛亮文化进行了很好的诠释。认为在新时代中国特色社会主义建设中,研究诸葛亮文化,继承、弘扬诸葛亮为国尽忠、为民奉献、艰苦朴素、清正廉洁、知人善任、任人唯贤、笃信好学、勤于钻研等精神,都具有重要的现实意义。

陈建裕教授的《诸葛亮廉政思想浅说》,对诸葛亮的廉政思想和行为进行了系统论述。他认为,诸葛亮作为我国历史上著名的政治家,任蜀相近 30 年,堪称我国历史上的廉相楷模。其廉政思想颇具儒家廉政思想特色,在中国廉政文化史上占有非常重要的地位。

研讨会上,对诸葛亮的思想、品行,和对历史上诸葛亮形象的塑造的发展、变化的研究文章,无疑是一个闪光的亮点。这批文章拓展了我们这次研讨会主题内涵的高度和广度,会把我市诸葛亮文化的研究逐步向纵深推进。

闫真真博士和谢娜的《论诸葛亮的士人品格》、蒋长明副教授的《诸葛亮成为智圣的内动力浅析》、李新科副教授的《诸葛亮"帝王师"的理想与青年时期的交游》三篇论文,分别对智圣诸葛亮的品格特征、成就千古智圣的内在动力支撑和人称卧龙、堪为帝师的宏伟理想,分别给予详细论证和充分肯定。认为诸葛亮得君行道,重建社会秩序的政治责任感、知识分子的担当意识和穷善己身、达济天下的帝师良相风范,对于教育和影响现代人,极具现实意义。

陈德鹏教授的《魏晋评价诸葛亮的演变》,路学军博士的《南北朝时期诸葛亮形象的认知变迁及其原因》,常民强副教授的《历史与真实:传播学视域下诸葛亮形象的建构——以〈三国志〉和〈三国演义〉为例》和张玉华博士的《宋诗中的诸葛亮形象塑造》一组四篇文章,则对魏晋历史资料、南北朝从官方、士人到民间不同的阶层关于对诸葛亮形象认知、古代传播媒介对诸葛亮形象的建构、宋代诗人在其作品中对诸葛亮形象的塑造等方面,从不同角度,多个侧面,分别进行了深入细致的梳理与论证。

此外,张超云《关于诸葛亮拜谒留侯祠石刻的历史文化价值探究》、李小培《诸葛亮文化的活化与利用》等,也从不同角度对诸葛亮的拜谒留侯祠石刻价值和如何推动诸葛亮文化继承与发展,提出了自己的论点与建议。

根据与会领导和专家的意见,今后我们诸葛亮文化研究会及专家团队,要在此次研讨会举办的基础上,更深入地把诸葛亮文化挖掘、研究、弘扬、传承下去,为平顶山市和卫东区举办更高规格的研讨会提供优秀科研成果,要让平顶山市的诸葛亮文化融汇到全国的大文化格局之中。平顶山市诸葛亮文化研究应该坚持这样的理念:忌争论,不树敌,求实证,广宣传,促进步,谋发展。

本书也对自20世纪80年代以来平顶山市诸葛亮文化研究脉络进行了梳理,以附录的形式汇聚了平顶山市诸葛亮文化研究的文献资料和诸葛亮文化遗存照片。本书的出版既是对过去平顶山市诸葛亮文化研究的总结,也是新时期平顶山市诸葛亮文化研究的新起点。

平顶山历史文化研究中心　杨晓宇

2022年2月

后　记

1980年以来，随着平顶山市诸葛遗墟、明代牛凤《改正诸葛武侯祠记》碑、“诸葛亮拜谒张良庙石刻”等文物、遗迹的发现，平顶山市作为诸葛亮文化纪念地受到国内诸多专家学者的关注。诸葛亮文化是平顶山市的重要文化资源，平顶山市相关政府部门、学术团体和高校，有责任和义务担当起发掘、研究、传播和弘扬诸葛亮文化的重任。2018年5月，由平顶山市卫东区政协组织，卫东区政协副主席宋战功带队，文史专家潘民中、杨晓宇等组成的调研团队，对平顶山及外地诸葛亮文化进行了深入细致的调查研究，形成了高水平调研报告，为平顶山市诸葛亮文化研究与建设打下了坚实基础。2020年12月，平顶山市卫东区诸葛亮文化研究会成立。2021年5月25日，由平顶山市卫东区政协主办的“纪念诸葛亮诞辰1840周年学术研讨会”隆重召开，标志着平顶山市诸葛亮文化研究正式进入由政府部门领导、学术团体和高校参与的有组织活动阶段。为了总结过去的成绩，展示当前的研究成果，进一步推进平顶山市诸葛亮文化研究与建设，我们以会议提交的论文为主体编著了《诸葛亮与平顶山》这部书稿。

本书编写参阅了诸葛亮文化研究的新成果，有些地方直接引用了这些成果的理论和材料，在此谨向有关编著者致谢。限于学识，本书编写也有不足，诸葛亮文化研究还不够全面、深入，平顶山诸葛亮文化的创造性转化创新性发展研究还比较粗疏等，疏漏谬误在所难免，恳请各位专家、读者批评指正。

本书在编著过程中得到了有关方面的热情支持和帮助。平顶山市政协冯晓仙副主席、侯红光副主席，平顶山学院副校长于长立教授，郑州大学出版社社科分社孙理达副社长为本书的编写和出版提供了极大的帮助；编辑老师们精心编校，为本书付出了诸多心血。在此，我们一并致以最诚挚的谢意！

编　者

2022年2月18日

